蠹简遗韵：
古书犀烛记三编

袁芳荣

启真馆 出品

守书人
PHILOBIBLON

蠹简遗韵

古书犀烛记三编

袁芳荣／著

ZHEJIANG UNIVERSITY PRESS
浙江大学出版社

鱼返善雄编《汉文华语康熙皇帝遗训》所钤鱼印

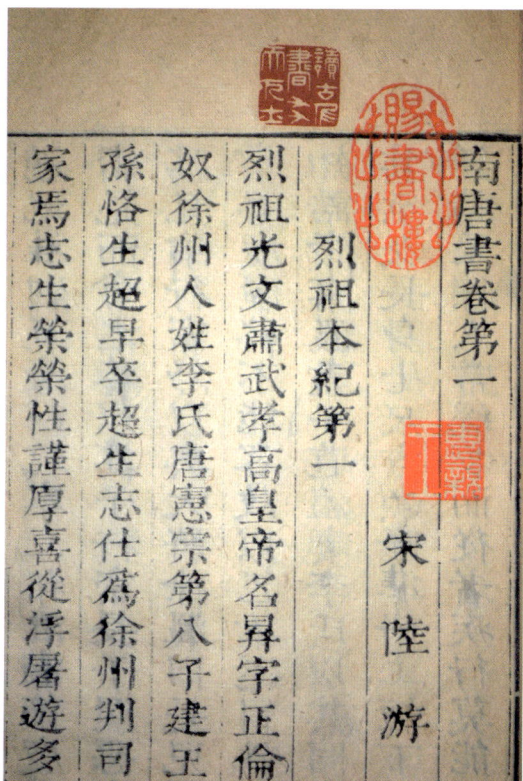

汲古阁本《南唐书》

大夫第前广场，可供栓马停轿

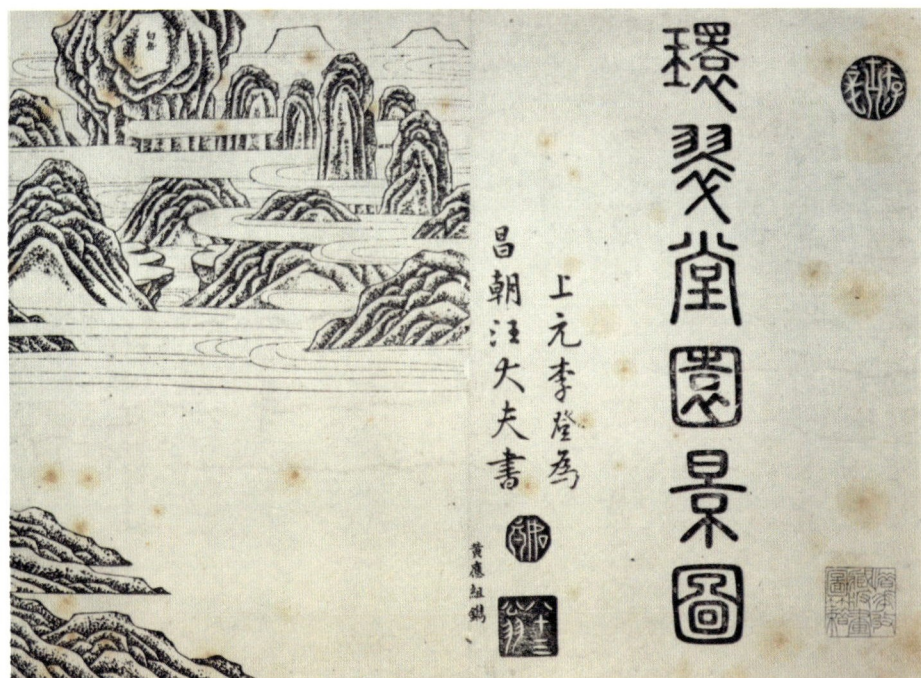

環翠堂園景圖

上元李登為

昌朝汪大夫書

人民美术出版社影印《环翠堂园景图》，首页有傅惜华收藏印

汪廷纳湖心亭宴客，所需饮食用品均由小船运送，颇富雅趣

兰亭遗胜，仿造《兰亭序》里的曲水流觞

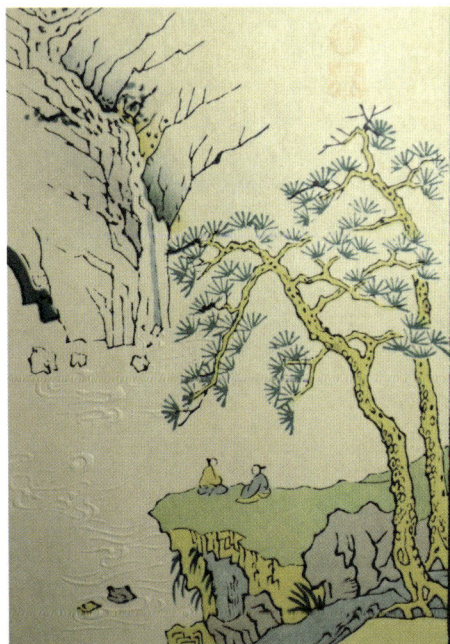

简帖

左图:"听课"

右下图:同时运用短版、拱花技术,以凸显立体感

右下图·有时图样上留有诸多刻印店家商号,如寿春即为其一

租屋开店契约，乾隆十六年（1751）

揽乳食契约，嘉庆十四年（1809）

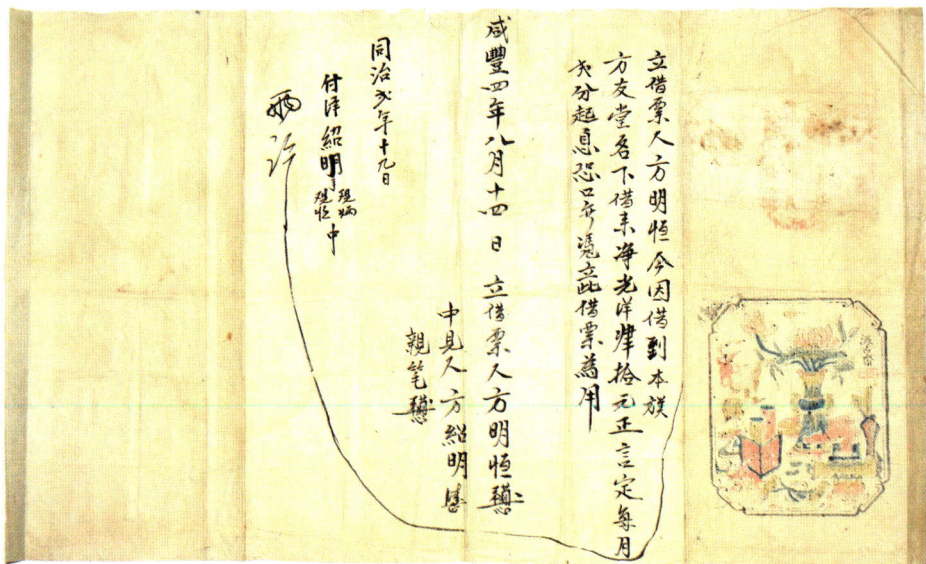

写明"两讫"字样的借钱契约，咸丰同治年间（1851—1875）

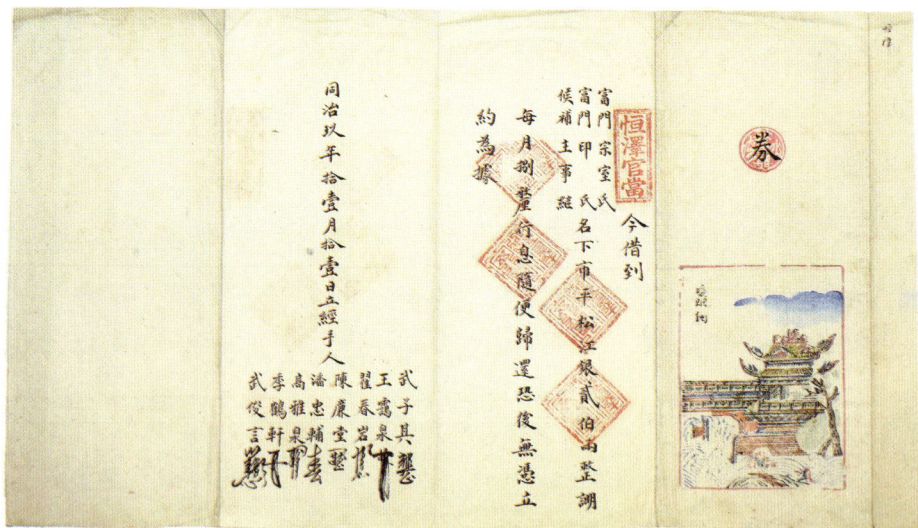

官当借款契约，同治九年（1870）

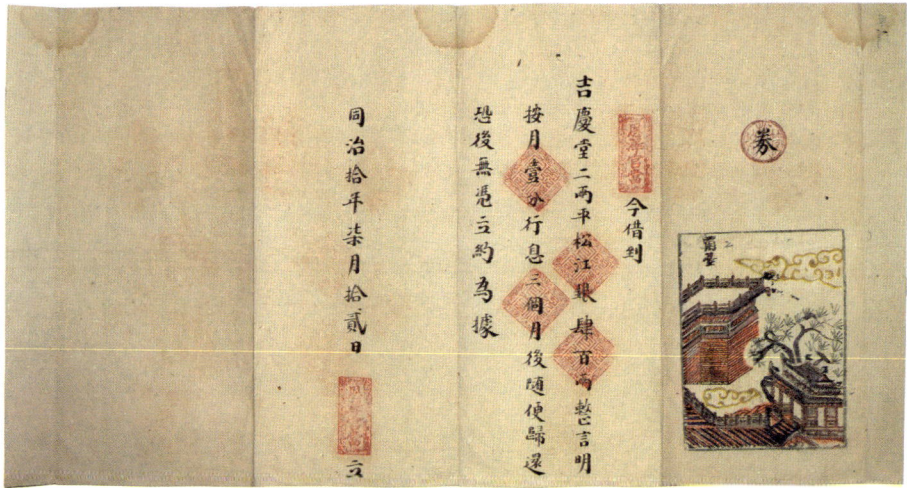

官当借据，首面图案为"兰台图"，同治十年（1871）

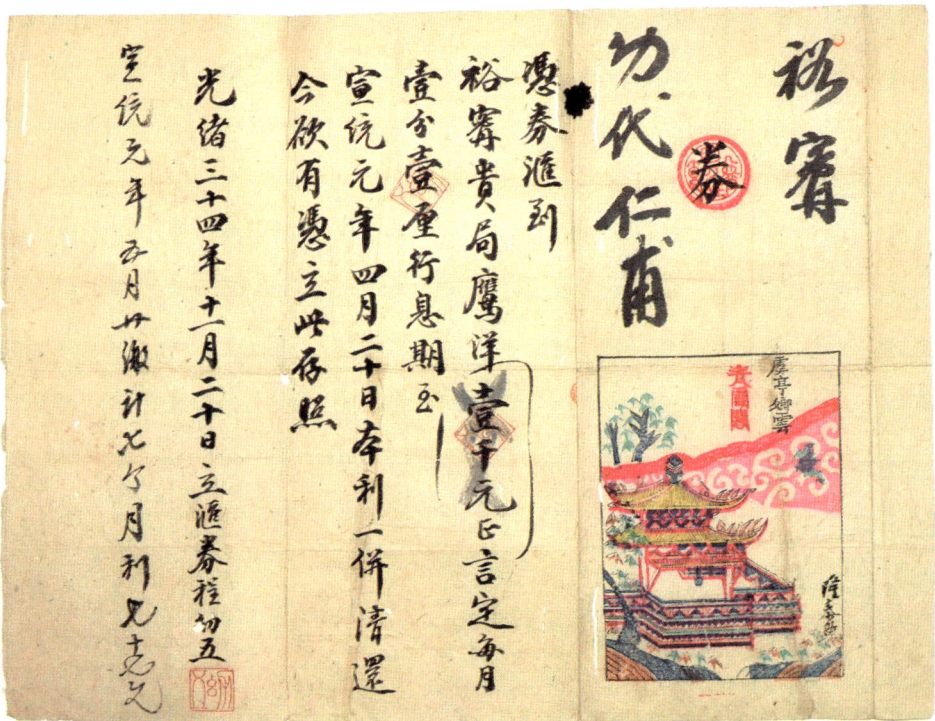

一件写于光绪年却"预知"下一位皇帝号宣统，并约定宣统年还款的契约

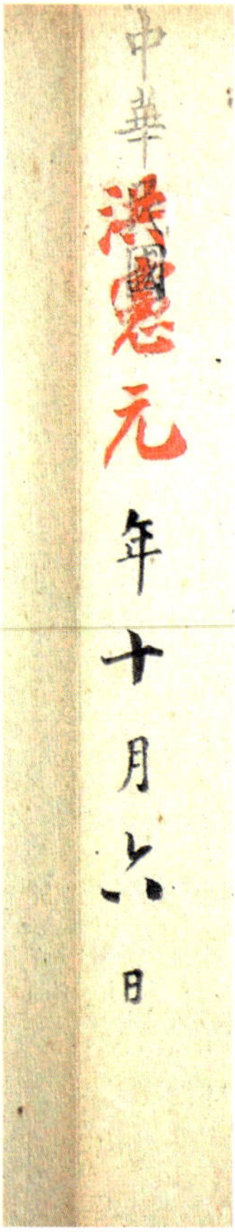

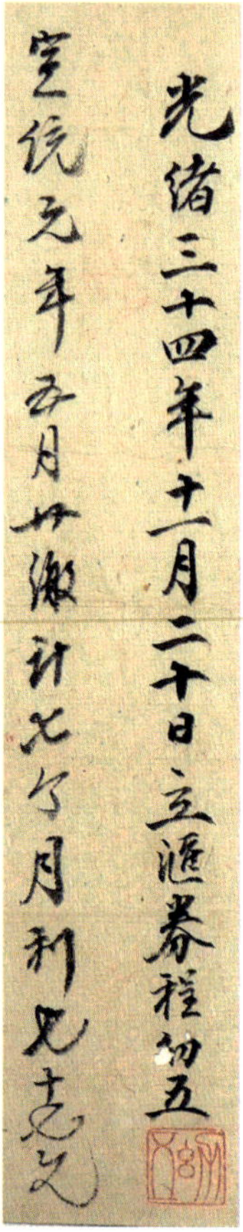

左图：并不存在的"洪宪元年十月"

右图：光绪年签订、宣统年还款

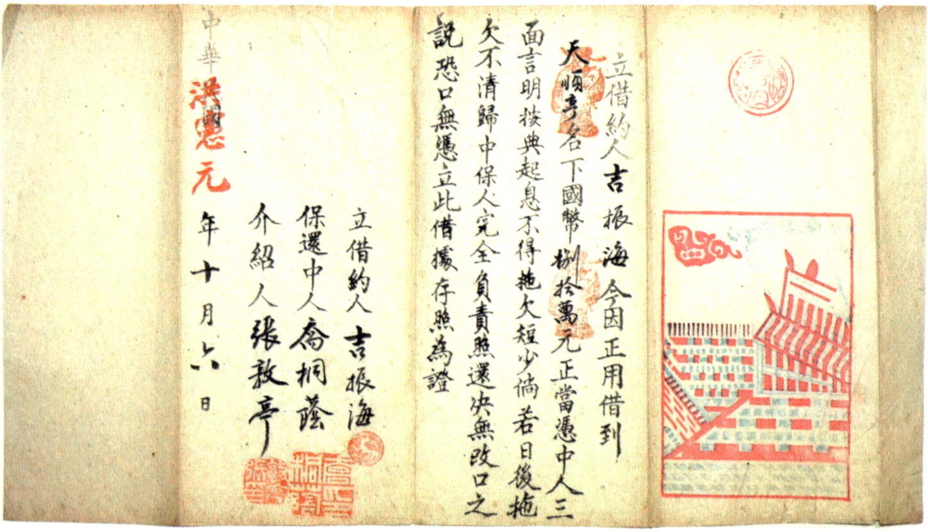

光绪三十四年十一月二十日立汇券程如五
宣统元年二月廿澌计七个月利见志之

中华
洪國憲
元
年
十月
六日

立借约人吉振海今因正用借到
天顺号名下国币捌拾万元正当凭中人三
面言明按典起息不得拖欠短少倘若日后拖
欠不清归中保人完全负责照还决无改口之
说恐口无凭立此借据存照为证
保证中人乔桐荫
介绍人张敦亭

中华
洪國憲
元
年
十月
六日

一件洪宪年号的文件，并不多见

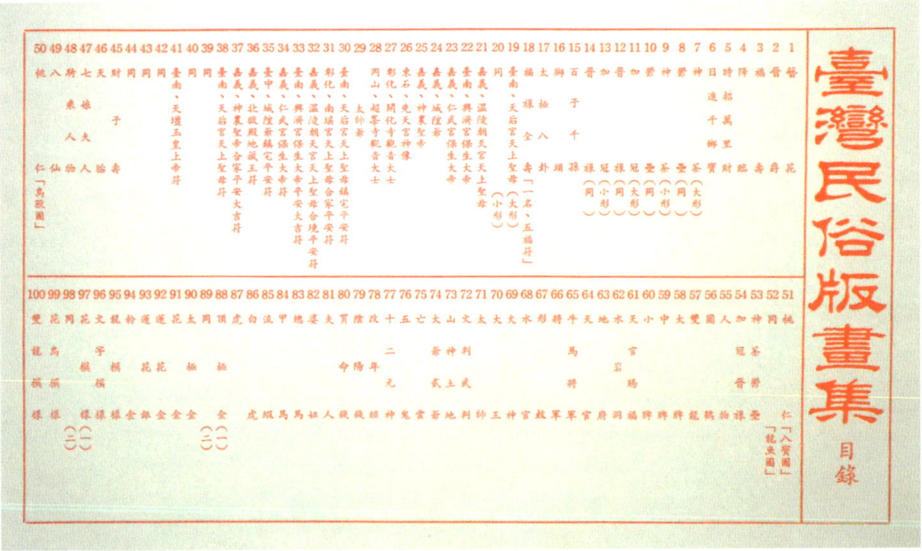

臺灣民俗版畫集　目錄

《台湾民俗版画集》目录

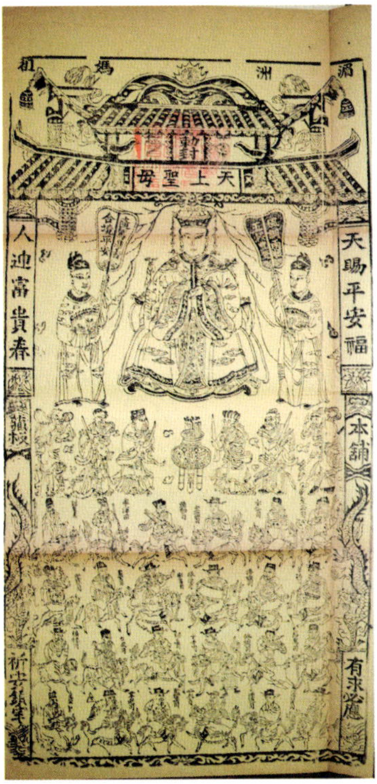

早期台南天后宫天上圣母神符

台湾民间纸马

葛饰北斋笔下的隅田川两岸风光

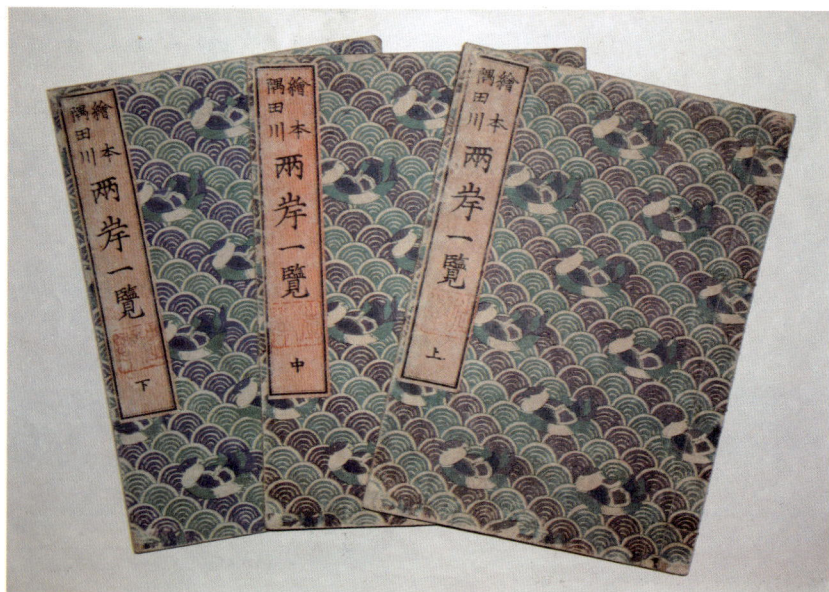

《绘本隅田川两岸一览》

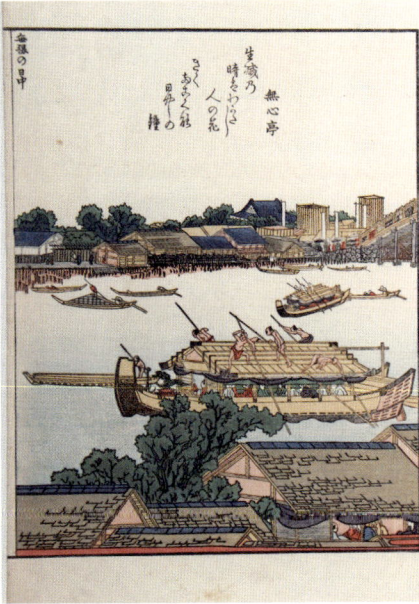

両国桥下来往的游船

新柳桥午后雷雨时刻

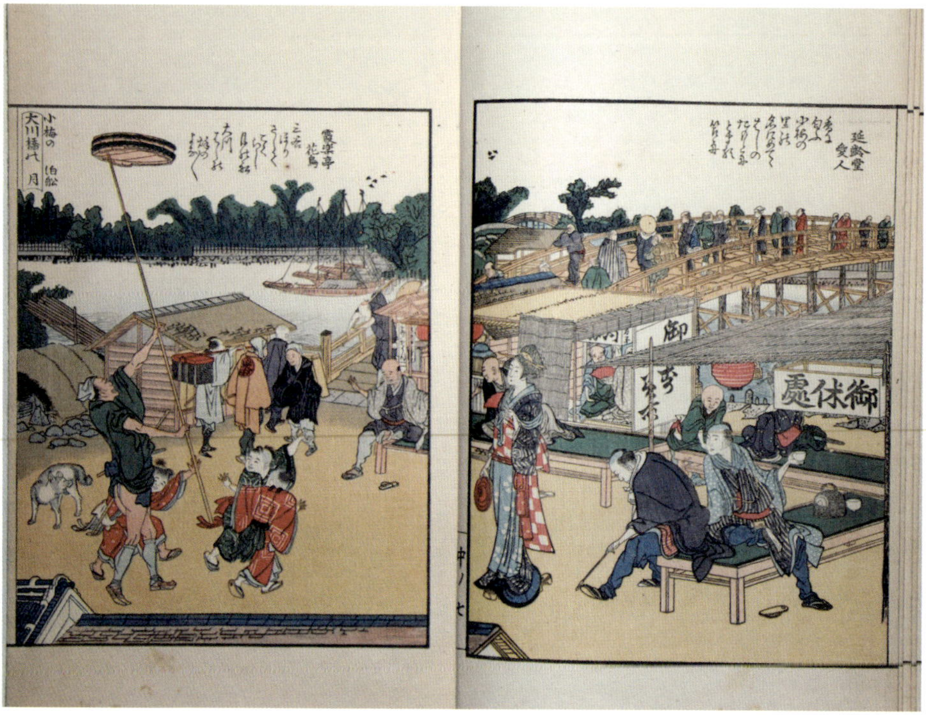

大川桥旁的街头艺人、孩童以及驻足的女服务生

雪后的木母寺

待乳山寺旁

主祭装饰神社

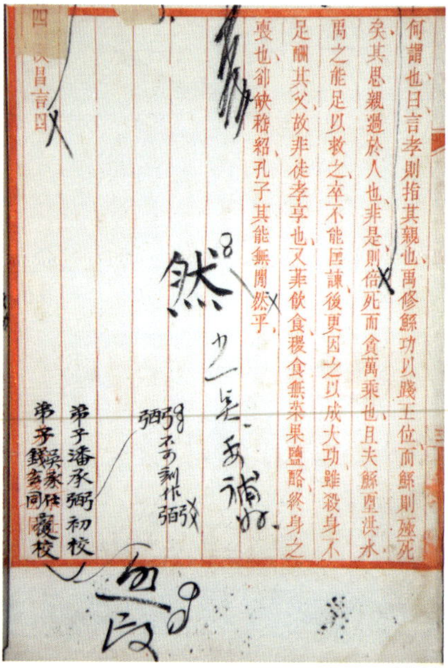

《章氏丛书续编》校稿本上章门弟子的校改痕迹

红印本的刻板木痕

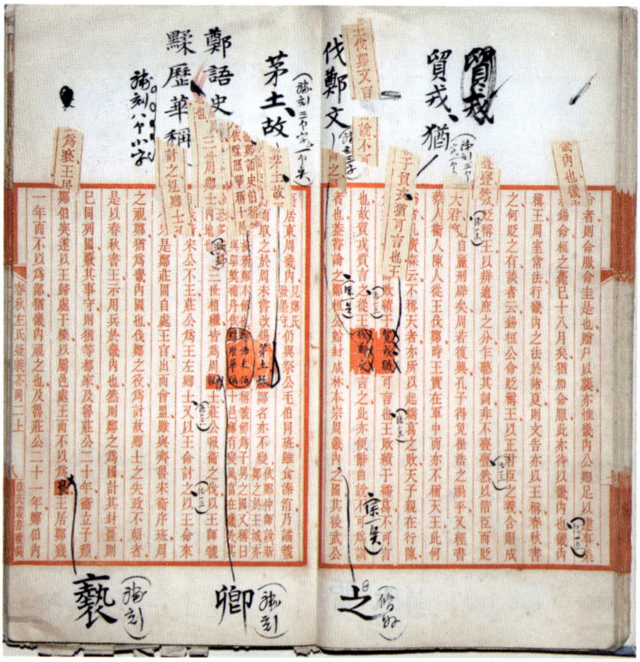

《章氏丛书续编》校稿本上章太炎的校改痕迹

"套以蓝框"是线装书局加工的特色之一

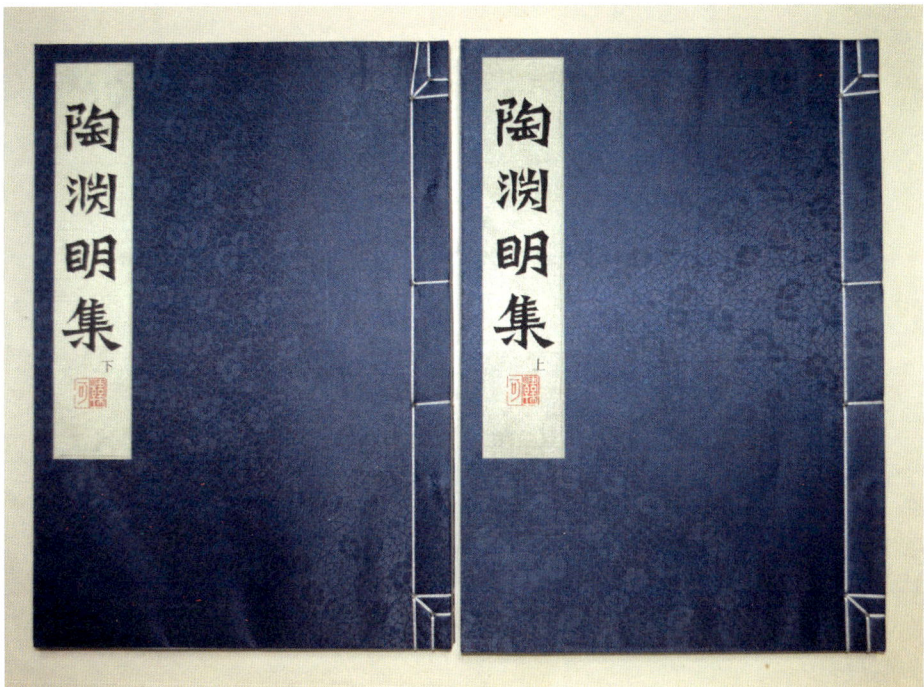

线装书局于2000年印制的《陶渊明集》

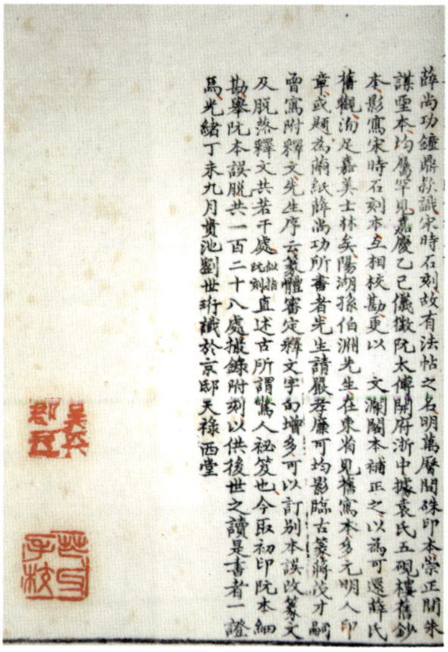

"泫父手校"，曾经姚华细心校正

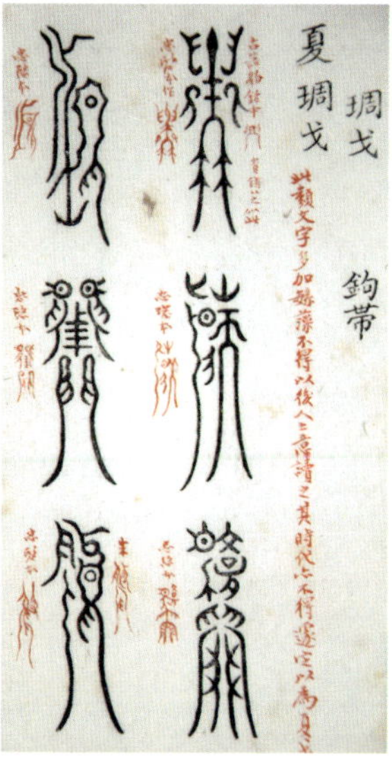

姚茫父朱笔细校，注明出处，以存其真

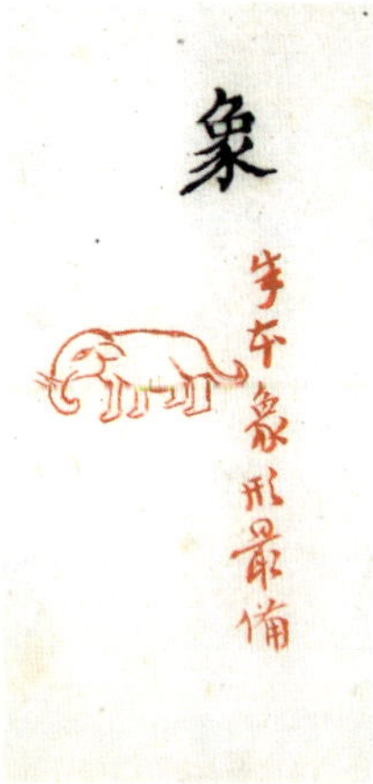

姚茫父朱笔细校，添列自己的看法

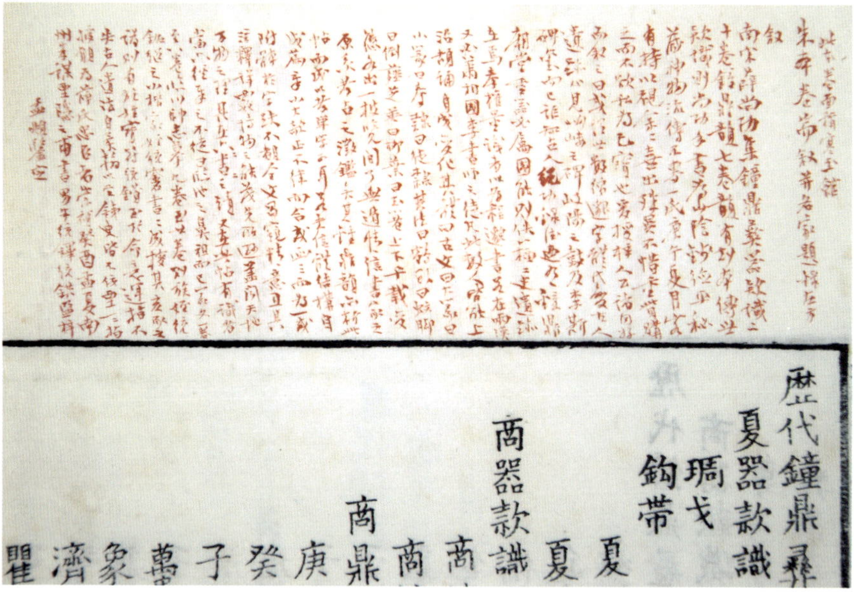

姚茫父于天头所录名家题识，蝇头小楷令人赞服

目录

自序   1

看图·说画   5

几部丁云鹏的版画图籍   7

《明刻传奇图像十种》   17

《环翠堂园景图》   23

《养正图解》   31

《凌烟阁功臣图像》   39

《牧牛图颂》   46

《毛诗品物图考》   53

《三教源流搜神大全》   58

《暖红室抚明刊琵琶记原图》   65

《清宫珍宝皕美图》   72

《套版简帖》   77

《台湾民俗版画集》   90

《绘本隅田川两岸一览》   95

藏书·版本   107

《中国版本略说》   109

《古籍版本知识》   114

《天一阁藏书考》   121

《吴中藏书先喆考略》   128

几部红印本   135

几部蓝印本   149

丛刊·别集   167

《百川书屋丛书》   169

商务印书馆辑印《四部丛刊》   181

《春游埙谈》   191

《苏书陶集》   208

古韵·新谈   215

《圣谕像解》   217

《康熙皇帝遗训》   224

《历代钟鼎彝器款识法帖》   230

《圣武记》   237

《南唐书》   242

《西湖志》 248

《师旷禽经》 256

《白雪遗音》 261

《霓裳续谱》 268

《列女传》 273

《闺范》 281

旧书·犀烛 289

《清代学者著述表》 291

《藏园东游别录》 297

《退庵汇稿》 303

《林献堂先生纪念集》 311

《沧浪夜谭》 318

《金楼韵事》 325

自序

2013年7月，《古书犀烛记》及《古书犀烛记续编》出版了，得到蛮不错的回响。我曾到新浪微博去搜寻一下，看到书友的谈论都很正面；而且，《古书犀烛记》还获选"《南方都市报》2013年度十大散文随笔"及"《中国出版传媒商报》2013年度中国影响力图书推展·第三季非小说类20种之一"，这些殊荣对一个非正规的写作新手来说，真是莫大的鼓励。

当初写写这些翻阅古籍的心得杂记，本来就没有太多的考量，只想给自己留下一些看书的记录而已。

是"看书"而非"读书"。

"读书"必用心脑，对于这些历代流传的典籍内容，既要精研其篇章哲理，也要深究其文词要义，这种学术研究远非我能力之所及，所以不敢曰"读"。

"看书"则只需要眼睛，看其版本、看其刊刻、看其字体、看其图画、看其题识、看其藏印等一书之表象，这样就足以带给我心灵的愉悦与肤浅的满足了。而在这"看"的过程中，常常会产生一些疑惑，觉得所见仍有不足，需要再寻找一些相关资料来佐证、补充或解疑，让这整个"看书"的结果更加圆满。这种种，例如在图书馆里泡上一整天，影印一堆资料回来解决了心中的疑团，那种如获甘霖的喜悦，如果没有即时留下只字片语，看完之后就任其消失如云烟的话，真是非常可惜。就是基于这一点点想法，这些心得杂记就这样一篇篇留下来了。

前两本书出版之后，许多朋友鼓励我继续写下去。前两本书里所写的古籍都是自己的收藏，因为可以尽情翻阅，所以还能写出一些东西来。可是个人的收藏实在有限，而且有些古籍只看表象是找不出亮点来作为写作内容的，所以撰写的速度变慢了，写作的标的物出版年代也更近了，从以往的明清版古籍渐渐走到民国早期的线装书，甚至是 20 世纪五六十年代台湾出版的旧版书，等等。只要能够拿到手上的，我都认真地看、认真地写。两年下来，也累积了几十篇，终于又能集结成册了。这几十篇文章，我仍是一本初衷，以书中的趣味性为主轴再加以延伸，风格还能延续之前出版的两本内容，尽量维持"古书犀烛"的一致性。

这本书我为它取了个书名叫作《蠹简遗韵》。这个命名和我将自己小小的藏书室取名"蠹简斋"有关。而我会为小书室取个斋名，又和已出版的两本书有关。

当《古书犀烛记》及《古书犀烛记续编》出版之后，熟识的朋友见面总会提及古籍这件事。闲聊之中也偶尔有人问道："你的书斋名号叫什么？"或者："你有没有为藏书室取个名称？"我一直都无言以对，因为我不曾为自己的藏书小室取过名号。

自从喜爱古籍并略事收藏之来，研读古人或今人有关藏书或版本等著作，对其中提及之斋名堂号总会特别感兴趣，因为我觉得为书斋或藏书处所取名，是一件风雅之事，而且名称的命取各有缘由，还能如看故事般走进这些书斋堂号主人的内心世界，汲取他们藏书人生中的那一份浪漫与坚持。这些有著作流传或被他人称颂、收入在他人著作中的堂号主人，个个都是藏书充栋、规模庞巨、质量均佳的藏书大家，他们为庞大的藏书处所命取斋名堂号，可谓名实相符、相得益彰。反观自己所藏不过尔尔，所以从来不曾也不敢模仿藏书大家为存放这几本古籍的小室取个什么名号。

只是一而再地被问到这件事情，有时也难免会心思浮动，妄想附庸风雅。但每当静下心来仔细思索时，却又毫无思绪，想不出如何来命名取号，这样曾经几度心动却毫无所得，只好先将这件事情搁着，留待日后再做打算。

说来也巧，某日看书时翻阅到宋代陆游的《掩扉》诗："久卧空山独掩扉，迂疏不恨世相违。新霜巷陌鸟乌乐，小雨园畦菘芥肥。骥病极知当伏枥，鸥闲谁与共忘机？一编蠹简从吾好，又见西窗挂夕晖。"此山居闲适的情境与陶渊明"采菊东篱下，悠然见南山"的田园意境有几分相似。陶渊明不为五斗米折腰的节操，我素所钦仰，因此读到此诗也特别有感。尤其读到其中"一编蠹简从吾好"几个字时，我特别多咀嚼一下，因为"蠹简"者，"旧籍"也。心中正想着我所收藏的那几本古籍也可称作"蠹简"啊！突然脑中灵光一闪，"蠹简斋"三个字就隐隐然浮现，我心中一震，心想这不正是我苦思多时而不可得的斋名吗？

苦思多日，终于等到那灵光一现。"蠹简"一词原出自唐代罗隐《咏史》："蠹简遗编试一寻，寂寥前事似如今。""蠹简遗编"即指残存破旧的书，我所收藏的古籍当然可视为"蠹简遗编"，因此取"蠹简"为斋名，理意正合。而且其中的"蠹"字本就在我的博客名称"故纸堆蠹鱼"里，因缘如此，似天注定。而这本书里所谈的都是我"蠹简斋"里所存藏之书，因此以《蠹简遗韵》定为书名，我认为还是十分恰当的。

2015 年 6 月初，我从台湾到北京，一方面旅游，一方面也安排几个拜会行程。其中之一就是拜会浙江大学出版社北京启真馆，这是我的前两本书《古书犀烛记》及《古书犀烛记续编》的出版单位。我此行主要目的就是要向辛苦的领导及编辑同仁们致意，感谢他们为了那两本书的出版不辞辛苦。那是我第一次走进启真馆，一进门立即就感受到大家热情的欢迎，心中感觉十分温暖。

经过一番寒暄之后，我取出一册书稿，就是这本《蠹简遗韵：古书犀烛记三编》，请编辑过目，看看能否获得青睐再予出版。后来得到了肯定的答复，我衷心感谢出版社不弃，这本书才终于有了面世的机会。

我常自忖，以个人粗浅的学能，写出这些内容能否带给古书爱好者们一点点欣喜？能否让读者看完之后觉得还有留存的价值？如果能获得一点点正面的回响，那就是最大的激励了。

我也自知个人才学浅薄，文中难免有叙述不当或是谬误的地方，这些不周之处全由个人承担，尚请方家书友不吝指正！

看图·说画

几部丁云鹏的版画图籍

丁云鹏（1547—1628），字南羽，号圣华居士，安徽休宁人。他是明代著名的画家，供奉内廷十余年，所绘以佛道人物最为著名，得法吴道子。他也擅长白描人物，风格酷似李公麟，丝发之间意态毕现。他能为书籍画插图，对徽州版画发展有很大的影响。

明朝版画图籍中有署名或钤印为丁云鹏画者，所见约有下列几种：

万历十年至十六年刊印之《方氏墨谱》

万历十六年刊印之《泊如斋重修宣和博古图录》

万历二十二年刊印之《养正图解》

万历二十二年至三十三年刊印之《程氏墨苑》

万历年间刊印之《泊如斋重修考古图》

万历、天启年间刊印之《唐诗画谱》

经检视书柜，其中有《方氏墨谱》《泊如斋重修宣和博古图录》《程氏墨苑》（残本）及光绪重刊《养正图解》等几种。

《方氏墨谱》是方于鲁美荫堂所刊行，共收录名墨造型图案三百八十五式。方于鲁（1541—1608），原名大激，字于鲁，歙县岩寺镇人。后来因为所制作的佳墨进贡宫廷，为万历皇帝所喜爱，时称"于鲁墨"，他于是改字为名，更字建元，号太玄。这部墨谱的绘图是丁云鹏、吴左千及俞康仲，以丁、吴二人为主要，在许多墨图中都可见他们的钤印。丁云鹏的钤印有"南羽""云鹏""丁南羽"及"圣华"等几种，吴廷羽则有"左千氏""吴廷羽印"及"廷羽"等几种。

墨谱的功用与笺谱雷同，除可作为商品宣传之用，也是一种艺术作品的集结，以资流传后世。所以制墨商家，莫不聘请著名画家为其绘制墨面图案，再请刻手依图镌刻，刻成墨模者，用以制作佳墨；刻于书板者，则用于印制墨谱。从这部墨谱中可以看出，许多墨图中都刻有绘图者印记，但也有许多阙如。有刻印者，当是墨图整体构思都出自画家本人，刻印以资证明。未刻印者，则是该墨可能早已存在，画家只是依墨面图案加以描绘，用以刻板；或者是画家参考既有之物品，将其绘制成图，用以刻板。例如其中一幅"珥璧"墨（图1），没有任何画家钤印，但有方于鲁的题识曰："郑之璞，宋之刻。"可见画家只是依照宋璧原有的图案描绘而已。

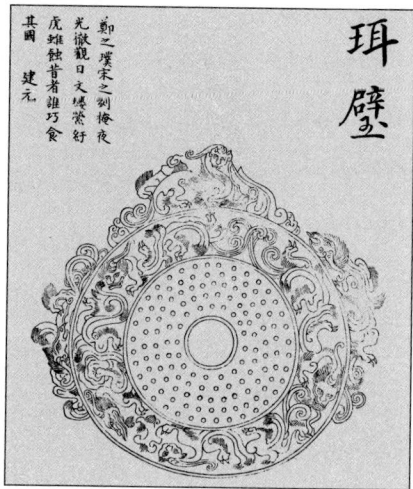
①

《方氏墨谱》之所以受到世人重视与喜爱，与其墨谱绘刻精致有关，而画家的功力就在这里做出了最佳表现。例如丁云鹏在第五卷"法宝"中有一幅"三兽渡河"图，"三兽渡河"的典故出自《法华经》，其"玄义"卷八下说："三兽渡河，同入于水，三兽有强弱，河水有底岸，兔马力弱，虽济彼岸，浮浅不深，又不到底。大象力强，俱得底岸。三兽喻三人……三乘之人虽证同一法性，渡同一生死之流，然因其根基深浅不同而生差别。"丁云鹏根据这样的经义构思画面布局，将右上左下分为两岸，中间则是大河，河中画大象、马、兔各一，正在努力渡过湍急流水。图中兔浮水上，马及一半，象则穷底。此三兽代表小中大三乘之人，他将最小的兔子画在最近处，最大的象画在最远处，一反近大远小的视觉感官，却更能凸显其大小悬殊比例，以比喻修行深浅之不

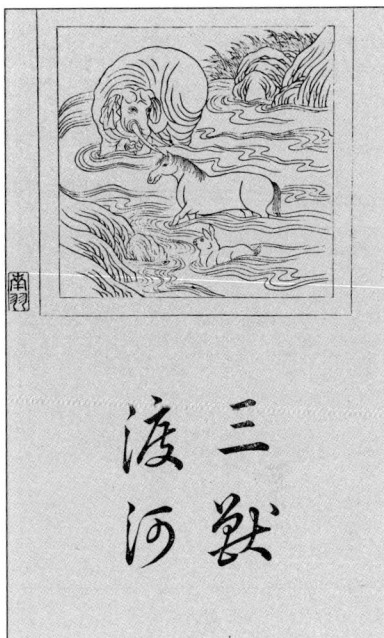

❷

同。而画大象回首注视马、兔，也有比喻修行较深者鼓励及协助修行浅者继续往前迈进之意。整幅白描线条细致灵活，布局稳当，让人忍不住多看一眼（图2）。

又例如卷三"博古"中有一幅"文犀照水"，这是《晋书·温峤传》里的一个故事，温峤有一次到武昌的牛渚几，那里水深不可测，传说水下有许多怪物。于是温峤点燃犀角来照明，不一会儿，就看见水里有许多动物向犀火扑来，都是奇形怪状。那天夜里，温峤梦见有人对他说："与君幽明道别，何意相照也？"意思是说，"我们和你阴阳各路，你为什么用犀火来照我们呢"，语气非常不高兴。相传犀角燃火可以照妖，所以洞察奸邪就叫作"燃犀"或"犀照"。

丁云鹏的"文犀照水"（图3），右画山石，山形至此已成缓

③

坡，可供步行。温峤及随从共三人正在临水的岩石上面点燃一支犀角，火光烁烁，照耀着一潭深水。左画山下水潭，远处与云天相连，以示潭水广阔；近处则水波滚滚，波涛中可见各种动物随波沉浮，似马、似龙、似龟、似鱼，温峤则手持蒲扇，正端视着这一潭怪物。丁云鹏的笔画，依其布局，各有不同运用，例如：人物的衣纹流畅不滞；山石的造型棱角峥嵘，笔画较硬；翻滚的波纹细密层叠，笔触柔软；远处流云纹路回转，尽是随风飘荡的舒展状态。在这小小画幅中，丁云鹏运用多种不同的笔法，去营造一幅完整的故事，充分显示他的精湛功力。

《宣和博古图录》原于宋大观年间（1107—1110）开始编纂，书成于宋徽宗宣和年间（1119—1125）。因著录宋代皇室收藏于宣和殿自商至唐的青铜器八百三十九件，故名《宣和博古图录》。《图录》中每一类器物都有总说，对每件器物都摹绘图形、拓印铭文及书写释文，前图后文，记载器物尺寸、重量及铭文情形。

《泊如斋重修宣和博古图录》是明代泊如斋重刻本，泊如斋是万历年间（1573—1620）歙县人吴养春的书坊名。吴养春还刻过《重修考古图》《闺范图说》及《朱翼》等书。

吴养春（？—1626），字百昌，是一位著名的徽商，万历、天启年间（1573—1627）经营木材、珠宝、绸缎、钱庄，并涉及盐业等，商业范围北到京津，南达两浙，因此家财万贯。刻书只是他的雅趣，不求营利，所以取名"泊如斋"，以有别于他的徽商名号。

天启六年（1626）的"黄山冤案"，主角就是吴养春，因为他富名太盛，引起宦官魏忠贤的注意，也因为他与族人吴孔嘉的恩怨。吴孔嘉于天启五年（1625）高中探花，并拜魏忠贤为义父，于是利用吴养春兄弟因继承其父在黄山二千四百亩山场相互争讼的机会，唆使吴家家仆吴荣罗织三项罪名控告吴养春：一、为富不仁，霸占黄山；二、创崇文书院，招聚朋党；三、谋害亲弟，希图鲸吞财产。吴养春于是被锦衣卫捉拿下狱，被追解银两六十余万，黄山山场木材价值三十余万两的黄山山场木材被解进修建宫殿，而二千四百亩黄山山场收归国有。但吴养春并没有因此解脱牢狱之灾，最后被拷打致死。

《泊如斋重修宣和博古图录》三十卷，刊于万历十六年（1588），前有程士庄撰于万历戊子秋仲的序；序后有"黄得时刻"

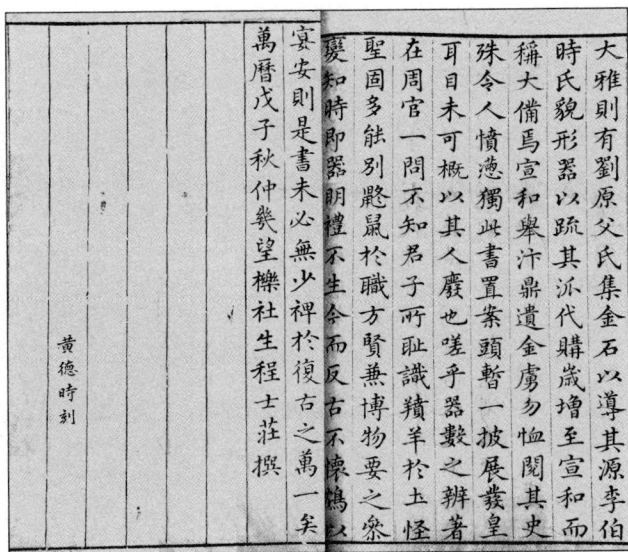

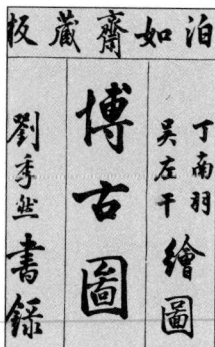

❺

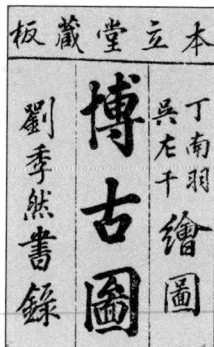

❻

四字（图4）。书名页分上下二格，上格刊"泊如斋藏板"五字；下格分三行，中间刊"博古图"三大字，右行刊"丁南羽吴左千绘图"，左行刊"刘季然书录"（图5）。从这些记载可以了解这部书的绘刻出版情况。

我曾见这部书的另一种书名页，仍分上下二格，上格改为"本立堂藏板"（图6），其余均与泊如斋版相同，而内页各卷标题仍是"泊如斋"，想必是吴养春冤屈致死后，这套书板由本立堂所得，因此改刻书名页后继续刊行。本立堂曾自刻《楚辞十七卷》《附录一卷》。

既然泊如斋是重刊本，必有宋刻本可为依据，所以丁云鹏及吴左千虽列名绘图，必是照宋本摹绘，不可能是依器物重新绘制。但两本比对，可以看出宋刻本线条较为粗

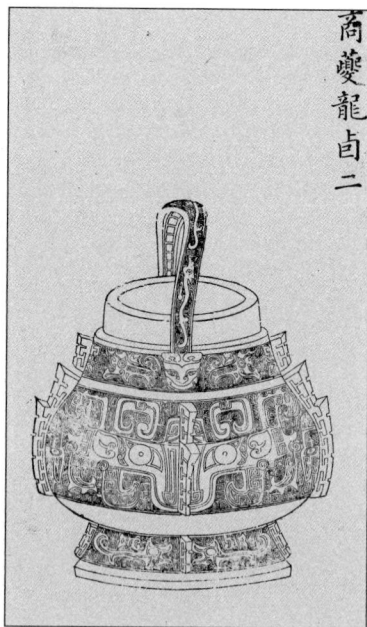

❼

犷，丁云鹏的绘图则较为细致流畅，繁复的纹饰也都一丝不苟，笔笔清朗（图7）。但严格地说，这只表现了丁云鹏的白描功力，不足以完全表现他的绘图技艺。

《养正图解》由明朝翰林院修撰、太子讲官焦竑所编撰，成书于万历二十二年（1594）。他辑录周文王至宋代的传说典故六十则，以图说的方式来教育皇长子有关伦理道德、言行规范以及修、齐、治、平之为君之道。书中每则典故配图一幅，祝世禄的序上说"绘图为丁云鹏"。郑振铎在《中国古代版画史略》里说："这是一部完美无疵的艺术作品，绘图者是当时有名的大画家丁云鹏（南羽），南羽的艺术修养很高，故所绘的人物、景色，都是古色古香，典雅绝伦，一望即知为上乘之品。"

这六十幅插图的确能展现丁云鹏的绘画艺术修养，因为要将一则典故融汇成一幅图画，必定要费尽心思去营造画面的整体情境。这首先体现在人物的衣冠造型及使用器具方面，他依不同的朝代绘制有不同的形制。例如"开馆亲贤"（图8）中唐朝的衣冠座椅和

❽

❾

"常读论语"（图9）中宋朝的衣冠座椅，绝不混淆。正符合徐沁所说："传写古事，必合经史，衣冠器具，时各不同。"

❿

其次，在一张平面纸上要以白描方式表现出一个立体的环境，绘画的技巧极其重要，在许多画作上都可以看到丁云鹏以屏风、栏杆、屋宇、树石或山坡等来营造同一张纸上不同的空间，例如"振贷贫民""自结履系""礼聘遗贤"（图10）等都可以看出他的巧思。

丁云鹏绘图的细腻特别引人注目，例如"观获进规"中的稻穗（图11）、"奖劝循良"中的树叶，以及"克己任贤"中的几面，绵密工整、布置匀当，虽是绿叶却衬托红花更为醒目，让每一幅画作都表现得古色古香、典雅绝伦。

《程氏墨苑》较《方氏墨谱》晚出刊，但墨图有五百二十幅，

⓫

较《方氏墨谱》多甚多，全为丁云鹏一个人所绘制，从中可以看出丁云鹏的绘图功力出神入化。例如其中人物的描绘，线条细致、神态各异；而龙凤的构思，灵活若现、气势非凡。其中有些墨图也曾出现在《方氏墨谱》中，例如"龙九子""凤九雏"，但丁云鹏都酌加修改，使两部墨谱有所区别，这是他的敬业表现。他还有些墨图采自《养正图解》，例如《墨苑》的"金人图"采自《养正图解》的"金人示戒"（图12），"侑座之器"采自"敧器示戒"，这些都是他自己的杰作。

《程氏墨苑》中还有四幅西洋宗教画，是丁云鹏临摹自利玛窦带来的宗教宣传画。这四张画较为繁复，风格与中国传统绘画并不相同，但丁云鹏临摹得非常精细。另外，传世的《程氏墨苑》有彩色套印本，想必当时丁云鹏也花费心力在其中，因为敷彩的工作本是画家的职责。

明代的版画发展非常兴盛，与当时政治、经济、商业发展都有关系。手工业者社会地位的提升，吸引了更多优秀人才的投入，例如徽派刻工兴极一时，就是其他朝代所未见的。画家也因此改变对雕刻工匠的看法，愿意投入到版画行业里来。雕技优良的刻工与杰出画家相互激荡下，创造了晚明版画的黄金时代。丁云鹏无疑是其中的佼佼者，从传世的几部版画图籍可以看出他杰出的绘画理念与技巧，更可以看出他对版画艺术的投入。除了亲身参与，他还培养学生吴廷羽一起奉献于版画发展。从历史角度看晚明徽派版画的发光发热，丁云鹏的贡献是有目共睹的。

《明刻传奇图像十种》

　　魏隐儒先生在其编著的《中国古籍印刷史》里说，民国以来刻书最精的应推董康和陶湘，"董康所刻各书，无论是选择内容，选纸用墨，刊工艺术方面都极可取……陶湘一生喜好刻书，所刻《百川学海》一百种，是据宋咸淳本影刻，其中缺卷依明弘治年间华氏覆宋本摹补，还覆刻宋本《儒学警悟》六种，又刻《涉园墨萃》十两种，三十四卷……董康、陶湘两家所刻书都由北京文楷斋工人雕印，精致漂亮，为书林、藏家所称赏"。

　　当然，陶湘所刻图书远远超过上述所列。1939年他七十岁时自订《武进陶湘字兰泉号涉园七十年记略》，其中记述有他自宣统三年（1911）以来的历年刻书情况。估计他这一生所刻书达到二百六十余种，八百余卷，数量确实惊人。另外，他也代张宗昌摹刻《开成石经》及《武经七书》。《七十年记略》于1933年写道："山东掖县义威上将军张效坤氏宗昌嘱代模刻开成石经全部至是告成……又代刻武经七书成。"

　　宣统三年（1911），元和吴昌绶双照楼辑刻《宋金元明本词四十种》，但刻至十七种时，因资金不足无以为继。陶湘乃出资将已刻的板片及未刻的稿本悉数购回，继续刻印出版。他为了不使吴昌绶原始辑印之功被淹没，前十七种仍沿用旧名"双照楼"刻词，后续者才用"涉园"续刻词。这可能是陶湘最早的刻书记录，这年他四十二岁，直到七十岁时仍然刻书不辍。

《七十年记略》里记述，1935 年时他有好几部书完成刻印工作，包括《拓跋廛丛刻》十种二十四卷、影刻毛抄宋本《松陵集》、玻璃版印《喜咏轩丛书》甲乙丙丁戊五编三十九种九十九卷、玻璃版印《涉园墨萃》十两种三十五卷、玻璃版印明钱馨室手抄陶九成《游志续编》，等等。

其中，《喜咏轩丛书》丙编有《明刻传奇图像十种》一书（图13），取材自明天启年间所刊印的十种戏曲插图的汇集本。这十种戏曲包括《琵琶记》《红拂传》《董西厢记》《西厢记》《明珠记》《牡丹亭》《邯郸梦》《南柯记》《紫钗记》及《燕子笺》。

明代是中国历史上版刻艺术最辉煌的时代，书商、画家、雕版艺师大力投入到刻书事业中，文字与插图的刻画水准都达到巅峰。尤其是传奇小说之类的插图，无论是山水庭阁、花草树木还是人物描写等，无不构图圆熟，以景衬情，描绘非常细致，线条丝毫毕现，甚具特色，为后世留下了无数精彩的图画典籍。

陶湘印制这十种传奇图像的缘由为何，未见他有任何叙述。但从这些图像上的刻记来看，这十种图像有可能是同一位画家王文衡的作品，例如《琵琶记》有"吴门王文衡图"字样及"青城"印；《红拂传》有"庚申秋日王文衡写"字样及"王文衡印"（图14）；《西厢记》有"吴门王文衡写"字样及"青城"印；《牡丹

⓭

亭》有"庚申中秋写王文衡"字样;《邯郸梦》有"仿唐伯虎吴门王文衡"字样。其他五种图像虽然没有类似刻记,但从其绘图风格看,似是同一人手笔。

王文衡,字青城,吴门(今苏州)人,明代木刻版画的名画家,他的画作无论构图、线描都极为精到,形成吴门派系的版画特色。上述《红拂传》及《牡丹亭》的插图上都刻有"庚申"年字样,"庚申"年即明光宗泰昌元年(1620),但光宗在位仅一个月就驾崩了,第二年熹宗即位,是为天启元年(1621),所以说王文衡是一位活跃于万历至天启年间的版画家,应属合理。

另外,从图像的刻画线条表现,可以看出这些版刻都是出自技艺高超的艺师之手。《西厢记》有"新安黄一彬刻"字样(图15),《牡丹亭》有"刘升伯镌"字样,《燕子笺》有"项南洲刻"字样。他们都是明代晚期著名的版刻家,刀法多样,呈现的效果十分精美。其他几种传奇图像虽未见雕版者的刻记,但也都极为精彩,应

❶❹

❶❺

属名家之作。

这部《明刻传奇图像十种》，究竟是明、清时代已有人将这十种传奇插图汇集成册，抑或是陶湘自己选取汇集而成，值得探讨。北京工艺美术出版社于2004年出版《明刻传奇图像十种》一书，在"出版说明"中说："在三百多年前，便出现了这种把一位画家的插图辑集成册的书籍，可见当时书商、画家对书籍插图的重视和插图创作的活跃。"

综观陶湘《喜咏轩丛书》里的《明刻传奇图像十种》，印制时间从1926年（丙寅）冬天直到1928年（戊辰）的夏天，费时一年半以上才完成。而且每一种传奇图像都分别刻有牌记，例如《牡丹亭》刻"岁在丙寅季冬武进涉园影印"（图16）、《燕子笺》刻"岁在戊辰夏日武进涉园石印"（图17），等等。可见陶湘印制这一部书并非直接择取一部汇集旧本来复印，而是逐次选样印制，所以这部包含十种传奇的书才会出现十方印制牌记。另外从牌记上叙述"影印"、"石印"等不同印制方式也可看出，其印制工作系分批行事。

只是这些印制方法与他在《七十年记略》里所说"玻璃版印喜咏轩丛书"并不相同，可能玻璃版印制的是丛书中的其他书籍。"玻璃版"即是"珂罗版"，"珂罗版"是英文collotype的音译，由于需要用厚玻璃作为版基，因此又称作"玻璃版"。而此《明刻传奇图像十种》是用影印、石印方式印制而成，而他所说的"影印"可能也是"石印"的别称。

这部书以图像为主，传奇故事没有被一起收录，但相对于每一种传奇陶湘都或多或少另外收录了一些相关资料，以使读者观书时有一个比较完整的概念。

《琵琶记》收录"弘治戊午菊花新时白云散仙书于双桂堂序"

16

牡丹亭題詞

天下女子有情，寧有如杜麗娘者乎，夢其人即
病，病即彌連，至手畫形容傳於世而後死。死三
年矣，復能溟莫中求得其所夢者而生，如麗娘
者乃可謂之有情人耳。情不知所起，一往而深，
生者可以死，死可以生。生而不可與死，死而不
可復生者，皆非情之至也。夢中之情，何必非真，
天下豈少夢中之人邪，必因薦枕而成親待掛
冠而為密者皆形骸之論也。傳杜太守事者，彷

牡丹亭序　一

歲在丙寅季冬
武進涉園影印

17

雪韻堂批點燕子箋記目

卷上

家門　　約試
偕征　　授畫
購俟　　合圍
防胡　　寫像
入闈　　誤畫
駝泄　　駭像
偽緝　　題箋
　　　　拾箋
守潰　　謀緝
　　　　試窘
　　　　閨痊
尾奔

燕子箋記目　一

歲在戊辰夏日
武進涉園石印

与"即空观主人题识凡例十则";

《红拂传》收录"虬髯客传"及"红拂传标目";

《董西厢记》收录"清远道人书于玉茗堂题辞"及"批阅姓氏";

《西厢记》收录"即空观主人题识凡例十则"及"西厢记旧目";

《明珠记》收录"无双传"及"目录";

《牡丹亭》收录"万历戊戌秋清远道人题词""前溪茅元仪题序""青苕茅暎远士纂题记""目录"及"凡例四则";

《邯郸梦》收录"辛丑中秋前一日临川居士题于清远楼序""四明天放道人刘志禅题序""天启元年立夏吴兴闵光瑜韫儒氏题小引""唐李泌撰枕中记"及朱印"袁中郎、许中翰、臧晋叔、刘放翁四人邯郸梦总评";

《南柯记》《紫钗记》及《燕子笺》都只收录"目录"。

清乾嘉年间（1736—1820）昭文（江苏常熟）藏书家张海鹏，治经之暇，以刻书为己任，刻有《学津讨源》二十集一百七十六种、《墨海金壶》一百一十七种等。他曾说："藏书不如读书，读书不如刻书，读书只以为己，刻书可以泽人，上以寿作者之精神，下以惠后学之沾溉，真道不可更广耶。"晚清张之洞撰有"劝刻书说"，所宣扬的也正是这种藏而刻书、利他惠人的情操。历代藏书家致力刻书事业者大有人在，陶湘作为民国以来藏书大家之一，当然也具备这种藏书家的人文情怀，所以他致力于刻书印书，至死不渝，为后世留下非常丰富的图书典籍。从这一部《明刻传奇图像十种》的刻印过程可以看出他对选书、印书的执着与慎重，选纸用料亦属上乘，所以他刻印的书籍虽尚未超过百年，却是许多爱书人争相收藏的对象，称其洛阳纸贵，亦不为过。

《环翠堂园景图》

北京人民美术出版社于 1981 年影印明代万历年间新安汪廷讷环翠堂所刊《环翠堂园景图》一册，以经折装的形式呈现，精印五百册。责任编辑李平凡撰"关于环翠堂园景图"一文，文中说："此图未见于前人记载……它比较集中地体现了明万历时期我国版画艺术的造诣和成就，是研究我国古典版画历史和艺术成就的可贵资料……同时也是研究我国明代封建社会生活和习俗，以及古典园林建筑的宝贵文物。"

《环翠堂园景图》是万历年间徽派版画的代表作之一，原图为一长卷，高 24 厘米，长 1486 厘米。这幅图由吴县画家钱贡绘制，歙县版刻名家黄应组镌刻，南京书法家李登题签，新安汪廷讷环翠堂刊印，描绘汪廷讷在故乡新安休宁县松萝山下所修建的一座私人庭园的园林景观以及附近的山川景物。

汪廷讷，生卒年不详，字昌朝，号无如，别号无无居士、无闷道人、全一真人、坐隐先生、松萝山人等，新安休宁汪村人。他曾为国子监生员，并前往南京参加秋试，但因试不第，捐赀为官。董其昌撰"汪廷讷传"，说他："历事三帝，拜督艖大夫，耿介妨时，左迁晋江司马。"他虽然是捐赀为官，但为官正直清廉，只是禀性耿介，所以连遭贬谪，最后致仕闲居。

在有些谈及汪廷讷的撰著中，说汪廷讷字"昌期"，这应该是"昌朝"的误缮。在《环翠堂园景图》中李登题签时写道："上元李

琅嬛堂園景圖

上元李登為

昌朝汪大夫書

黃應組鑴

⑱

登为昌朝大夫书"（图18）；曹学佺为万历三十九年（1611）环翠堂刻《坐隐先生精订陈大声乐府全集》写序时，标题书"汪昌朝精订陈大声全集序"；万历三十五年（1607），奉议大夫朱之蕃撰"坐隐先生赞"时写道："先生讳廷讷，冯大司成字之曰昌朝，杨少宗伯授别号曰无无居士。"在当年这些撰著中只见"昌朝"而未见有"昌期"之说，因其字形相近，因误缮而以讹传讹的可能性甚大。

万历二十八年（1600），汪廷讷在松萝山麓建造"坐隐园"，约在万历三十年（1602）落成。"环翠堂"为其中主楼，他广邀友人来到此园，清谈赏景、赋诗宴酒，借此深植他在文人圈中的地位。董其昌称赞这座园林说："构诸名胜，美丽甲当时，缙绅士人，游者踵至。"汤显祖也赞叹说："其中芝房菌阁，露榭风亭，传记大备，诸名贤之诗歌词赋不可指数。"

明代文学家屠隆写过一首《逍遥令》："挂冠归去谢君王，脱朝衣，把布袍穿上，荷犁锄，掷手板腰章，今日九重丹凤阙，明朝千顷白鸥乡。满西湖，荷花正香，望东海，月轮初上，曲岸横塘，画桥兰桨，只此处尽可容得疏狂。"道尽了晚明时期官场不如意时，回归田野的浪漫情怀。屠隆是万历五年（1577）进士，曾任吏部主事、郎中，后罢官回乡，从事写作，也编写剧曲，这种风气在晚明时期甚受文人的追从。汪廷讷的官场际遇与屠隆非常相似，因此他遭贬后，回乡构筑园林，过着闲逸悠哉的生活，也是有例可寻的。

不过汪廷讷的作风和当时一般文人的简约乐活方式仍然有所不同，坐隐园面积广阔、建构华丽，从《环翠堂园景图》即可看出。汪廷讷幼时为富商养子，家境富裕，他又担任盐官多年，积累更多财富，为人毫不吝惜，具都表现在他的园林构筑及交游广阔上面。而且，他还聘请当时的书画雕刻名家为这方庭园胜景精心描绘并刊印成册，除了致赠友朋，还可以广做宣传。台湾师范大学艺术史研究所教授林丽江撰有《徽州版画——环翠堂园景图研究》一文，她认为汪廷讷之所以将环翠堂园景以版画形式呈现，"就是为了可以更为大量地复制，这大量印制的精美庭园版画正是他家业名声的最佳宣传，汪廷讷处心积虑的就是希望自己可以被纳入当时的江南文人圈内，且因此得以留名于后世"。

在《环翠堂园景图》中有标注名称的山川景区共计一百处以上，其中许多景点名称刻画在画幅的山石树丛之中，稍不注意即不易察觉，因此具体共有多少景点，各方说法不一。刘玉山撰《中国古版画中的辉煌巨作（环翠堂园景图）》称："园中景物，仅有提名者，即达一百二十余处。"毛茸茸撰《人间未可辞（环翠堂园景图）新考》称一百零九处。我细细寻查一遍，仅得一百零六处，谨记录如下，以供查对之用，从右往左、由上往下，依次为：

白岳、松萝、古城、仁寿山、梅里、嘉福庵、嘤鸣馆、〇祠（前一字被树枝遮挡）、玄通院、正气亭、玉带河、高士里、玄庄、高阳馆、大夫第、坐隐园、烟道、名重天下、云区、独立泉、水月廊、沧洲趣、六桥、洞灵庙、天花坛、桃坞、竹篱茅舍、天放亭、钓鳌台、山溪、赤壁、笑尘岩、飞虹岭、万锦堤、昌公湖、贵人石、芭蕉林、龙伯祠、灵鹫岛、洄澜几、倚屏石、湖心亭、砥柱石、君子林、静芬巷、香积、印书局、彝鼎阿、西山爽气、解嘲、凭萝阁、天开图画、山庐、鹤巢、白云扉、嘉树庭、环翠堂、无如书舍、羽化桥、五老峰、兰亭遗胜、兰台、冲天泉、秘阁、百鹤楼、达生台、钓几、碧林宇、琼蕤房、鸿宝关、凝碧、小有天、漱玉馆、无穷门、九仙峰、棋盘石、斜谷、面壁岩、朗悟台、剑门、葫芦谷、大慈室、玄津桥、紫竹林、素亭、长林石几、明真庵、观空洞、茶房、洗心池、白藏岗、眺蟾台、牡丹林、清虚境、青莲窟、半偈庵、经藏、无无居、全一龛、曲桥、洗砚坡、东壁、金鸡峰、广莫山、飞布山、黄山。

在这园林里有些景区极有特色，结合徽派版刻艺术的呈现，让人恨不得赶快步入其间，身历其境。

从白岳经松萝山一路向西，走过山间小径、行经田野阡陌，进入标记"高士里"的亭阁后，就是坐隐园的园林范围了。在"高士里"和"大夫第"正门之间的广场，供作停轿拴马之用，正印证董其昌所说："缙绅士人，游者踵至。"（图 19）

⑲

⑳

　　汪廷讷在园林内凿有一座"昌公湖"，此一名称的由来应该与他的字号"昌朝"有关，用以标榜他个人的声名志业。这种情况在园区内还有多处，例如"无如书舍""无无居""全一匏"等均取自他的名号。他在湖中建造了一座"湖心亭"，并摆置"倚屏石"及"砥柱石"两座巨大太湖石，以衬托"昌公湖"的优雅景致。而在"湖心亭"宴客时，所需食物用品均由小船运送，湖中另有游船搭载客人游湖赏景。可见汪廷讷的致仕生活，真是闲逸优雅（图20）。

　　越过"昌公湖"，就是坐隐园的主要阁楼建筑群，主楼"环翠堂"就在这里，屋宇连栋、白墙界隔，繁密之中条理分明，可见画家钱贡的界画功力（图21）。

㉑

　　"环翠堂"后面有一处"兰亭遗胜"，汪廷讷仿造兰亭序中曲水流觞的场景在一张大石桌上面凿出蜿蜒曲折的水道，图中有七位文士正借由流水传递酒杯，进行酒宴（图22）。

　　"兰亭遗胜"后面是一片假山造景，其中一处标注"棋盘石"，露出一角石桌，是汪廷讷与友人论棋下棋的地方（图23）。汪廷讷棋艺甚精，著有《坐隐先生精订捷径弈谱》《坐隐先生奕薮》《坐隐先生订谱全集》等书，朱之蕃为其撰写"坐隐先生赞"时说："无如子发愤下惟潜心大业，偶以燕坐对客谭碁，豁然悟道，客漫取王中郎故事，号为坐隐先生。"《坐隐先生精订捷径弈谱》前附六面连式"坐隐图"，由汪耕画图、黄应组镌刻，这六面连式图画应该就是"棋盘石"场景的放大精刻版。

　　汪廷讷在园林之中修建"大慈室""明真庵""清虚境""半偈庵""青莲窟""经藏""无无居""全一龛"等屋舍，由这些名称可以看出与佛道信仰有关（图24）。汤显祖撰"坐隐乩笔记"里说汪

廷讷"灌花浇竹之暇，参释味玄，雅好静坐……屏却世氛，独证妙道"。显见他佛道信仰甚笃，在这幅《环翠堂园景图》和《坐隐先生精订捷径碁谱》前附六面连式"坐隐图"中都可以看到有修行僧人出现在画幅之中，这也是他在戏曲创作及精订棋谱之外，另一层次的生活状态。

《环翠堂园景图》的最后，画家钱贡跳出了园区"东壁"围墙，越过"金鸡峰"、"广莫山"及"飞布山"，将视线拉到远处的群山，一带云山绵绵延延，终至消失于视线之外。观图至此，就如参与酒宴的缙绅士人脱离了繁丽的园区景观楼阁，回归淡泊的田野生活一般（图 25）。

北京人民美术出版社影印《环翠堂园景图》的母本，是借自戏曲专家及版画收藏家傅惜华的收藏，画中钤有"惜华收藏版画图籍"藏印，不过母本在交给出版社影印之际，因爆发"文化大革命"，世道混乱之中原图消失无踪，可惜至极。所幸经由这次影印，化一为五百，终能将汪廷讷、钱贡及黄应组等人合力创作的一件艺术精品流传后世。如今，这件影印本堪称与正本一样珍贵了。

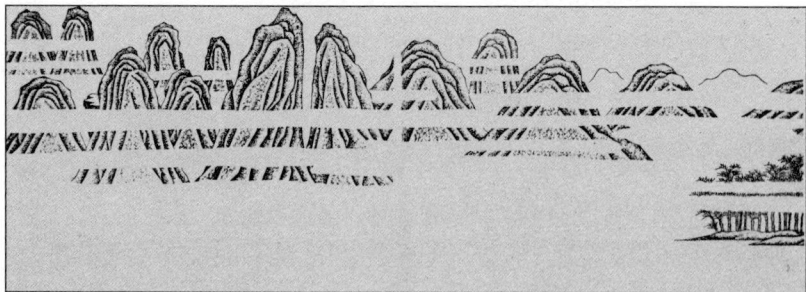

㉕

《养正图解》

《养正图解》与《帝鉴图说》是明代两部为了教育皇子，强化其学习效果而编纂的图文并重的蒙养书籍，用以培养君德，开导圣学，希望成为奠定皇子成为明君的基石。《帝鉴图说》是张居正所编撰，成书于隆庆六年（1572），教育对象是年幼的明神宗朱翊钧。而《养正图解》是翰林院修撰、太子讲官焦竑所编撰，成书于万历二十二年（1594），教育的对象是神宗的皇长子朱常洛。

不过从历史的角度来看，这两部书似乎效果不彰。神宗皇帝在位期间有三十年不上朝，国势逐渐走向衰败；而光宗皇帝在位不及一个月就驾崩了，与其好色纵欲有关，明代著名的"红丸案"讲的就是光宗皇帝死因的疑案。张居正与焦竑的苦心最终还是付诸流水，但是这两部书编撰甚具用心，插图也甚精妙，尤其《养正图解》的插图是明代著名的画家丁云鹏所绘、徽派名刻工雕刻，是徽派版画作品中之精品，具有较高的文学艺术价值。

焦竑（1540—1620），字弱侯，号澹园，江宁人。明朝著名学者。他年轻时受学于督学御使耿定向，也曾求教于罗汝芳，万历十七年（1589）以殿试第一授翰林院修撰，二十二年受命为皇长子讲官。《明史·焦竑列传》说："竑，博极群书，自经史至稗官杂说，无不淹贯，善为古文，典正驯雅，卓然名家，集名澹园，竑所自号也。"著有《澹园集》《焦氏笔乘》《易筌》《禹贡解》《国史经籍志》等书。

朱常洛是明神宗朱翊钧的长子，但迟迟未被立为太子，因为神宗有意立其宠妃郑贵妃所生的朱常洵为太子，但此举与明朝体制不合，引起朝臣争论达十数年之久。朱常洛没受到神宗的关爱，也间接影响他接受启蒙教育的时间。古人八岁开始接受启蒙教育，但朱常洛直到万历二十二年（1594），他十三岁时才出阁讲学。当时翰林院修撰焦竑受命为皇长子讲官，在讲授经书之余，编撰《养正图解》一书。他在进呈的奏表上说："万历二十二年恭遇皇长子出阁，叨与劝讲之役……臣愚不自揆，仰遵成宪，窃比前修，择载籍中故事有关法诫者，稍加训释并绘为图，名曰《养正图解》，装潢成编，上尘乙览。"《易·蒙》有"蒙以养正"之句，启蒙之学，应以养正为先，所以焦竑选辑六十则与养正有关的故事，加以绘图，每图之后附有解说，名《养正图解》。

这部《养正图解》辑录自周文王至宋代的传说典故六十则，内容包括古代帝王统御之道、先贤圣哲的言行典范及为人臣子的忠爱社稷，都是以正面的事迹为例，以图说的方式来教育皇长子有关伦理道德、言行规范以及修、齐、治、平的为君之道。依据改制前的台北市立师范学院应用语言文学研究所研究生庄慧敏的归纳，这些故事类型偏重于"勤政好学""知人善任""仁义诚信""容直纳谏"及"保身自警"。因为万历当朝时，最受非议的是他长期不视朝、不补官、不见廷臣、不理政，而且宦官干政越来越严重，明代政坛与社会的危机日益显现。焦竑选辑这些故事，"可以看成是作者焦竑有所寄托的作品，希望对极有可能成为后起之君的朱常洛，能够不为时代的负面氛围所迷惑"。

焦竑当时进呈二部《养正图解》，并于万历二十五年（1597）九月八日奉旨批复："知道了，所进养正图解留览并赐了，前有旨，皇长子体质清弱，不耐久劳，讲学书籍候循序渐进，以副朕眷爱之意，礼部知道。"虽然万历二十五年才奉圣旨批复，但这部书于万历二十二年，在民间已有刻本行世。《明史·焦竑传》上说："竑尝采古储君事可为法戒者，为养正图解，拟进之，同官郭正域辈恶其不相闻，目为贾誉，竑遂止。"虽然他很早就编撰完成这部书，但因受到同朝为官的郭正域等人的猜忌，被怀疑沽名钓誉，以至于没有即时进呈。《钦定天禄琳琅书目》上也说："以猜阻未经进奉，故无官刻之本。"但以万历二十五年的批复来看，焦竑后来还是将这部书进呈神宗御览。

《养正图解》和《帝鉴图说》的不同点之一，就是《帝鉴图说》有官刻本，而《养正图解》则只有民间刻本。万历二十二年，焦竑编撰完成后因故没有及时进呈，遂交由民间书坊刊印。到了万历二十五年，他又将这部书进呈神宗御览，或许就像他在奏折里所说："供事以来，荏苒四载，学术空疎，靡所补益。顷皇长子天姿日茂，睿龄加长，多识前言往行，此适其时。"他希望这部图说"如蒙皇上不弃，菲葑谓为可采，特敕皇长子于退食余闲，时加绅绎，庶几虚明之心先入为主，典训所渐不言而化，其于升高陟遐未必无补。"他认为编撰这部图说的原意不能泯灭，而且要让皇帝知道，所以才有先刊印后进呈的情事发生。

沈德符撰《万历野获编》卷二十五说："焦毅侯焦竑为皇长子讲官，撰养正图解，进之东朝。既而徽州人所刻，梨枣既精工，其画像又出新安名士丁南羽之手，更飞动如生，京师珍为奇货，大珰陈矩，购得数部，以呈上览。"万历年间司礼监掌印太监陈矩，位高权重，他谨守"祖宗法度，圣贤道理"八个字，不滥用权力，而且力图纠正时弊缺失，是明代少数的好太监之一。但不知道他是何时购得《养正图解》，以呈上览。依常理判断，陈矩与焦竑是不可能分二次进呈同一部书的，否则后进者如何向皇上奏明进呈理由。我臆测焦竑这部书之所以先刊行、后进呈，或许与陈矩有关。焦竑编撰这部书，虽然交由民间书坊刊行，但绘图刊印均属上乘，京师珍为奇货。陈矩购得数部，觉得编撰绘刻俱佳，而且是作为皇长子讲学之用，实有必要让皇上知道，因此嘱咐原撰者焦竑上奏进呈。将《万历野获编》所说的"大珰陈矩，购得数部，以呈上览"与焦竑万历二十五年"谨题请旨计进养正图解二部"这两件事情视为同一件事，应该是合乎道理的。

《养正图解》这部书，目前流传的版本有：万历二十二年江光华玩虎轩刻本，分上下二卷；万历二十二年吴怀让刻本，不分卷；康熙八年（1669）曹鈖刻本，分上下二卷；光绪二十一年（1895）武英殿刻本，不分卷。

万历二十二年，同时有二家书坊刊印《养正图解》，其中缘故为何，耐人寻味。我原来以为玩虎轩刻本较为少见，可能刊印较早。不过依据台湾师范大学艺术史研究所教授林丽江的研究，她曾经仔细比对过玩虎轩本与吴怀让本，在《明代版画〈养正图解〉之研究》一文中，她认为吴怀让本的人物图像风格与《方氏墨谱》大致接近，应该是丁云鹏最先绘制的图稿；而玩虎轩本的人物风格比较接近较晚才出版的典型徽派版画，如汪廷讷所主导出版的几部版画图籍，尤其与汪耕所绘图的版画风格更为接近。

郑振铎先生在《劫中得书续记》中说，他曾购得玩虎轩《养正图解》残本一册，仅存祝世禄序及卷上八页。有关刻工一节，他说："祝世禄序云镌手为黄奇，'黄奇'二字，玩虎轩本原作'黄镅'。"他在《中国古代版画史略》上说："黄镅是黄铤的兄弟辈，他在万历二十二年（1594）为焦竑的养正图解刻了全部的木刻画……黄鏻刊刻这些画幅时，也细磨细琢一笔不苟，唯恐有失原画的神意，遂使南羽的这部大作品相得益彰，且得以流传万古，不与绢素同朽。”

他曾拿玩虎轩残本来与康熙己酉年曹鈖《重刊养正图解》相比对，发觉竟是同一版本，不过曹氏本刷印在后，图中细致的线条已有模糊并合之迹，所以他认为玩虎轩的版片在清初时为曹氏所购得，曹氏据为己有，标题加上“重刊”二字，是为了湮灭攘夺玩虎轩版片的事实。他曾收藏四部《养正图解》，其中玩虎轩刻本与曹鈖刻本确实都为两卷本，与另两部万历刻本或明刻本标注不分卷有所不同。

万历二十二年吴怀让刻本，书前有南京吏科给事中祝世禄序及翰林院修撰儒林郎焦竑序及万历二十五年焦竑进呈《养正图解》题奏，可见这篇题奏应该是后来补刻上去的。祝世禄的序上说：“绘图为丁云鹏，书解为吴继序，捐赀镌之为吴怀谦，而镌手为黄奇。”（图26）将参与这部书刊印相关人等列名其上，是相

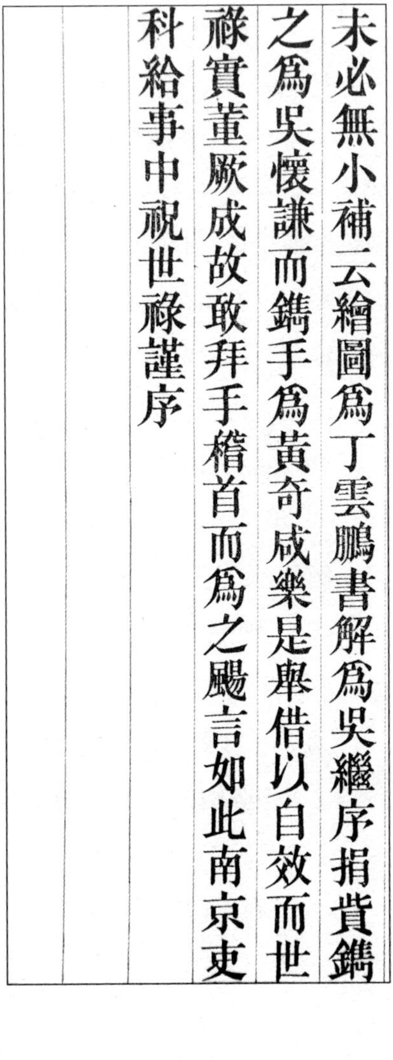

未必無小補云繪圖爲丁雲鵬書解爲吳繼序捐貲鐫
之爲吳懷謙而鐫手爲黃奇咸樂是舉借以自效而世
祿實董厥成故敢拜手稽首而爲之颺言如此南京吏
科給事中祝世祿謹序

当进步的思维。

1933 年鲁迅与郑振铎辑印《北平笺谱》时，将刻工姓名胪列书中，表示对基层劳动人力的重视，颇受好评，其实这种做法早在三百四十年之前，就已由祝世禄执行在先了。不过周心慧先生所著《中国古版画通史》一书中说："黄氏宗谱不载黄奇，不知是否系黄德奇之误。"李国庆先生编纂《明代刊工姓名索引》一书，在《养正图解》条下也注明"刻工：黄镃、黄德奇"，看来祝世禄的序恐怕是误缮了。

光绪二十一年（1895），德宗皇帝特颁谕旨说："明臣焦竑所著《养正图解》一书，考证古今，足资劝诫，曾蒙高宗纯皇帝嘉其纳忠之义，亲题以诗。仁宗睿皇帝复为之赞，且于表扬懿美之中，时复砭其所未备。朕因是书年久，世所罕觏，恐逐湮没无存，特将内府旧存写本发出，敕武英殿刊刻进呈，以备省览，并将御制诗赞一并敬谨刊刻，用副朕仰绍前徽，垂诸永久，至意特谕，钦此。"

这部书的书名页正面镌刻隶书"养正图解"四个大字，背面有"光绪岁在旃蒙协洽武英殿刊"的牌记（图 27）。"旃蒙协洽"即是"乙未"年，这是一种岁阳岁阴称谓。古人刊书，偶有喜用这种称谓，例如道光四年（甲申，1824），阮福的小琅嬛仙馆刊《历代帝王年表》，牌记上就写着"大清道光太岁在阏逢涒滩冬仲长至日小琅嬛仙馆开雕"。

《尔雅·释天》说："太岁在甲曰阏逢，在乙曰旃蒙，在丙曰柔兆，在丁曰强圉，在戊曰著雍，在己曰屠维，在庚曰上章，在辛曰重光，在壬曰玄黓，在癸曰昭阳。"以上是属岁阳。

"太岁在子曰困敦，在丑曰赤奋若，在寅曰摄提格，在卯曰单阏，在辰曰执徐，在巳曰大荒落，在午曰敦牂，在未曰协洽，在

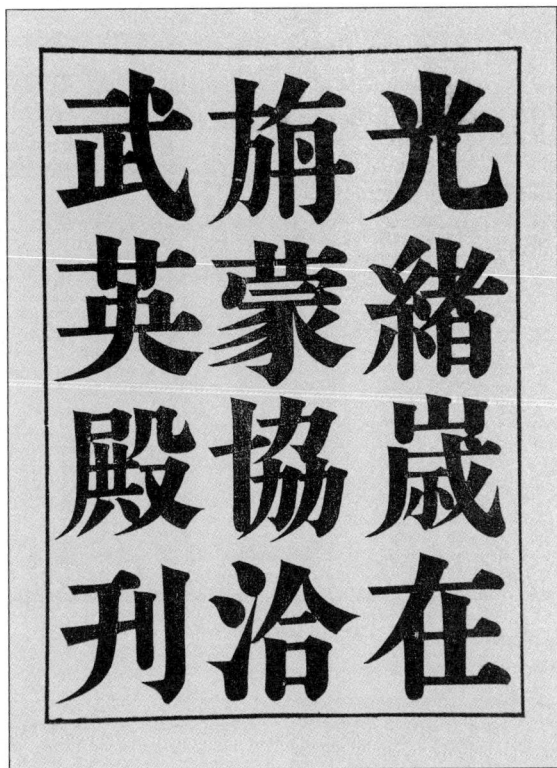

光緒嵗在
旃蒙協洽
武英殿刊

申曰涒滩，在酉曰作噩，在戌曰阉茂，在亥曰大渊献。"以上则属岁阴。

这部《养正图解》是培养封建统治人才的教材，在清朝一代颇受朝廷的重视，高宗皇帝亲题以诗，仁宗皇帝为之作赞。光绪刻本在图说之后，附以"御制养正图赞"及"御题养正图诗"（图28、29），终于图、说、诗、赞俱全，内容愈显丰富圆满，再加上武英殿的刊刻亦称精细（图30），版画虽然不及徽派的飞动如生，但还能显现丁云鹏原作韵味，充满古趣，堪称善本。

御題養正圖詩
寢門視膳

寢門日三朝問安承色笑失常心誠憂膳徹詢所樂允
哉風人頌爲子止於孝
膳斥鮑魚
教子乃稱慈莫要於擇師公望徹膊關云非禮所宜助
教屏邪蒿依然直道遺
振貸貧民
富民信善言發倉不宿善如傷本夙夔豈待溝壑轉高
山切景仰疊疊中心勉

⑱

御製養正圖讚
寢門視膳

稽古文王允稱達孝日三問安萬世垂教出於自然聲
音笑貌子職勤思竭誠仿傚
膳斥鮑魚
賢傅輔儲起居同處鮑魚異常勿令登俎小節不踰大
德就緒匡正自童聖功無阻
振貸貧民
閭善卽行抒於誠惘民足國安上盈下損發政施仁必
先立本天下平均思深慮遠

⑲

詢求政術

後世史職雖具人君言動悉不得聞至御史專以諫
諍爲職然阿諛順旨者多正直敢言者少卽敢言矣
而人主有受有不受又不得面陳託之章疏於是深
者不敢盡言粗者又不足聽甚至犯威觸忌有斥逐
貶徙論爲城旦鬼薪者不少矣如是人臣誰肯忘身
爲國者祇有默默避罪而已主明臣直若簡子之君
臣真可法也

㉚

《凌烟阁功臣图像》

1939年，陶湘自撰年谱《武进陶湘字兰泉号涉园七十年记略》。书中提到，1935年乙亥他六十六岁时，有几部刻印多年的书籍都在这一年终告完成，包括影刻《托跋廛丛书》、影刻《毛抄宋本松陵集》、玻璃版印《喜咏轩丛书甲乙丙丁戊五编》、玻璃版印《涉园墨萃》、玻璃版印《明钱罄室手抄陶九成游志续编》，等等。其中《喜咏轩丛书甲乙丙丁戊五编》包含古籍三十九种九十九卷，《凌烟阁功臣图像》属于丁编之一种。

《凌烟阁功臣图像》一卷，陶湘于庚午（1930）年春日重印自康熙年间刘源所作《凌烟阁功臣图》，而刘源所作是图，则是取材于唐朝贞观十七年（643）唐太宗命阎立本所描绘的《二十四功臣图》。

唐朝贞观十七年二月，唐太宗因"为人君者，驱驾英才，推心待士"，而命阎立本在凌烟阁内描绘跟他一起打天下的诸多功臣，共二十四人。"凌烟阁"是位于长安太极宫西南三清殿旁的一座小楼，阎立本所绘二十四幅功臣图，比例皆真人大小，面北而立，依功勋分置，最内一层是功勋最高的宰辅之臣，中间一层是功高王侯之臣，最外一层则为其他功臣。这二十四位功臣包括长孙无忌、李孝恭、杜如晦、魏徵、房玄龄、高士廉、尉迟敬德、李靖、萧瑀、段志玄、刘弘基、屈突通、殷开山、柴绍、长孙顺德、张亮、侯君集、张公谨、程知节、虞世南、刘政会、唐俭、李世勣及秦叔宝。

唐朝李贺曾有诗曰："男儿何不带吴钩，收取关山五十州。请君暂上凌烟阁，若个书生万户侯。"

凌烟阁内这《二十四功臣图》，后来毁于唐僖宗广明元年（880）的黄巢之乱。黄巢曾经攻入长安，大肆烧杀掠夺，所以这《二十四功臣图》并没有任何图像留存下来，此后仅能见于史学家或诗人的文章诗作之中。直到清康熙七年（1668），才有中州刘源从先民遗存文翰中，心领神会摹绘出大雅不群的《凌烟阁功臣图》（图31）。

刘源，生卒年不详，字伴阮，号猿仙，河南祥符人。康熙年间供奉内廷，官至工部主事。他年幼时家境孤贫，但喜绘图，他自己说："癖好古人图画，苦心摹索，能知其所以然者，稍长喜以尺幅自娱，或千里涟漪，或层峰缥渺，或白云红树，或细叶疏花，日成一图，图必尽意。"康熙五十四年（1715），江西按察使刘廷玑所著《在园杂志》也说他擅于书画："聪明机巧，迥异常人……于殿壁画竹，风枝雨叶，极生动之至，为时所称。"他也曾经协助督陶官臧应选在景德镇督造御瓷，因此带动民窑的发展，使景德镇制瓷更迈向巅峰。

刘源的绘画技巧确实有其超凡之处，康熙八年（1669）亦梦居士萧震到吴门，刘源将他前后摹绘了三年的凌烟阁图送请萧震审酌，准备付梓问世。萧震看后说："所谓二十四公者，不言笑而具须眉，无血肉而有生气，并刘子心目，无一不历历焉，呼之欲出，

呜呼！技至此绝矣。"吴梅村也说："气象仿佛，衣装瑰异，虽立本复生，无以过焉。"

他的《凌烟阁功臣图》，除了摹绘二十四位功臣之外，又加画了三幅观音大士像及三幅关圣帝君像（图32、33），之所以增加这六幅图像，实有其用心，因为他曾见陈章侯所画水浒三十六人像，虽然古法谨严、姿神奇秀，但都取材绿林之豪客，不以表忠良为旨意，于是他不揣效颦，希望借由他的摹图，以导正人心。他说："别为凌烟功臣一册，而以大士之慈悲、帝君之忠烈，冠于简端，聊以纪风云之盛，立仁义之极……退水浒而进凌烟，更由凌烟而进之圣贤，进之菩萨，观是图者，置身将相之林，印证菩提之镜，余小子实有深志焉。"

他的友人云间沈白说："刘子进而之勋名，又进而之忠义，又进而之无上菩提，不特自寄其向往，将令阅斯图者之渐次证入也，若只作画像观，不几负刘子也哉。"他的同学慈溪袁钫也说："凌烟一图尤为工巧绝伦，诚仰观俯察于天地，有得于中而发之于文章诗赋之余，以新天下之耳目，以励天下之志节，其有功于世道人心也，岂涉鲜哉……伴阮是帙奕奕生动，而寓褒贬于笔底，进忠义于正果，是绝大学问绝大文章。"

刘源除了摹绘人像外，每一

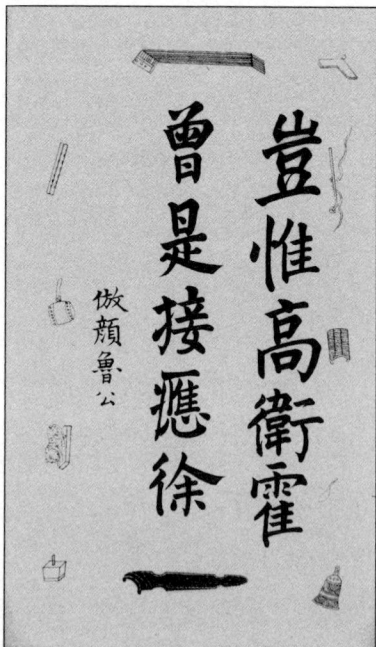

岂惟高衛霍

曾是接應徐

傲顏魯公

位人物还赋有题诗赞语，他说："诗则集之工部，字则仿之诸家，未敢吞以己臆云尔。"每幅题诗都用一种字体书写，例如仿颜鲁公、王右军、蔡中郎、怀素、钟太傅、米襄阳、董文敏、兰亭等（图34）。另外也有取自坟书、悬针篆、草篆，等等。每幅题诗周围也都饰以种种纹样，有博古、书砚、印玺、刀剑、花草、云龙、福蝠、竹石、古玉、琴磬（图35），与题赞相互搭配，相互衬托，可谓珠联璧合、风格独具，整卷书籍显得艺术性十足。

刘源所绘《凌烟阁功臣图》是由康熙年问刻版能手朱圭所雕制。朱圭，字上如，吴郡专诸巷人，时人刻书无出其右者。其作品流传于世者仅有四种：刘源绘《凌烟阁功臣图》、金史绘《无双谱》、焦秉贞绘《耕织图》以及沈喻绘《避暑山庄图咏》。朱圭在刻《凌烟阁功臣图》时留有牌记曰："圭世儒业，家贫未就，苦心剞

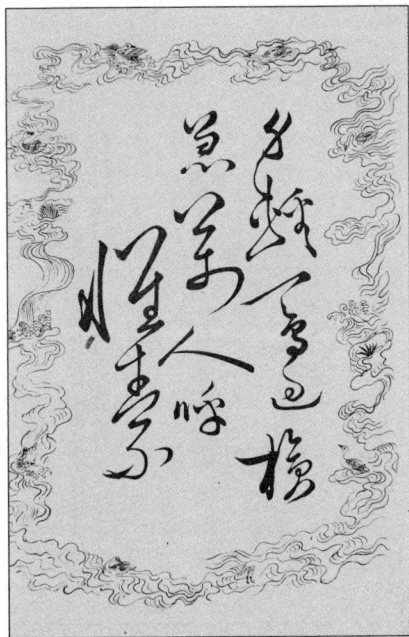

㉟

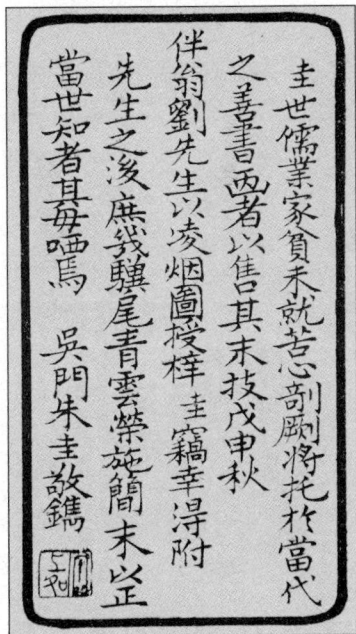

㊱

剟，托于当代之善书画者，以售其末技。戊申秋，伴翁刘先生以凌烟图授梓，圭窃幸得附先生之后，庶几骥尾青云，荣施简末，以正当世，知者其毋哂焉。"（图36）

陶湘重印《凌烟阁功臣图像》，原来想以玻璃版直接印制以传其真，但苦于刘源原版初印的清晰版本难得一见，唯恐印制效果不佳，于是他请绘画能手照原版影钩摹写，再上版印制，果然与寻常石印本迥异，非常赏心悦目。他重新影钩摹写的用意，除了求其印制效果之外，也不无借由影写名作来培养绘画人才之心。他曾向无锡友人唐兰说："一艺之精者，往往有突出古人之右，而使后世好之者力学心追而不能得其仿佛。推原其始，则未有不自摹仿来者，苟无摹仿，艺术之门将塞矣，岂不伤哉！故予之授人影摹，亦欲使斯艺得一线之传耳，与留真之意固殊，且使传斯艺浸广，又安知不有上如者徒出于其间，此吾之微旨也。"

陶湘影摹事毕之后，得知紫江朱启钤藏有原版初印《凌烟阁功臣图》残卷七幅，于是借来照相石印以留其真，并与其他影摹图像玻璃版印制者合编为一册，即是《喜咏轩丛书》中之《凌烟阁功臣图像》。此卷共有图三十七幅，就书中原版石印与影摹玻璃版重印

图像相互比对，其形象逼真，实在难分轩轾，笔锋却更见清朗，可见影摹功力之高深（图37、38）。唯影摹者何人，陶湘在书中却未提及，不无遗憾，与其所谓"又安知不有上如者徒出于其间"之初心，恐有未能尽合之处。

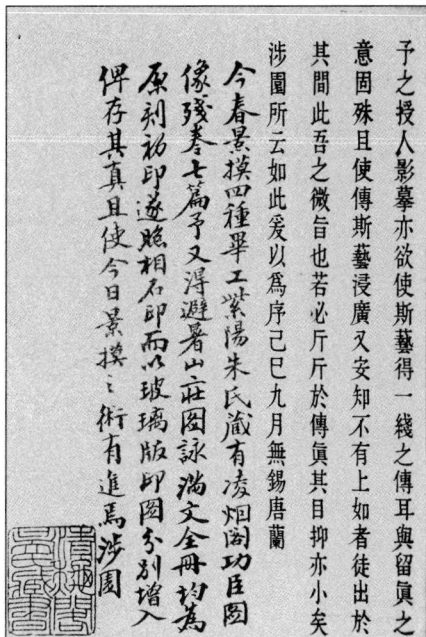

无锡唐兰的序后有陶湘题识一则，唐序方体字与陶识书写体共一页，如未能细审，会误以为此册是陶湘肉笔题识本，这也是玻璃版印

制的效果之一，当可留作研究印刷方式与辨识版本之参据（图39）。

于今，大唐盛世已远，长安凌烟阁早已不存。阎立本画如真人般的二十四功臣像，也只徒留文字记载供人缅怀而已。经陶湘的重印推广，刘源的《凌烟阁功臣图》则尚能让后世依稀臆想大唐功臣相貌。在现今西安的大唐芙蓉园内，紫云阁南广场回廊上，有身兼画家的陕西历史博物馆研究员蔡昌林先生所创作的唐凌烟阁功臣图石刻壁画，展示了大唐功勋的显赫功绩与盛唐恢宏气度，古今相互辉映，当可传为美谈。

《牧牛图颂》

所谓牧牛图者，禅宗修道心法也，牧者修养也，以求降伏心性；牛者比喻人的心识，如水牛无纯，故必须加以牧养。牧牛修道非一日功夫可得，必须日久才能功深，自然可以调伏心性。

以牧牛来比喻修道，袾宏禅师在牧牛图序中说："遗教经云，譬如牧牛，执杖视之，不令纵逸犯人苗稼，则牧牛之说所自起也。"在禅宗的经典中有故事说，有一次马祖禅师问石巩，你在这里作何修为？石巩回答说，我在牧牛。马祖又问，牛应该怎么牧？石巩回答说，如果它往草丛中去践踏草木，就要用穿鼻的缰绳将它拉回来，这才是善牧之人。以牧牛比喻修道，其来有自。

《牧牛图颂》由明万历年间袾宏禅师辑印，牧牛过程从"未牧"到"双泯"，计十图。另外他也汇集普明禅师为每一图所写的颂语，并在序里说明了辑印此书的用意。他说："其为图也，象显而意深，其为颂也，言近而旨远，学人持为左券，因之审德稽业，俯察其已臻，仰希其所未到，免使得少为足，以堕于增上慢地，则裨益良多，遂录而重寿诸梓。"

牧牛修道的十个过程分别为：未牧、初调、受制、回首、驯伏、无碍、任运、相忘、独照、双泯。分述如下：

未牧：人之心性未经琢磨，如牛之未受鼻穿，咆哮犇走孰能拘束，任其劣性，不顾苗稼，横跑蹂踏，犯人佳禾。人性虽本善，但是欲令智昏，日趋于恶，如果不严加省察，必使善念日泯，恶念日

普明禪師頌
未牧第一
狰狞頭角恣咆哮
犇走溪山路轉遙
一片黑雲橫谷口
誰知步步犯佳苗

40

普明禪師頌
初調第二
我有芒繩驀鼻穿
一迴奔競痛加鞭
從來劣性難調制
猶得山童盡力牽

41

萌，有如未牧之牛。

普明禅师颂曰："狰狞头角恣咆哮，犇走溪山路转遥。一片黑云横谷口，谁知步步犯佳苗。"（图40）

初调：刚修行之人如牛刚刚穿鼻受制，仍然不遵约束，尚思狂走，只有痛加鞭策，劣性才能驯伏。犹如人性必须痛加忏悔，惕励磨练，才能使顽性稍尽，改恶迁善。

普明禅师颂曰："我有芒绳蓦鼻穿，一回奔竞痛加鞭。从来劣性难调制，犹得山童尽力牵。"（图41）

受制：人之性情如牛之未受穿制，动则犯于人理，如果牛鼻受牵制，就能知道主人的约束，犁田就不会伤及佳苗；人如受制，就能明其性情，制约其心，不敢作恶，就能善念日增，劣性日消，事事体究，合于人情事理。

普明禅师颂曰："渐调渐伏息奔驰，渡水穿云步步随。手把芒绳无少缓，牧童终日自忘疲。"（图 42）

回首：人本有劣性，若能自知忏改，即是回首，所谓放下屠刀回头是岸也。然而既知改恶从善，就必须一往直前，务令恶念尽消，日久功深，自能纯善。虽然如此，仍然需要主人随时抓牢牵绳，时防其心，勿令纵逸。

普明禅师颂曰："日久功深始转头，颠（癫）狂心力渐调柔。山童未肯全相许，犹把芒绳且系留。"（图 43）

驯伏：人之劣性全消，善性就能达到纯然精粹，动辄合乎天理人情，无需勉强，就如牛驯伏于牧童，不需要再拉住牵绳，自然步步随着主人前进。

普明禅师颂曰："绿杨阴下古溪边，放去收来得自然。日暮碧

伏馴

普明禪師頌

馴伏第五

綠楊陰下古溪
邊。放去收來得
自然。日暮碧雲
芳草地。牧童歸
去不須牽。

⑭

碍無

普明禪師頌。

無碍第六

露地安眠意自
如。不勞鞭策永
無拘山童穩坐
青松下。一曲昇
平樂有餘。

⑮

云芳草地，牧童归去不须牵。"（图44）

无碍：除恶务尽，树德务滋，这是从善改恶的根本原则，人的劣性尽除，恶念消绝，行事皆出自然，合乎天性，无障无碍，如日月光明一般，洁白无瑕。

普明禅师颂曰："露地安眠意自如，不劳鞭策永无拘。山童稳坐青松下，一曲升平乐有余。"（图45）

任运：人之善性达到纯然精粹，一切行为有如日月运转，毫无勉强，就如古人所说饥知吃饭睡知眠，运米担柴出自然；这是自然功夫，不需丝毫强作，人若能如此行善，任我运应，就是人间至人也。

普明禅师颂曰："柳岸春波夕照中，淡烟芳草绿茸茸。饥餐渴

任運

童睡正濃。

随時過石上山

茸茸饒食渴飲

中淡烟芳草綠

柳岸春波少照

任運第七

普明禪師頌

⑯

相忘

月任西東。

雲影白白雲明

亦同月透白雲

中人自無心牛

白牛常在白雲

相忘第八

普明禪師頌

⑰

饮随时过，石上山童睡正浓。"（图46）

相忘：牛的劣性全消，就如人的恶念完全泯绝，善念臻于纯洁，有如白云一样，达到性无善恶、形无你我的境界，既无你我之别，哪有善恶优劣之分，就像人牛两相忘也。

普明禅师颂曰："白牛常在白云中，人自无心牛亦同。月透白云云影白，白云明月任西东。"（图47）

独照：世间万种形象，善恶两途，全凭我一心自察，明其是非，则一切行为无不光明正大，行事可至毫无瑕疵，全在性分中之一点灵光，浩浩荡荡行露其间，此即独照也。

普明禅师颂曰："牛儿无处牧童闲，一片孤云碧嶂间。拍手高歌明月下，归来犹有一重关。"（图48）

双泯：人之有生，因有尔我；既有尔我，即有妄心；既有妄

獨照

普明禪師頌
獨照第九
牛兒無處牧童閑，一片孤雲碧嶂間；拍手高歌明月下，歸來猶有一重關。

48

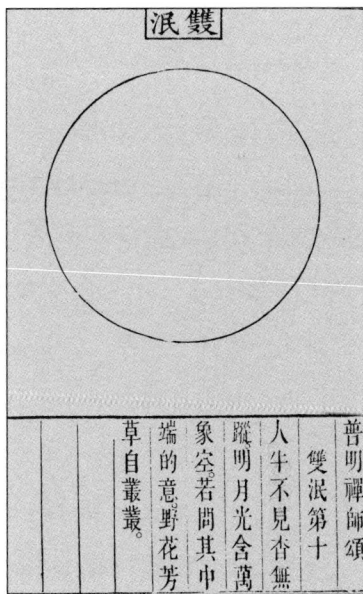

雙泯

普明禪師頌
雙泯第十
人牛不見杳無蹤，明月光含萬象空；若問其中端的意，野花芳草自叢叢。

49

心，即惊其神；既惊其神，即着万物；既着万物，即生贪求；既生贪求，即是烦恼；烦恼妄想，所以沦没于生死。如今修至极致，达到人我两忘，一切无闻无见无臭无声，因此无所执着，就能归于双泯之极致境界。

普明禅师颂曰："人牛不见杳无踪，明月光含万象空。若问其中端的意，野花芳草自丛丛。"（图 49）

修身养性，必须从内在做起，并持之以恒，日久功深，即见成果，不能急就，无需外求。在这十幅牧牛图中，以牛代表人之心性，其未牧之时全身漆黑，初调阶段仅牛鼻转白，受制阶段牛头转白，每一阶段有每一阶段的进展，逐次至任运阶段才全身变白。黑者言人罪障深重，其渐转黑为白，比喻经过修炼后，罪障逐渐消失，随着修为功夫日深，最后可以达到无人无我，一切澄明无相的境界。

邵康节有诗云:"孔子生知非假习,孟轲先觉亦须修。诚明本属吾家事,自是今人好外求。"

石屋禅师诗云:"日日骑牛不识牛,何须辛苦外边求。只消蓦鼻牵来看,便是寻常这一头。"

《牧牛图颂》一书,始于万历三十七年(1609)袾宏禅师辑印,而后康熙、乾隆、咸丰、同治各朝均有翻刻,民国之后陶湘亦有石印本行世。此为佛教善书类,其翻刻本有部分系佛门子弟所为。余藏同治十年(1871)翻刻本,系仁和信士朱仁法重刊,普陀山比丘德懋募款付印,捐献者有钱塘信士陈春发捐印壹百部,山东比丘凤亭、德顺捐印贰百部,书后附有刊印姓氏名号。

《毛诗品物图考》

《诗经》三百篇是周朝一部古老的诗歌总集，也是一部传颂久远的经典古籍，其词藻之优雅，直可让人朗朗上口，例如"关关雎鸠，在河之洲，窈窕淑女，君子好逑"即是。当然其含意艰深，也非常人所能轻易理解，篇章里面不乏托物言事、借物抒情的词句，这也成为《诗经》的一大特色。书中所载名物种类繁多，而且此书流传年代久远，历代常见一些别称异名出现，因此《诗经》名物也成为一些文人学者研究的主体。例如：三国时代陆玑的《毛诗草木鸟兽虫鱼疏》、宋代蔡卞的《毛诗名物解》、明代毛晋的《毛诗草木鸟兽虫鱼疏广要》、冯复京的《六家诗名物疏》、清代陈大章的《诗传名物集览》、徐鼎的《毛诗名物图说》、日人渊在宽的《陆氏草木鸟兽虫鱼疏图解》等均是，日本汉学家冈元凤也著有《毛诗品物图考》一书。

《毛诗品物图考》七卷，署名"浪华冈元凤纂辑"。冈元凤，字公翼，日本人，业医，生卒年不详，生平资料所知有限。他这本著作专门阐释《诗经》中的动植物，刊印于光格天皇天明五年（1785），相对于清乾隆五十年。

冈元凤细审各种经学文献、子史著作以及医类图籍，比照同异，潜心斟酌，揭示出包括《毛传》《郑笺》《集传》在内的一批前人注释的差异，并提出了自己的新说，对《诗经》名物做出了新的考辨。他把考辨成果用图像表现出来，图像共二百一十一幅，绘图极其精细，描摹亦甚真切，使读者开卷即能了然于目。

那波师曾于天明四年（1784）所撰的序中说："浪华冈氏元凤所著《毛诗品物图考》，辨紫朱于似，指獐鹿不缪，爬罗剔抉，殆无遗憾。"

柴邦彦于乙巳年仲春所撰序中说："公翼业医，其于本草固极精极博，如于此图，乃绪余左右逢原者，犹尚考核不苟，皆照真写生。至于郊畿不常有若白山之乌、常陆之驴，必征之其州人，遐陬绝境，虽远不遗。是以其书成，不独其形色逼真，其香臭艳净、狠驯猛顺之情，欝然可挹，指示儿童，亦能一目即了。"

光绪年间翰林院编修戴兆春也说："采择则汇集诸说，考订则折衷先贤，不特标其名，且为图其像，俾阅者开卷了然。综见见闻闻之类，极形形色色之奇，罔不搜采备至，诚有尔雅所不及载，山经所不及详者。"

不过冈元凤自己倒是非常谦虚，他说："余便纂斯编以便幼学，固欲一览易晓，不要末说相轧。"

冈元凤编纂此书的方式，是先举经学文献所注释，再提自己的考辨结果。例如卷一草部"参差荇菜"一篇，首举"传"曰："荇，接余也。"次举"集传"曰："根生水底，茎如钗股，上青下白，叶紫赤，圆径寸，余浮在水面。"冈元凤自己的考辨则曰："颜氏家训，今荇菜是水有之，黄华似莼，按此方，荇叶圆而稍羡，又不若莼之尖也，彼中书多言莼似荇而圆，盖土产之异也。"最后，他再依考辨结果请画家绘图刊印，因此可让观者一目了然（图50）。

《诗经》中最为人朗朗上口的诗句"关关雎鸠"，在《图考》卷四鸟部中也有说明："传，雎鸠，王鸠也，鸟挚而有别。集传，水鸟也，状类凫鹥，今江淮间有之，生有定偶而不相乱，偶常并游而不相狎，故毛传以为挚而有别。"冈元凤自己的考辨则说："挚与

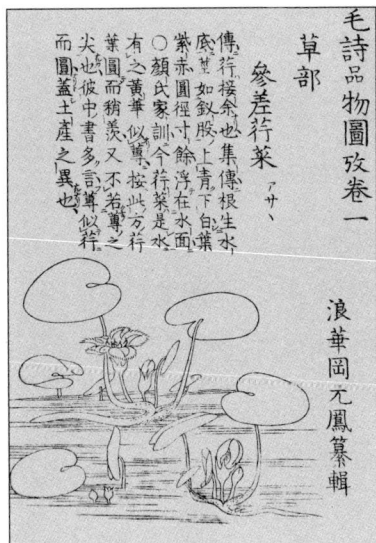

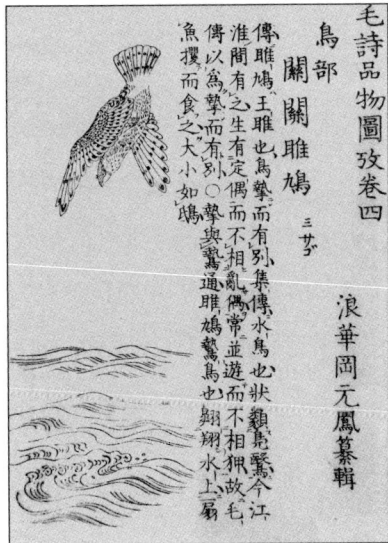

❺⓪   ❺①

鸷通，雎鸠，鸷鸟也，翱翔水上，扇鱼攫而食之，大小如鸥。"可知雎鸠即是一种水鸟，他的图示正画着一只鸟向水面俯冲，图文并现，观者即可心领意会（图51）。

冈元凤在卷三木部"言刈其楚"一节的考辨文字中说："享保中来汉种，今多有之，其叶颇似参，故俗呼参树。"在"投我以木瓜"一节说："享保中来汉种，官园在焉。"从这两段文字中，似乎可以知道楚荆与木瓜这两种树木，是在中御门天皇享保年间（1716—1735）从中国传入日本的，相对于中国约在康熙、雍正年间，此说为植物的传播留下一点历史迹证。不过这里所说的木瓜，与现今所称木瓜并不一样。现在所说的木瓜其实是番木瓜，而《诗经》所说的木瓜，"其木状似奈，其花生于春末而深红色，其实大者如瓜，小者如拳"。（图52）应是与苹果同类异种的一种果树。

书中考辨资料甚多，例如在动物方面也提道："中国无象，出交广及西域。吾国享保中，广南献象，记传至今。"全篇文字简练，图画精细，读来获益匪浅。

我收藏一部《毛诗品物图考》，共三册，封面分三行，中间大字书"毛诗品物图考"六个大字，右行书"冈公翼先生纂辑"，左行书"书坊平安杏林轩、浪华五车堂全梓"（图53）。

书前有东赞柴邦彦撰"诗经品物图考序"、天明甲辰春清明日浪华冈元凤撰"毛诗品物图考序"，该序由筱应道书写。

序后目录依内容分为草、木、鸟、兽、虫、鱼等六部，共七卷。第七卷后有天明甲辰孟冬之吉浪速木孔恭的"跋"，此跋由其友人藤世衡书写。

全书最后有出版牌记，书"天明五年乙巳春发"，画工为浪华把芳斋国雄，剞劂（刻工）为平安大森喜兵卫、山本长左卫门，书林为浪华大野木市兵卫、江户须原茂兵卫、浪华衢文佐、平安北村四郎兵卫。（图54）

《毛诗品物图考》的版本，日本、中国均有，但书并不多见。我曾见另一种日本版本，其封面也分三行，但左行却书"浪华四书坊梓"，字体较为方正，与我所藏的书写体不同，书前多了那波师曾的序，这篇序在我所收藏的版本中并没有。该序署"天明四年甲辰冬十月五日西播那波师曾撰并书"，但可疑的是该书序文是方体字，显然不是那波师曾亲自所书写，应非原刊版本。而且在冈元凤的序里，原署"天明甲辰春清明日"数字也被删除，钤印亦不相同，可能是明治年间刊印之本。

在中国，宣统二年（1910）扫叶山房曾出版石印本，书中有那波师曾序、冈元凤序，却没有柴邦彦序，但增加光绪丙戌年（1886）孟冬翰林院编修戴兆春序。

㉓

岡公翼先生纂輯

毛詩品物圖攷

書坊
平安杏林軒
浪華五車堂仝梓

北村文庫

詩経品物圖攷序

艸木鳥獸蟲魚之各揮其天匆奥逆
人悲歡怨樂會與ㄑ觸油然感興不
能自巳者歎而為詩其疾以相投之
機至微而切雖詩人有不能自喻者
也故後之學詩為不能審其形感之物
而知其形神之詳則寫能得審察詩人性
情之微以興觀我則多識之學字堂の讀

㉒

投我以木瓜　投我以木李

投我以木桃

傳木瓜楙木也可
食之木集傳實如
小瓜酢可食○圖
提木瓜其木狀似
蘂其花生於春末
而深紅色其實大
者如瓜小者如拳
爾雅謂之楙享保
中來漢種官園在
為

辨解云木桃木李直是桃李本字無意義繁處說可從

㉔

天明五年乙巳春發

畫工　浪華　把芳齋國雄

剞劂　平安　大森喜兵衛
　　　　　　山本長左衛門

書林
　　　浪華　大野木市兵衛
　　　江戶　須原茂兵衛
　　　平安　北村四郎兵衛
　　　　　　衢文佐

《三教源流搜神大全》

叶德辉除了观古堂二十余万卷的藏书有名于世之外，他于著述和刻书方面，也是成就非凡。著述方面有：《观古堂藏书目》《郋园读书志》《书林清话·余话》《藏书十约》《觉迷要录》《游艺卮言》《文集》及《诗集》。刻书方面有：《观古堂汇刻书初、二集十三种》《观古堂所刻书十八种》《丽廔丛书九种》《双梅景暗丛书十六种》及《观古堂书目丛刻十五种》等，蔚为大观。

叶刻《三教源流搜神大全》七卷，是《丽廔丛书九种》之一，刻于宣统元年（图55）。我收藏一部，是1996年11月10日台北诚品书店附设古书部举办"台北古书拍卖暨展售会"时拍得的。

此书附图一百二十七幅，记述一百六十六位神灵之姓名爵里及事迹，有时一图同刊数位神灵，例如"三元大帝"一幅，包含天官紫微大帝、地官清虚大帝及水官洞阴大帝。（图56）

又例如："五方之神"，包含南海之神祝融、北海之神玄冥、东海之神勾芒、西海之神蓐收及河伯冯修。（图57）

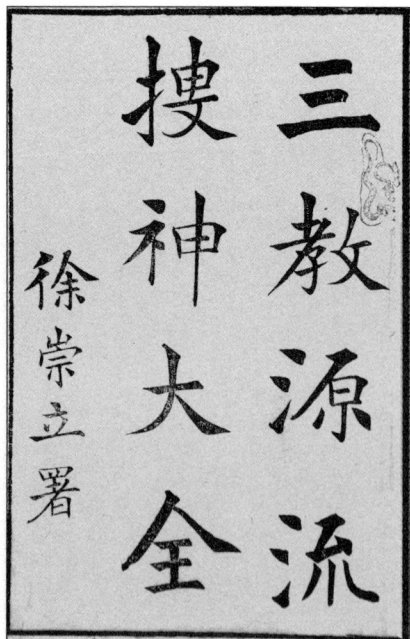

55

搜神大全
徐崇立署
三教源流

三元大帝

三元大帝乃是元受真仙之骨受化灵生丹甦为人父姓陈名子橚又曰
陈即为人聪俊羡貌於是龙王三女自结为室三女生於三子俱是神通
广大法力无边又尊即封为
上元一品九气天官紫微大帝即诞生之符始阳之气结成至真处元玄都
元阳七宝紫微上宫诸天帝王圣高其三罗万象星君
中元二品七气地官清虚大帝九土无极世界洞空清虚之宫总主五岳
帝君并二十四治山九地土皇四维八极神君
下元三品五气水官洞阴大帝洞元风泽之炁晨浩之精金灵长乐之宫
总主九江水帝五濒神四海神君十二溪真三河四海神君毋至三元日三官考
籍大千世界之内十方国土之中上至诸天神仙升临之籍星宿照临国
土分野之簿中至人品考限之
期下至鱼龙神变化养动生化之
期亚侯三官集圣之日录奏分别随业改形随福受报随劫转轮随生

五方之神

武王伐紂都洛邑天大雨雪甲子朝五神车骑止王门之外欲谒武王王
曰诸神各有名乎军师姜尚稽之尚父若曰南海之神名祝北海之神
名玄冥东海之神名勾芒西海之神名蓐收勾芒若曰伯之焉修使谒者以名召
之神皆惊骇而见武王武王曰何以教之神曰天伐殷立周谨来受命各奉其
使武王曰岁时无懴礼马按傅共工氏子曰勾龙为后土神少昊子
曰重为木为勾芒颛项子黎主火为祝融神少昊第二子该主金为蓐
收神少昊第三子熙主水为玄冥之神也

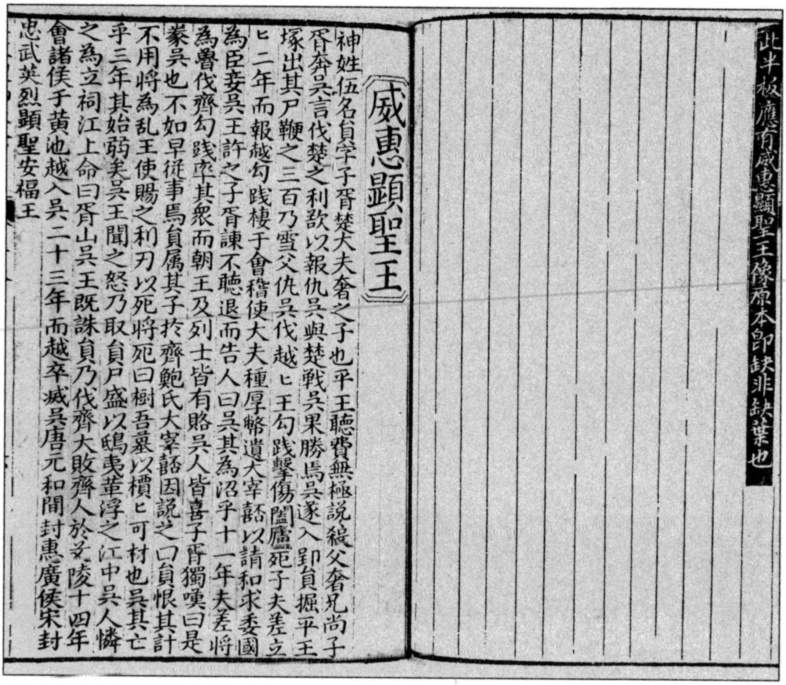

此半板應有威惠顯聖王像原本即缺非缺葉也

威惠顯聖王

神姓伍名員字子胥楚大夫奢之子也平王聽費無極說殺父奢兄尚子胥奔吳言伐楚之利欲以報仇吳與楚戰吳果勝焉吳遂入郢員掘平王塚出其尸鞭之三百乃雪父仇吳伐越々王勾踐擊傷闔廬死子夫差立々二年而報越勾踐棲于會稽使大夫種厚幣遺大宰嚭以請和求委國為臣妾吳王許之子胥諫不聽退而告人曰吳其為沼乎十一年夫差將為魯伐齊勾踐率其衆而朝王及列士皆有賂吳人皆喜子胥獨嘆曰是豢吳也不如早從事焉員屬其子於齊鮑氏大宰嚭因說之曰員恨其計不用將為乱王使賜之利刃以死將死曰樹吾墓以檟々可材也吳其亡乎三年其始弱矣吳王聞之怒乃取員尸盛以鴟夷革浮之江中吳人憐之為立祠江上命曰胥山吳王既誅員乃伐齊大敗齊人於艾陵十四年會諸侯于黃池越入吳二十三年而越卒滅吳唐元和間封惠廣侯宋封忠武英烈顯聖安福王

58

其版刻中有一位神灵“威惠显圣王”——伍子胥，有文缺图，叶德辉刊刻时特别注记原本即缺，并非缺叶漏刻（图 58）。为他花费许多功夫寻觅优秀的刻版高手，所以这部书所刻图画毫不失真，保有原刻遗韵。

叶德辉早年曾经看过毛晋汲古阁宋元秘本书目，其中登录有元版《画像搜神广记前后集》两本，绘有三教圣贤及世间所供奉众神的图像，他视为奇书。毛晋的藏书后来售予潘稼堂太史，三百年来这部《画像搜神广记》辗转不知去向。光绪十五年（1889），叶德辉在琉璃厂曾见到这部《搜神广记》，从版刻字体来看，图极精神，应为元时旧刻无误，但因索价太高没有买成。第二天，这部书被他人购去，不见踪迹，令他“怅恨久之”。

后来他看见缪荃孙的艺风堂书目中有绘图本《三教源流搜神大全》七卷，于是在光绪三十二年（1906）十二月初写信给缪荃孙借书，他说："见钧著艺风堂书目中列元本《画像三教源流搜神大全》……拟借重刊，能相假固佳，否则烦影写一校寄湘，写资若干，示定遵缴。"光绪三十三年他与缪荃孙同在武昌存古书院讲学时，因谈论异书秘籍，得知缪荃孙所藏《三教源流搜神大全》即是元版《搜神广记》之异名，书中图像与元本搜神广记没有太多差异，于是相约他日相借影写刊行。

这部书到光绪三十三年十二月才寄到湖南给叶德辉，其实这是一部明刻本，不是书目中所写的元本，图像较元刻《搜神广记》略有增加。不过，虽然这是明刻本，但也是一部绘刻极佳的古籍，所以叶德辉找了绘图高手开始影写图像。他于光绪三十四年正月二十日写给缪荃孙的信上说："三教搜神大全当是明人据元刻画像，搜神前后集略有增入，而未十分改样，虽明刻实佳书，已觅善绘者影写。"但是因为优秀的刻版高手难寻，到九月中才找到合适人选，十一月试刻了十余页，感觉不失真，到宣统元年二月书版就已全部刻成，叶德辉说："愈刻愈精，颇觉有兴。"

书印出后，叶德辉将借来的明刻本及新印之书要寄还缪荃孙，却遭到邮局的挑剔，说是格式不合。他说："苦邮局百端挑剔，不合格式，当托南京缎客带呈，庶乎省手脚耳。"不过最后还是经由邮局的递送，将书送达缪荃孙处。

叶德辉重刊此书时，除了寻觅绘图及刻版能手以存其真之外，他在刊刻过程中也做了一些校正改错的工作。叶德辉在"重刊绘图三教源流搜神大全序"中说："余因督工写刊，于字之显然讹谬者，悉依文义校改，图像则一再细勘，无累黍之失，是书之复显于世，真大幸矣。"这部书初刊刷印完成之时，正巧金蓉镜太守路过长沙，叶德辉以此初印样书相赠，金蓉镜也为他勘正一过，指出伪误之处，叶德辉也一一加以改正，以求完善。他对于这部花费极大精神的重刊书籍极为看重，因此每部书上均盖有版权声明印记，印文曰："流通古书本属美举，书帕射利是谓无耻，校刻不精贻误学子，一言奉告翻版究毁。"（图59）

就这部重刊本来看，无论字体或图画，都保有元末明初的版刻风格，复刻水准也属上乘。但若仔细检视各神灵刻图，会发现许多人物的姿态服饰常有相同之处，可能所参考的底图相同导致变化并不多样。图板中有一处讹误最为明显，"卢六祖"即是禅宗的六祖惠能，这一幅图中，在六祖身后画了一撮类似马尾巴的东西，非常突兀，不知为何多出这个构图？原来这幅图系参考《列仙全传》中"马师皇"而来，两者姿态衣饰均相同，只是面貌有异，构图方向相反，而原图中在"马师皇"的后面有一匹卧马，"卢六祖"图据以翻刻时，舍弃卧马，却不慎留下马尾巴，也留下了最明显的仿刻证据。（图60、61）

叶德辉重刊本所依据的母本是缪荃孙所收藏的明版《画像三教源流搜神大全》，因此，这些不足之处都是明刊本未能细勘详查所致，非叶德辉之过也。

而这部明刊本成书源流如何而来？却少有人研究。陕西师范大学历史学教授贾二强曾经比较过几部类似的神谱，撰有"叶覆明刻三教源流搜神大全探源"一文，其结论说："搜神大全系建阳书贾杂抄数书拼凑而成，其成书在明万历二十八年以后，其图多取《列仙全传》，就艺术言自无足取，其文大半抄自《搜神广记》、《神僧记》及《增补搜神记》，后三书今尚存，此重复之处亦无大价值，

⑤⑨

流通古書本屬美舉
書帕射利是謂無恥
校刻不精貽誤學子
一言奉告翻版究毀

己酉春仲
郎園校刊

⑥①

⑥⓪

盧六祖

而其中神将部分，因所据之本今不复可见，而其内容又较原始，故对小说研究及认识晚明时尚观念，尚有用处。"

贾二强也是一位历史文献学专家及版本目录学专家，其研究自有精辟之论。我也收藏一部富春堂刊《新刻出像增补搜神记》，持与叶刊本《三教源流搜神大全》比对，文字确实大致相同，但叶刊本部分略有增加，例如"儒氏源流"文字后增加"高皇过鲁以大牢祀孔子有诗赞曰"及诗赞内容；"道教源流"也增加宋仁宗御赞等，就内容言，仍有其新增可取之处。

现今来看，不论是《列仙全传》《搜神广记》《神僧记》或《增补搜神记》，虽然尚有存书，但也难得一见，叶德辉重刊此书，有化一为百、广布流传之功。他在自序里也说："至诸神履贯事迹，大都杂取小说及二氏之书，其文不见于史乘，亦不可据为典要，特六七百年民间风俗相沿之故，古昔圣王神道设教牖民为善之心，是固考古者所当知也，后有采风之君子，其将以斯载之辐轩也夫。"后之来者，对他这种以传道教化为己任，孜孜不懈的刻书精神，应该给予最崇高的尊敬。

《暖红室抚明刊琵琶记原图》

中国当代著名藏书家韦力先生于 2001 年在《中国收藏家》杂志上发表有一篇《珍稀善本有善价　惟有识者能得之》的文章，撰述当年他在上海古籍拍卖专场的亲身经历。

文章中有一段话，述说在那一年上海朵云轩春季拍卖会上，他原来对其中两件拍品有意竞标，结果却未能得手。他说："一是第 347 号《静好楼双兰图咏》，此书为清嘉庆古倪沈绮云精刻本，精刻精印，历来受到藏书家的追捧。此次拍卖起价仅两千元，最终拍到了一万元落槌，自然落到了识货的行家手里。二是第 348 号《暖红室抚明刊琵琶记原图》，此书在拍卖预展时我已仔细看过，整册书过五十页，全部都是精刻精印的版图，一般暖红室所刻书都是一册书中有几页插图，整册书均为图则在此为仅见，我虽不专藏版画，看到亦十分心仪，在心里定了一个较高的价格想得到它。拍卖时，以一千元起叫，我正一路举牌时，坐在邻座的书友陈君对我说：'这本书并不稀见，价太高别举了，下来我帮你找。'于是收手，落槌价为两千五百元，确实便宜。我对陈君说，像这样整册书都是图的暖红室本真是少见，如能找到太好了。陈君一愣：'什么，整册都是图，我以为这是常见的暖红室刻本呢。'闻此，我只有懊悔的份了。"

巧的是，因为他当时没有继续追高，所以这册《暖红室抚明刊琵琶记原图》，遂由我所托之人拍得带回。

这册《暖红室抚明刊琵琶记原图》是一本单行本，除了封面题有书名，内附四十一幅双页图版外，别无他物。经取刘世珩所辑刊《暖红室汇刻琵琶记四种》比对，这四种包括《明新安汪氏玩虎轩琵琶记全图》《陈眉公先生批评琵琶记》《琵琶记劄记》及《陈眉公先生琵琶记释义》。其中《明新安汪氏玩虎轩琵琶记全图》与这一册《暖红室抚明刊琵琶记原图》的名称虽然不同，但实际上却是同一套图版，这一套图版并非万历年间玩虎轩原刻图，而是刘世珩的继配俪葱夫人春姗所摹绘，在最后一幅“一门旌奖”图版中有刻记。（图 62、63）

刘世珩（1874—1926），字聚卿，号葱石，别号楚园，安徽贵池人。光绪二十年（1894）举人，曾任官江苏候补道，光绪三十三年（1907）任度支部右参议、湖北及天津造币厂监督等职。

62

民国时期他移居上海，在江宁路上筑一座私宅"楚园"，以清朝遗老自居，以搜求宋元珍本及校刊古书为乐。他喜文学、工词曲、富藏书，曾收得宋、元两部王应麟所著《玉海》，因此名其藏书楼为"玉海堂"。又因收得唐代宫中两件乐器大小忽雷，因此也自署"枕雷道人"，玉海堂大门上悬挂一副对联，题曰"古今双玉海，大小两忽雷"。刘世珩也以刻书著称，刻印极精，刻有

宣統庚戌春傀葱夫人春姍摹

⑥③

《玉海堂景宋丛书》二十两种、《聚学轩丛书》五集六十种、《贵池先哲遗书》三十一种、《宜春堂景宋巾箱本丛书》八种、《暖红室汇刻传奇》五十一种，等等，确实是近代著名的藏书家与刻书家。伦明《辛亥以来藏书纪事诗》有记，说他"贵池刻书爱仿宋，成就武昌陶子麟，本来未见中郎貌，究是中郎是虎贲"。周退密与宋露霞合著的《上海近代藏书纪事诗》也说他"籍甚声名玉海堂，宋元双璧一时藏，刊书突过前人业，影印能为续命汤"。

刘世珩元配傅偶葱（字春媄，号晓凤），继配傅俪葱（字春姍，号晓红），二人原系姊妹，才艺均佳。刘世珩喜好戏曲，二位夫人也都精通古乐，夜宴中常做即兴演出，一时传为佳话。在刻书方面，刘世珩也常与妻妾合作，例如暖红室刻《燕子笺》，卷首有春姍摹郦飞云像，《还魂记》亦由春姍题写书名；而《暖红室

抚明刊琵琶记原图》，也是俪葱夫人春姗仿照明朝万历二十五年（1597）新安汪氏玩虎轩图摹绘而成。刘世珩刻《暖红室汇刻传奇》，均题"梦凤楼、暖红室"校订，此楼室命名之由来，可明显看出与他二位夫人的名号相关。吴昌硕曾经为他们刻过一方二十字白文印章，印文曰"贵池刘世珩江宁傅春媄江宁傅春姗宜春堂鉴赏"，这方印与钤在《宋刻梅花喜神谱》上"江南吴湖帆潘静淑夫妇并读同珍之宝"印，前后相互辉映，夫妻并读同赏，并镌一印，都足以显示其夫妇间志趣相投情感笃甚。

俪葱夫人春姗临摹玩虎轩图四十一幅，于清宣统二年（1910）完成，题名为《暖红室抚明刊琵琶记原图》。上海朵云轩2001年春拍的那一册，就是这个时期印制的，从图版中线条犀利、毫发毕现可以印证（图64）。另外，图二十二"官邸忧思"右半页及图

❻❹

⑥⑤

二十三"祝发买葬"右半页,印出来的颜色偏砖红色(图65),图三十七"张公遇使"及图三十八"散发归林"也有同样情况。这是因为一般刻板完成后,会先用朱色试印,以便检查刻板情形,如果刻板无误,再改用墨色印刷。而所以会出现砖红颜色,是原来试印的朱色颜料没有洗刷干净,再涂上墨色印刷,就会呈现砖红颜色,由此也可见这一册《暖红室抚明刊琵琶记原图》是极初印本无误。

再检视琵琶记四种之一的《明新安汪氏玩虎轩琵琶记全图》,其四十一幅版画与《暖红室抚明刊琵琶记原图》完全相同,但较《暖红室抚明刊琵琶记原图》多出目录,有书名页题"琵琶记全图明万历二十五年新安汪氏玩虎轩绘镌 贵池刘世珩暖红室摹刻",

书后另刊有玩虎轩原牌记"万历廿五年新安汪氏豰虎轩绘镌"。[1]

由此可以推测，俪葱夫人临摹玩虎轩琵琶记图，原来就是为了辑印《暖红室汇刻传奇》之用，其刻板竣事之后试印之本，也予以装订成册，即为此册《暖红室抚明刊琵琶记原图》。其后，此书增加书名页、目录、牌记，更名为《明新安汪氏玩虎轩琵琶记全图》，纳入《暖红室汇刻琵琶记四种》，即为后世常见之本。

除了藏书刻书之外，刘世珩也有不少著作，例如《贵池二妙集》《贵池唐人集》《贵池先哲遗书待访目》《重编会真杂录》《秋浦双忠录》《梦凤词》《大小忽雷曲谱》《临春阁曲谱》及《曲品》，等等。他致力于金石拓片及墓志原石的收藏，曾经收藏金石拓片达七千余件。刘世珩过世后，这些拓片被家人卖给潘景郑先生，潘景郑后来将这些金石拓片全数捐赠给上海图书馆，成为全民所共有，也不枉费刘世珩一生辛勤搜藏之苦心。

刘世珩的藏书，首先得力于其父刘瑞芬的收藏。刘瑞芬曾任出使英、法、俄、意、比等国大臣，后任广东巡抚，见多识广，家藏典籍，琳琅满目。刘世珩本身亦致力勤搜，所以成其规模，善本有二千余种，宋板就有二十余种。这些藏书，于刘世珩去世后，由其子刘公鲁继藏。

刘公鲁（1901—1937），字之泗。刘世珩去世后，他移居苏州大太平巷，继承父志，终日埋首金石书画之中。他坚持不剪长辫，有"海上遗少"之称。1937年日军进逼苏州，他誓与藏书共存亡，坚持不到乡间避难。日军进城后大肆劫掠，他的藏书损失大半，他本人惊吓成疾，不久就去世了。刘公鲁死后，家人靠变卖藏书

---

[1] 编注：牌记和页题写法略有不同，并非有误。

度日，例如宋刊《魏书》及元刊《玉海》，就经郑振铎介绍卖给中央图书馆。而宋刊《杜陵诗史》抵押给何亚农，金石拓片卖给潘景郑，等等。另有大半图书被陈群掠去，置于泽存书库。刘世珩藏书由是散尽。

刘世珩、刘公鲁这一对父子各方面都极其相似，他们都缅怀前朝，以遗老、遗少自居，而且一生都致力于金石典籍的庋藏研究。我收藏一部《孟子注疏解经》巾箱本，书上钤有二方藏书印，分别是“刘世珩观”及“子之泗侍”（图 66）。尤其这一方“子之泗侍”，不但看出其父子情深，更可以看出他们对庋藏典籍的珍视，不无世代相传的期许。这些藏书最终不免散尽，原因甚多，我认为日本侵华战争所造成的结果更甚于其他。《上海近代藏书纪事诗》对刘公鲁的评价亦甚中肯，其诗曰：“过眼云烟古已然，刘家遗少辨垂肩。可怜寇逼巢倾际，手抱楹书不上船。”

孟子正義序
朝散大夫守尚書兵部郎中充龍圖閣待制知通進銀臺司兼
門下封駁事兼判國子監上護軍賜紫金魚袋臣孫奭撰
夫總群聖之道者莫大乎六經紹
六經之教者莫尚乎孟子自昔仲
尼既沒戰國初興至化陵遲異端
並作儀衍肆其詭辯楊墨飾其淫
辭遂致王公納其謀以紛亂於上

66

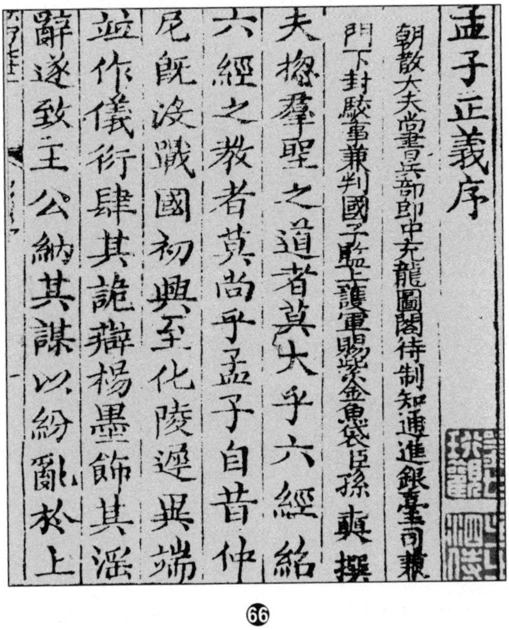

《清宫珍宝皕美图》

《金瓶梅》是中国第一部文人独立创作的长篇白话世情章回小说，成书于明朝嘉靖万历时期，作者署名"兰陵笑笑生"，不知何许人。明末沈德符《万历野获编》里提到作者是"嘉靖间大名士"，但未提具体姓名。有关作者，最盛行的是清初张竹坡评本《金瓶梅》提出的"后七子"领袖王世贞一说，当然还有其他不同的说法，例如李卓吾、薛应旗、赵侪鹤、李开先、李笠翁等人都曾经被提出过，但证据力都甚为薄弱。上海复旦大学黄霖教授则提出作者是明朝鄞县人屠隆，金学家魏子云教授也附议这种说法，并提出佐证。

《金瓶梅》描写的虽是宋代的故事，从水浒传的人物行者武松、潘金莲、西门庆的爱欲情节拉出，发展成西门庆与其六位妻妾及其他女子的情欲故事。文中对于人物生活、对话及家庭琐事的描述淋漓尽致，但所反映出来的都是明朝当代的社会形态，因此在研究明代文学及社会学上有其可观的价值。荷兰汉学家高罗佩在其著作《中国古代房内考》中就说这部书："故事情节设计精心，人物和场景的描写简洁明快而分毫不爽，对话运用的娴熟自然，全书角色无不惟妙惟肖。总而言之，这是一部可以列入世界最佳同类作品中的伟大小说。"他认为，对于想进一步专门研究明代后期生活的人，此书是值得极力推荐的。

这部书更为人熟知而乐道的则是其中有关情色爱欲的描写，露骨而细腻，因此也常遭人非议，屡被禁止出版。但显然这不是作者的本意，作者写这部小说的潜在用意，是要劝诫世人不可追逐财富和世俗虚誉，因为这些犹如幻沫泡影。尤其不可过分纵欲，书中在西门庆纵欲身亡的第七十九回中就提出警语说：“二八佳人体似酥，腰间仗剑斩愚夫，虽然不见人头落，暗里教君骨髓枯。”他又说：“早知色是伤人剑，杀尽世人人不防。”“罗袜一弯，金莲三寸，是砌坟时破土的锹锄。”但是这部书深入民间，屡禁屡出，流传甚广，世人有无因此承受感化，恐难明确知晓。崇祯年间出刊的版本还依故事情节绘制二百幅插图，刊印于书中。这些插图在后来的许多版本中都被借用，但是刊者也多将其中较为露骨的性爱图版予以删除，以免遭禁而期能普及通行。

这部书的插图不止民间刻书有之，清廷画师也曾根据《金瓶梅》的故事情节绘制图画二百幅，绘工精细，构图精巧，为清宫秘藏。民国初年，这套插图曾以珂罗版影印问世，名曰《清宫珍宝皕美图》（图 67），其出版单位署名“奇珍共赏社”（图 68），所附图

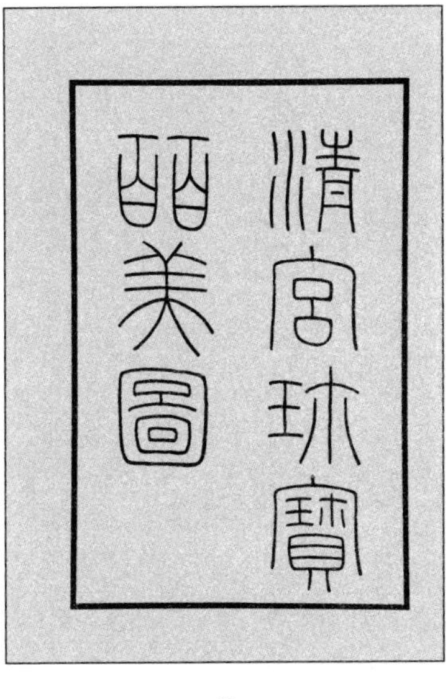

(67)

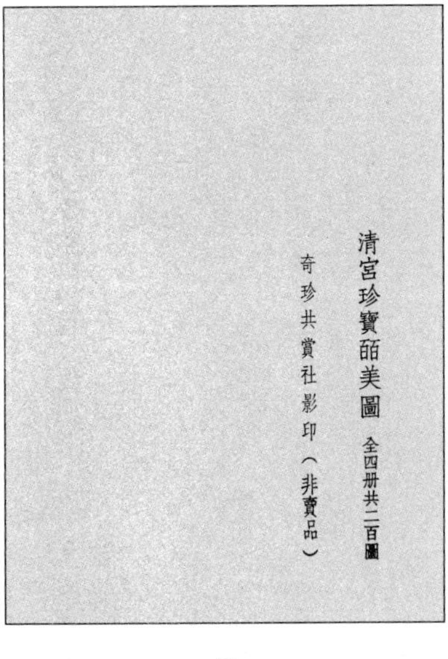

(68)

画有二百幅齐全者，也有仅一百六十八幅之洁本者。这部书在台湾也有翻印本，而且恐怕不止一次翻印。1983 年 8 月 1 日"中央日报"广告上曾有一则讯息，说有二百部《清宫珍宝丽美图》，是私人珍藏绝美珍本要让售，乃 1923 年上海奇珍共赏社珂罗版精印本，上下集四百页、二百图。

1983 年距离奇珍共赏社初印已相隔六十年，断不可能还有二百部留到此时此地让售，而且广告上还注明"样张备索"，因此可以判断应该是台湾的翻印本无误。我收藏的一部《清宫珍宝丽美图》也是翻印本，但没有分上下集，而是分四集四册，二百幅插图齐全，所以我认为台湾翻印本应该不止一次。

《清宫珍宝丽美图》的二百幅插图依据《金瓶梅》一百回目，以每回二幅插图的形式绘制，与崇祯版《金瓶梅》插图相同，其中差异则是一为版画，一为绘图。版画插图注重线条，人物山水楼阁等场景，均以线条表现，求其形似。绘图则在求其形似之外，还注重色彩渲染、色调深浅等敷色技巧，以求画面饱满华丽。

虽然《清宫珍宝丽美图》初印时是以珂罗版印制，只能黑白显现，但从其层次的丰富可以想象出原件颜色如何五彩斑斓，与版画的简洁线条有很明显的区别。例如"来旺递解徐州""吴月娘扫雪烹茶"（图 69、70）"吴月娘拜求子息""普静师化缘雪涧洞"（图 71、72）等都可以看得出来版画与绘图的不同。

经取《清宫珍宝丽美图》与崇祯版《金瓶梅》插图互相比对，可以发觉二者之中有些插图的构图雷同，不管是场景布置，或是人物姿态都可看出其间模仿之处，有全景相同者，也有只撷取主题部分者，应该是宫廷画师在画《丽美图》时参考崇祯版插图而来。（图 73、74）

有些《清宫珍宝丽美图》所附图画只有一百六十八幅，并不齐

⑥⑨

⑦⑩

⑦①

⑦②

全，因为原书中有些是男女交媾或是裸露性器官的图版，不宜刊出。其实崇祯版《金瓶梅》插图也有同样的情况，但是有些情色部分图画很小，不如《丽美图》的精致清晰。这两部书中，情色图画出现的地方并不完全一致。

两相比较可以看出《清宫珍宝丽美图》与崇祯版《金瓶梅》二书对于情欲的描绘，有些许差异，这是绘图者对于故事情节的体会在图画上表现的不同。其中"西门庆贪欲丧命"一图，应该是全书最具警惕性的情节，劝诫世人不可沉溺于情欲，以免命危身亡。《金瓶梅》的画家画出西门庆临死前仍然在与女子交欢，虽然荒诞，但警惕性十足，可以紧扣读者心弦，达到劝诫的目的。而《清宫珍宝丽美图》因是宫廷画家所绘制，是给皇帝观看的，重视绘图美感，而且不必有警惕作用，这幅图画就保守许多。

如果仅看《清宫珍宝丽美图》，则只看到二百幅绘制精美的图画。如果再拿《金瓶梅》插图来逐一比对，就可以从中看出二书之间的异同，这也是读书趣味之所在。

《套版简帖》

在纸张还没有发明之前，书写的载体呈现多样性，记载文辞的竹片称"简"，布帛称"帖"。后来"简帖"一词，逐渐演绎为以简短言词书写而成的信札、请柬、名帖等的统称。宋朝苏轼在"与张元明书"中就曾说："适在院中，得王郎简帖如此，今封呈，切告辍忙一往。"

而"简帖"一物，俗称契纸，类似笺纸而有形体上的差异。一般用于书写诗词书信的笺纸，虽有尺幅大小之分，但都以单幅为计，一幅不能尽书，则用第二幅继之。而简帖一般尺幅较宽，经折叠而成条幅，只在首面上刻印有如笺纸上的山水人物图样，多以彩色套印，这就是1964年赖少其先生编辑、上海人民美术出版社出版的《套版简帖》一书命名的由来。（图75）

《套版简帖》是一本彩印图录，收录四十幅明清时代简帖首页图样，及附录两幅明清之际实际使用的笺纸

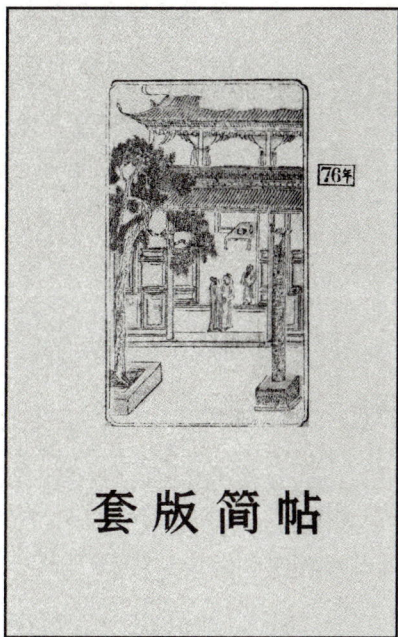

套版简帖

图样。这本书当时仅发行
五百册，现在已不多见
（图76）。因为书中仅收录
简帖首页图样，看完此书
仍然不知道整幅简帖到底
长成什么样子，我只能先
从网络上搜寻图样来看。
后来有幸收藏几幅实际使
用过的简帖后，才发现从
中可以明显看出简帖和笺
纸的差异性。

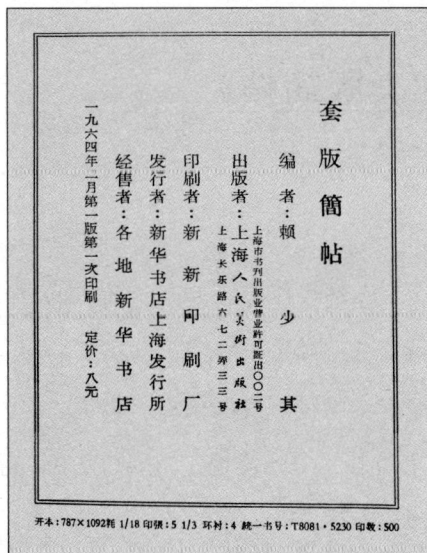

76

赖少其（1915—2000），广东普宁人，是中国现代著名的国画
家、版画家、书法家、金石家、作家及诗人。他曾任安徽美术家协
会主席、中国版画家协会副主席、上海美术家协会副主席、广东美
术家协会名誉副主席、安徽省政协副主席等职务。1959年他到安徽
后，凭着艺术家的独特眼光，发现安徽木刻有久远的传统，于是他
深入进行调查研究，收集了数十幅此种比较不为人知的特色版画，
于1964年将其集结出版。

他在本书"引子"上说："套版简帖，俗称契纸。上印套色木
刻，折叠成简帖，故称套版简帖，为明末清初徽州艺人所创制。以
现存者证之，初写于诗笺上，后演变为简帖。就其年代与十竹斋同
时，多以人物山水见长，可补十竹斋之不足。与绣像以纤丽取胜不
同，更多吸取民间风格，较为奔放，套色华丽。惜鲁迅、郑振铎先
生均未得见，故未著录。"

这书中所收录的四十二幅图样，除了其中第三十二幅"人物"

蠹简遗韵：古书犀烛记三编

78

是单色外（图77），其余都是彩色印制，色彩看似淡雅，有可能是原件年代久远，颜色有所消退所致。从其色彩来看，很多都是以红绿黄套印，类似民间年画的用色，此即赖少其所说"吸取民间风格，较为奔放，套色华丽"。

这些简帖是民间日常用物，风格自然接近社会基层所需，不过这些都是在安徽搜集的，因此奔放之中仍然具有徽州刻工一贯细腻纤丽的版画风格。例如第三幅"精舍琴书"（图78）、第六幅"会友"、第十一幅"听瀑"（图79）、第十六幅"秋山红叶"、第

77

78

79

二十二幅"桐荫下"、第二十三幅"赏景",等等,构图严谨,线条细致,徽派版画风格非常明显。

明末饾版技法纯熟,这些套版简帖的印制都是运用此种技法制成,其中第十四幅同时运用了拱花技法,用以表现云纹、水纹的波动,以及梅花与太湖石的立体感(图80)。赖少其印制此书时,也都忠于原

❽⓿

作,完全显现了图画的原样。黄苗子先生在所撰"《套版简帖》欣赏"一文中说:"图中拱花部分照原样改用钢模压印,力求接近原作。"这一段叙述,也为拱花技法的重现方式留下了不同的线索。

明末《萝轩变古笺谱》及《十竹斋笺谱》,都曾运用拱花技法来表现笺纸与众不同的特色。拱花技法是先将物象的轮廓用阴刻刀法刻在平面木板上,再将宣纸覆于板面上,上加薄毡,力压或轻敲,纸面就凸出了木版凹下的图像花纹。1941年鲁迅、郑振铎委托荣宝斋重刻《十竹斋笺谱》,也是运用这种方式印制的。而《套版简帖》中第十四幅拱花图案虽以钢模压印,云纹水纹无需敷色,其呈现的立体效果良好,太湖石及梅花两幅则是拱花饾版并用,与上述两种笺谱的拱花饾板相比,亦不遑多让。

㉛

在这本《套版简帖》中，有些图样上还留有刻印店家的商号，如藻雪斋、世升、玉兴斋、元彩斋、宝如、日新、桂芳斋、寿春、富春、青莲室、焦聚兴、仪春、公盛、文盛斋、桂苓斋、锦霞斋、德臣选记、来清斋、恒茂等，计十九家（图81）。另有少数几家商号名称因纸张年代久远，颜色褪尽已经无法辨识。这些商号名称看似无关紧要，但作为研究明清版刻艺术史之参考，仍有其价值所在。

赖少其在本书"引子"里说："此种套版简帖，原为契约，随着劳动人民翻身与解放，作为镣铐之契约，应尽毁灭，然此种套色木刻，随契约之毁灭而不传，实属可惜，故拾集成册，以供爱好者之参考与研究，谅亦有益。"他又说："此种套版木刻，初原为诗笺，故有士大夫习气，内容尚保持封建时代之诗情画意，后为简帖，纯为契约性质，内容为适应剥削者之所需，艺术亦为之减色，此皆统治阶级之所加，读者当能鉴之。"

赖少其编辑此书，确实对研究中国传统版刻艺术有很重要的意义，这种套印简帖比较少见，也比较不为人重视，若没有他的费心搜集编印，此一民间版印物件恐怕就消失于传统版刻艺术之林了。但是他认为简帖一般都用来签写契约，是一种压榨劳动人民的工具，是为了剥削者的需要而存在；诗笺则保持封建时代的诗情画意，其艺术成就为之减色。这种说法较难令人苟同，其实不论笺纸或简帖，都只是一种书写的工具，也是一种民间的日常用品，每一个人都可以使用，而且可以用在不同的需求上。如果硬要将它设定一个框架，认为是阶级斗争的帮凶，则无异于画地自限，完全忽视笺纸及简帖的原始功能了。不过，或许以当年而论，赖少其这样的表态才是政治正确，吾人就无须多加苛求了。

从几件实例来看，就可以知道简帖的用途是非常多样的。

后来，我把上面这几段文字发表了出来。有一天，我到"百城堂"闲聊，老板汉章兄说他看了这篇文章，并且说以前在他店里一张椅子上的一堆纸类物品中就有几张简帖，但是后来因为东西太多，堆放了其他书籍杂志，忘了那堆纸类物品到底搬移到什么地方去了。我听了急忙全店翻找一番，但确实已经不见踪影，徒呼负负，懊恼不已。那个角落我以前应该翻寻过，这种版印纸类的东西应该也会留意才是，怎么就没看到过呢！

数日之后，有一天再去"百城堂"，汉章兄从抽屉里拿出一叠纸张给我，我一看赫然就是简帖没错。一共七张简帖加上两张课书，都是我以前没看过的东西，或许因为珍稀，所以索价不菲。他说这几张不是原来放在椅子上的那几张，而是他当时挑选出来，品相较佳而且是实际使用过的几件，本来是留供自己收藏的。纸上都有使用当时的年代记载，从乾隆、嘉庆、咸丰、同治、光绪到洪宪，文字内容包括借钱、租屋，甚至出租当乳母的，从中可以看到些许过往历史中升斗小民的生活百态。

最早的一件是乾隆十六年（1751）正月的租屋契约，有名胡宏士者将其位于常熟南门内子游坊朝东店屋中库门外右边店面一间、

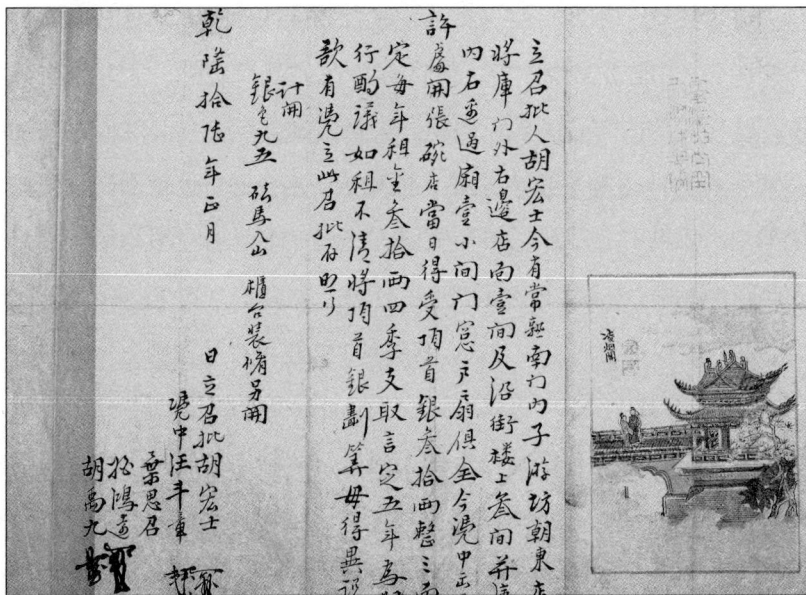

沿街楼上三间及库门内右边过厢一小间租与他人开设碗店，言明每年租金三十两，分四季支取，五年为期，再行酌议。契约最后说："今欲有凭，立此召批存照。"这些记载都可以当作史料来看，里面介绍了常熟南门内外街道建置情形、房屋租金高低、租金给付方式等，对了解乾隆时期常熟地区百姓生活状态，有其参考价值。而文内"召批"一词，与"契约"的词意应是相通的，或许是当时的地方用语。

这件简帖的首面刻印的是"凌烟阁"图，此图在简帖中甚为常见，而印制的纸店名为"永盛"，这家纸店在赖少其的《套版简帖》中未见著录。（图82）

第二件是嘉庆十四年（1809）十一月所立的揽乳食契约，有名为陈德元者，因日子难过、无处辗转，乃将自己的妻子马氏送到平陶村后街赵氏人家当乳母，哺育未满周岁的孩童。合约一年为满，每月乳食工钱一千四百文、布被一张、布棉袄一件，并且言明如有天灾疾病，由陈姓一概承担，与赵宅无干，"恐口无凭，立约为证"。

这件契约内容有关乳母出租，今日看来甚觉特异。然而再仔细一想，有乳汁去哺育别人家婴儿的妇人，本身必定也是刚产下婴孩的母亲，如果不是因为生活所迫，怎么会去有钱人家当乳母而不哺育自己刚生下的小孩呢？思之不禁心头泛酸。社会贫富悬殊，自古皆然，贫富各自寻找合适的生活方式，各安其命，也是生活法则之一端。

此件契约的立约形式仅有说合人王国栋等四人签名立据，出租人及承租人仅在内容提及，承租人甚至只写赵宅，而无全名，是注重隐私抑或人情厚道，不得而知，也许只是当时习惯如此。简帖首面图案为单色"加爵晋禄"天官图，未见出品纸店名号。（图83）

第三件是金钱借据，有名为方明恒者向其同姓族人方友堂借来净光洋四十元正，每月二分起息，"恐口无凭，立此借票为用"。这件借据立于咸丰四年（1854）八月十四日，至同治二年（1863）十九日还款付清（漏写月份），由中见人方绍明见证，并写有"两

❽❸

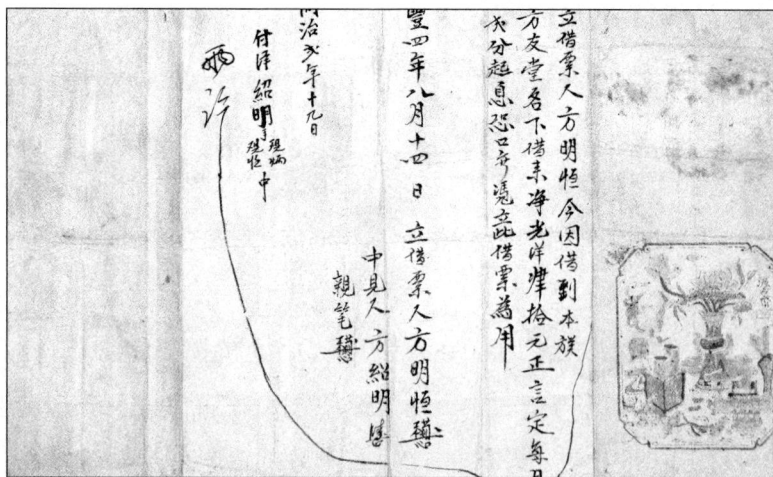

讫"字样。这件借据，从立据至还清前后约有九年时间，二分利息不可谓不高，一旦还款完毕，大家心中想必都是十分高兴，因此"两讫"日期是同治二年的哪一个月份的十九日，也就无关紧要了。

这件简帖首面图案是"汲古斋"印制的"博古瓶花"图，套色印刷。纸质已稍泛黄，色彩也已淡化，但隐隐中仍可见其华丽丰富的本色。（图 84）

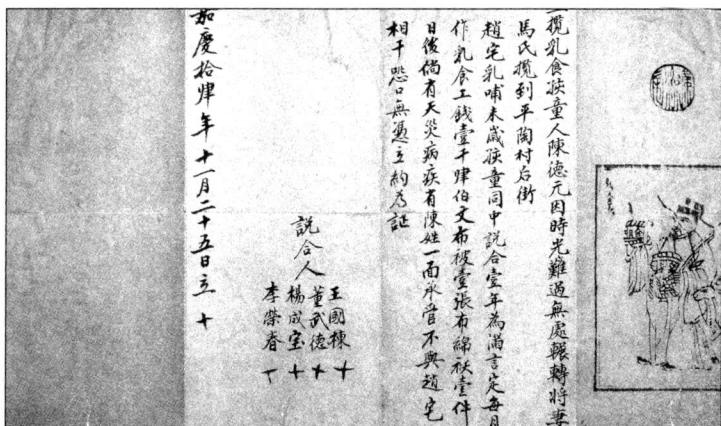

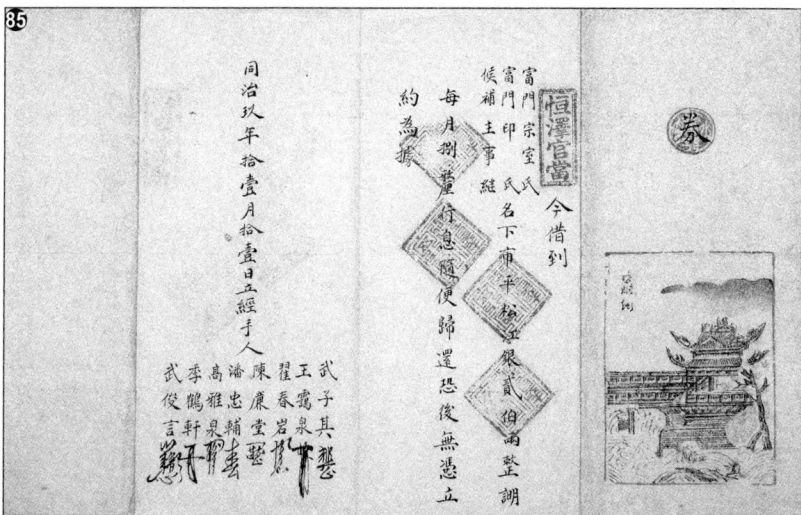

第四件是同治九年（1870）十一月十一日"恒泽官当"向富门宗室氏、富门印氏、候补主事继等人借到市平松江银二百两的借据，每月八厘行息，经手人武子其等八人均列名并画押。首面图案为"凌烟阁"图，套色印制，与乾隆十六年（1751）租屋简帖的"凌烟阁"图，名称虽同，构图也雷同，但并非同一版印制。乾隆年的图版中，桥上画有人物，同治版则无，但桥下画着潺潺流水，较富动感。（图85）

第五件是同治十年（1878）七月十二日"恩泽官当"向吉庆堂借二两平松江银四百两的借据，利息每月一分，由"恩泽官当"立据。从内容来看，这似乎是两家金融商号之间金钱借贷的凭据。此件简帖首面图案为"兰台"图，此图在简帖中也较为常见，笔划色彩较粗矿富有民间气息。（图86）

这两件官当向民间借钱的借据，格式颇为类似，首面上都写有"券"字，内文中较重要的词句，如银两数目、利息计算等，纸面上都加盖官当的方形印记，以求慎重，并确保不易变造。

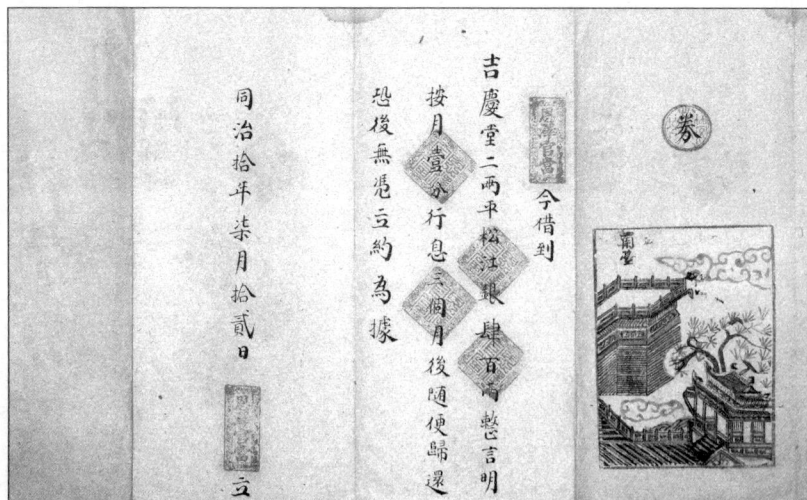

第六件是一件拨汇证明，由名为程幼五者所立，原文为："凭券汇到裕甯贵局鹰洋壹千元整，言定每月壹分壹厘行息，期至宣统元年四月二十日，本利一并清还，今欲有凭，立此存照，光绪三十四年十一月二十日。"（图87）

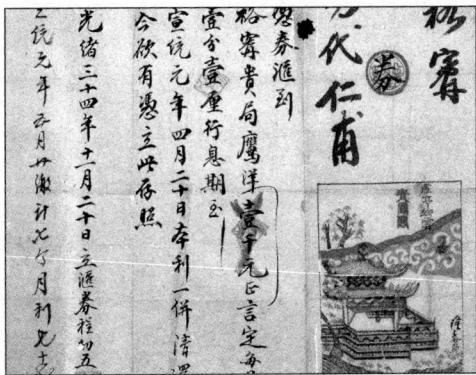

有趣的是，这件简帖立据于光绪年，而订下的还款时间写明是宣统年，这并不是立据人有先知的能力，知道下一位皇帝的年号为"宣统"。问题的关键在于立据的年、月、日，清德宗皇帝逝于光绪三十四年（1908）十月二十一日，清廷于十一月九日立爱新觉罗·溥仪为帝，年号"宣统"，定次年为宣统元年，并已昭告天下。而这件简帖立据于光绪三十四年十一月二十日，其时德宗已逝，溥仪也已即位，正处于新旧纪元衔接之际，年号仍用光绪，但也已知明年新帝年号为宣统，因此留下这件年代记载特殊的简帖。简帖后端另有一段文字："宣统元年五月二十缴计七个月利七十七元。"利息确实依照契约所订每月一分一厘，七个月计七十七元收付，不过那时可能未依约本利一并清还。这件简帖首面图案是由"清云阁"所印制的"虞廷卿云"，图画粗矿，色彩浓烈。

第七件也是一件借据，有名为吉振海者向天顺亨钱庄（或商号）借国币八十万元所立下的书据，这件简帖和前述几件内容全用书写不同的是，它大部分文字都是版刻印制而成，只有立借约人、保还中人及介绍人等之姓名、出借钱两的店号、金钱数目、立据日

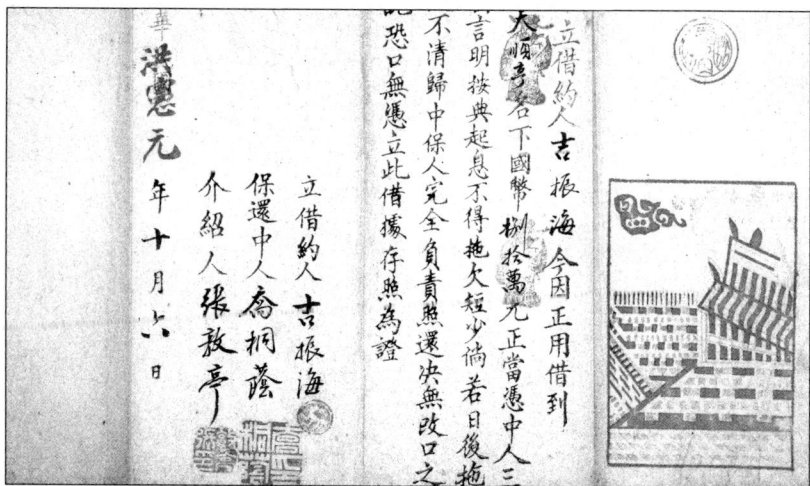

期等几项需视当时实际情形以笔填写。（图88）

有趣的是简帖上的立据日期已经刻印"中华民国　年　月日"，以方便立据当时填上时间即可，于此可知这件简帖是中华民国肇建之后所印制使用的。但这纸实际使用过的借据在"中华民国年"之上盖上了"洪宪元"的红色印记，想必是钱庄商号从纸店大批购进后，因袁氏称帝改国号纪元而改盖印记，以备洪宪元年使用。

民国四年（1915）秋天，筹安会策动各界向袁世凯请愿实行帝制。十二月十二日，袁世凯公开接受，并改国号为"中华帝国"，年号"洪宪"，并定次年为"洪宪元年"。不过袁世凯的皇帝梦，因各省纷纷反对并宣布独立，于民国五年三月二十二日宣布取消帝制而破灭。这场闹剧只维持八十三天就烟消云散了，因此印有"洪宪"年号的文件特别稀少不多见。

奇特的是，这件加盖"洪宪元"年号的借据立据日期却是"十月六日"，"洪宪元年"至三月二十二日就夭折了，何以至十月六日仍然使用"洪宪"年号呢？本来以为这是一件伪造之作，但经仔细思量，我认为会造假者可是何等精明，断不会留下这么明显的错误。这件简帖文字是刻版印制而成，"洪宪元"三个字也是刻印加盖，想必这钱庄商号的借据使用量大，所以向南纸店大量订购，袁氏称帝后并加盖洪宪年印记以备继续使用。可是料想不到"洪宪元年"如此短命，这些已经加盖好"洪宪元"字样的简帖如果就此丢弃，不但可惜也浪费成本，所以这家商号仍然继续将就使用，才会有这件"洪宪元年十月六日"的借据流传下来。

这件简帖首面图案，刻画极其简略，视其构图有如简化的凌烟阁图，红蓝双色印刷，加上内容文字墨色印制也仅三色，和其他简帖多色套印首面图案相比，显得单调许多。

《台湾民俗版画集》

1975年9月，天一出版社印行《台湾民俗版画集》一册，尺寸为30厘米×46厘米，开本阔大，内含一百张影印的各类台湾民俗版画，如门神、年画、神符、金银纸钱及其他祭祀需用之糊纸用品，等等。每张版画都浮贴在卡纸上，并且加一张玻璃纸当护页。

版画尺幅较大者还折成与卡纸一样大小，以求版面一致。一百页图版加上书名页、目录，并加覆硬皮封面，以绑线装帧方式呈现，此种绑线方式和线装古籍的装帧方式明显不同。（图89）

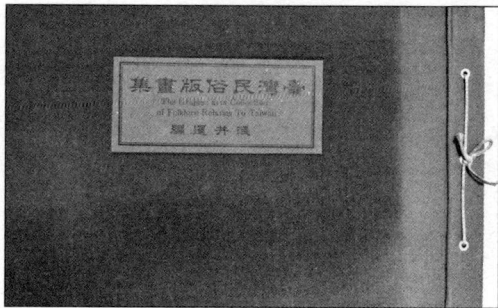

这本《台湾民俗版画集》，是天一出版社向"中央图书馆"台湾分馆借来复印的，其母本则是日据时期昭和年间日人浅井暹所编辑发行的五集《台湾土俗资料》。

浅井暹的生平资料所见甚少，昭和年间他居住在台南市本町四～七○番地（今台南市永福路附近），是一位洋画家。但他却对民俗版画产生浓厚兴趣，有可能是因为居住地的关系，因为昔日台湾传统版画的印制就是以府城台南为中心，大大小小的店铺分布在赤崁楼附近的大街小巷里。他组织"台湾土俗研究会"，收集各类民俗版画并编写解说。之后，他将每张版画浮贴在卡纸上，尺寸为 27.5 厘米 ×40 厘米，版画尺幅较大者，则折叠成卡纸一样大小。贴好后，依序加盖编号，每二十张为一集，附加目录及解说后，装入纸袋分集上市贩售。每一集发行的数量想必不多，因此纸袋上有加盖编号。

以我所收藏的第二集为例，图版编号为 21 ~ 40，纸袋正面印"台湾土俗资料（第二集）"字样，背面印有发行版权页，印刷日期为昭和六年一月二十日，发行日期则为一月二十五日，编辑兼发行者浅井暹，发行所是"台湾土俗研究会"，并印有"不许复制"

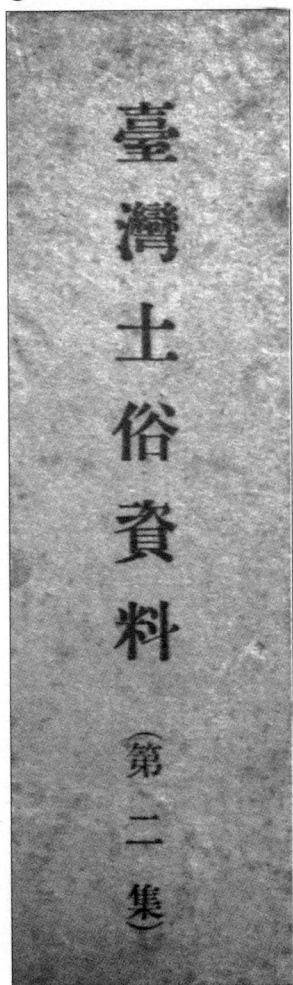

臺灣土俗資料（第二集）

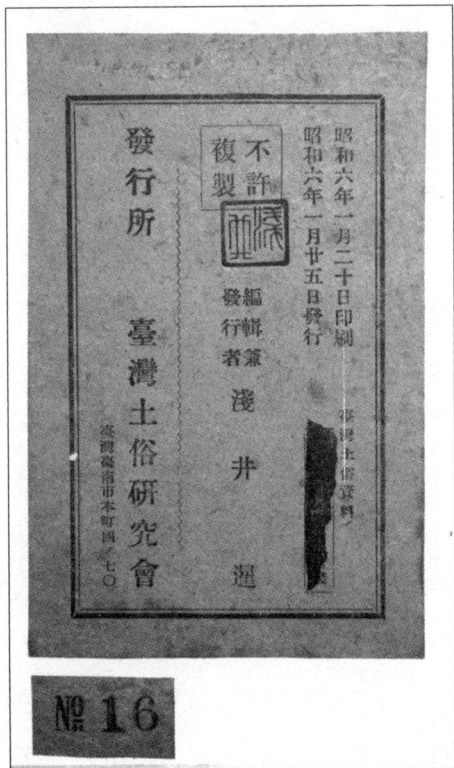

昭和六年一月二十日印刷
昭和六年一月廿五日發行

發行所 臺灣土俗研究會
臺灣臺南市本町四ノ七〇

編輯兼發行者 淺井 暹

不許複製

№ 16

字样，兼盖"浅井"印，每一集定价金壹圆五拾钱，版权页下方盖有"No.16"的编号。（图90、91、92、93）

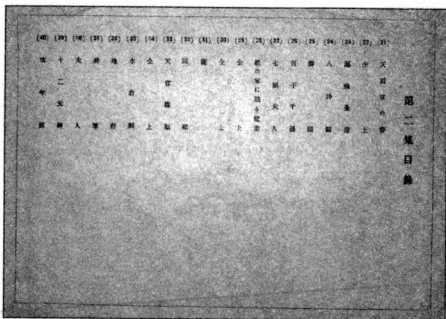

浅井遑不只收藏台湾地区的民俗版画，他对中国其他地方的民俗版画也有浓厚兴趣，日本早稻田大学图书馆于昭和十一年（1936）买进了浅井遑收集的一批宗教版画，其中包括台湾地区土俗版画一百零七张，以及"满洲"土俗版画八十七张。这些版画都有浅井遑的解说，可见他不仅仅是收集而已，也做过相当程度的研究。

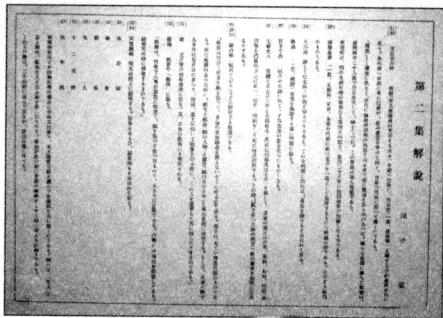

天一出版社虽然是复印浅井遑的《台湾土俗资料》，但也稍做一些调整。首先，并没有如原作分五集印行，而是合为一册，而且也没有依照原来图版1～100的编号顺序印制。浅井遑的五集《台湾土俗资料》，每一集都包含不同种类的民俗版画，以第二集为例，包含天后宫神符、五福符、八卦、狮头、百子千孙、祭祀用糊纸、纸马，等等。天一出版社则是将每一集中种类类似的图版集中在一起，包含门神、年画、庙宇神符（图94）、祭祀用纸、纸马（图95）、金银纸钱、文字花鸟模样版画等，

重新予以编号（图96），因此浅井遏原来图版的编号顺序就没有任何意义了。

天一出版社复印浅井遏的《台湾土俗资料》，除将书名改为《台湾民俗版画集》外，对于少部分版画名称，也适度做了一些修正，例如将两张"天后宫の符"修正为"台南天后宫天上圣母'大形'、'小形'"，三张"纸の家に贴ろ図案"修正为"桃仁'鸟兽图''八宝图''龙鱼图'"，将"龍"修正为"双龙"，等等。天一的修正显然有参考台湾本地传统的用语，比较详细正确。不过浅井遏原来针对每一幅版画所做的解说，复印本却阙如，这是唯一的遗憾。这些解说对于该民俗版画的了解有很大的帮助，原来的解说是日文，不知道是不是因为文字关系而没有

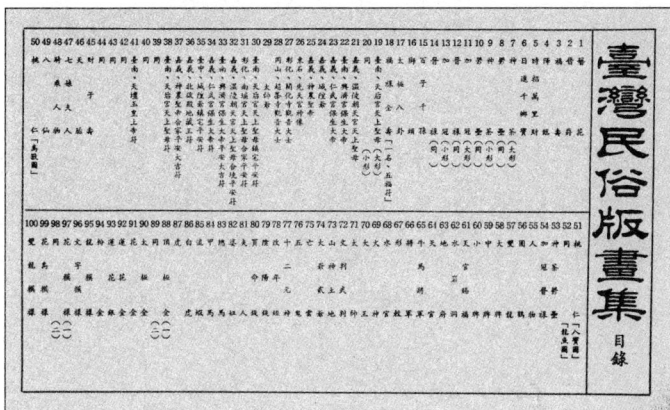

摆放进来。

天一出版社所复制的《台湾民俗版画集》，定价为基价六十元或美金四十八元。在1975年，这样的定价并不便宜（图97），因此发售对象主要是图书馆等单位，以及外销至海外，销售量应该不大。1984年台湾爆发“六·三”水灾，灾情惨重，造成台北市街道严重淹水，天一出版社未售罄的《台湾民俗版画集》因存放在地下室，全部遭水淹没了。这一批书籍，除了之前已售出者外，已无任何库存，今天除了在图书馆尚能见到一二，一般市面上的古旧书店已难得一见了。

97

台灣民俗版畫集
The Graphic artsCollection of Folklore Relating to Taiwan
定價：基價六十元
美金四十八元
編者：淺井暹
印行者：天一出版社
台北市和平西路二段66號三樓
電話：三〇一二八七三
郵政劃撥：一〇一二四七
郵政信箱：七二—二九
登記證：新聞局版臺業字第〇〇五一號

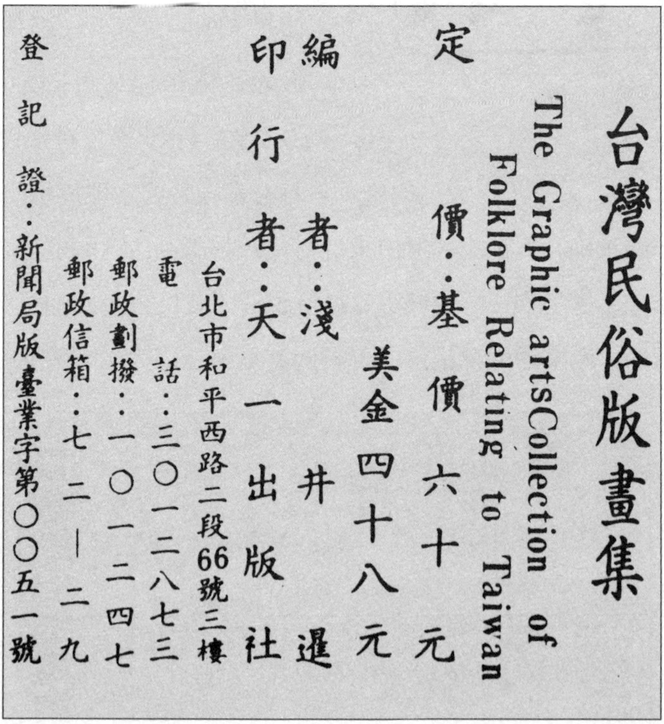

《绘本隅田川两岸一览》

  "浮世绘"是 17 世纪时日本兴起的一种描绘世间风情的绘画形式，主要描绘人们日常生活状态、风景、人物及戏剧，等等，较常以版画形式出现，但是也有手绘的画作。"浮世"是指当时人们所处的现世，因旧时认为世事都是虚浮不定的，故称"浮世"。浮世绘在日本主要是表现庶民的生活，具有鲜明的日本民族风格。

  17 世纪后半期，日本人菱川师宣开启了这一类绘画风格，被后世尊为"浮世绘之祖"，其后许多画师相继投入浮世绘的创作。因为题材多样化，浮世绘形成很丰富的绘画类别，例如：美人画、春画、漫画、历史画、役者绘、鸟羽绘、名所绘、花鸟绘、武者绘、玩具绘、相扑绘、子供绘、讽刺绘、长崎绘、横滨绘，等等。

  其中的"名所绘"就是风景画，是由葛饰北斋及歌川广重所确立的浮世绘种类之一，葛饰北斋在旅行话题盛行的启发下首先绘制了著名的"富岳三十六景"，是成功将日本人注意力从美人画移转至风景画的第一人，执名所绘之牛耳；歌川广重在葛饰北斋的影响下，也绘制了"东海道五十三次"及"富士三十六景"。这三套作品奠定了他们二人在浮世绘的历史地位。

  葛饰北斋（1760—1849），本名中岛时太郎，江户人，十四岁学雕版印刷，十八岁向浮世绘画师胜川春章学画，其后又从狩野融川宽信处学习狩野派技法。1826 年他以不同角度画了"富岳三十六景"，因而远近驰名，更奠定了他浮世绘大师的地位。葛饰北斋的

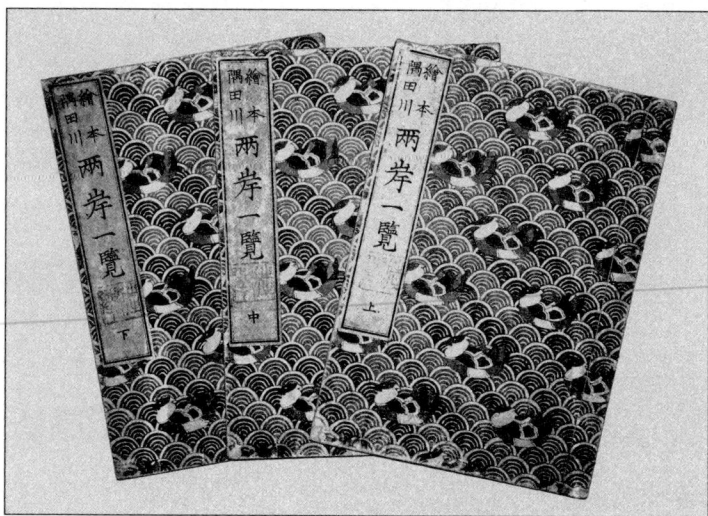

98

绘画作品很多，日本文化三年（1806）他曾经以隅田川两岸风景创作《绘本隅田川两岸一览》名所绘本。（图98）

　　隅田川是贯穿江户的唯一大河，在银座流入海湾，是江户时代市民的绝佳游览地方，而且也是货物运输及人们出行的交通要道。因此河川两岸所呈现的是一片繁华升平的景象，这些都在葛饰北斋的画笔下，很忠实地保留下来。日人永井荷风于昭和七年所出版的《江户艺术论》里谈到葛饰北斋的画风，提及"富岳三十六景"及"诸国瀑布巡礼"，其设色布局均极佳妙，但是船舶人物树木家屋瓦等都带有中国风，让人觉得不像日本的样子。但《绘本隅田川两岸一览》不一样，他说："《隅田川两岸一览》却正相反，虽然其笔力有未能完全自在处，但其对于文化初年江户之忠实的写生，颇能使我们如所期望地感触到都会的情调。"

　　这部名所绘本到了大正六年（1917）时，东京风俗绘卷图画刊行会予以重刻，卷末增加跋语说："本书不单是描写蘸影于隅田川的桥梁树木堂塔等物，并仔细描写人间四时的行乐，所以亦可当作一种江户年中行事绘卷看，当时风习跃然现于纸上。且其图画中并无如散见于北斋晚年作品上的那些夸张与奇癖，故即在北斋所挥洒的许多绘本之中亦可算是佳作之一。"这部重刻本，刻印也极为精彩，周作人曾经得到一部，他在《知堂书话》里有一篇文章"隅田川两岸一览"说："我所有的大正六年风俗绘卷图画刊行会重刻本，木版着色和纸，如不去和原本比较，可以说是印得够精工的了。"

这部《绘本隅田川两岸一览》分上、中、下三卷，书前有壶十楼成安的序，三卷共有图画二十三幅，两页为一幅，幅幅相连，其景观恰如展开绘卷似的从上卷至下卷连续将春夏秋冬四时的隅田川两岸的风光从右至左收入一览，每页题有狂歌两三首，以与画面景致互相搭配，画面构图丰富，笔触细腻，敷彩虽然浓重但不浑浊，展卷仍见清朗，确实是一部浮世绘的名所绘佳作。

永井荷风在他的《江户艺术论》里，详细描述了《绘本隅田川两岸一览》所展现的风光，兹将其摘录如下，以与葛饰北斋的图画相对应，使观者更能感受江户时期隅田川两岸的繁华景象。

上卷

第一幅描绘的景象是刚天亮时的高轮，孤寂地将旅行防雨斗篷裹身的骑在马上的旅人后面，跟着几个带着草帽的旅人，陆陆续续地经过有女服务生的茶店门口。间间相连的茶店的苇帘和一望无际的河岸连成一片，一眼无法望断。在遥远水面的波浪上，有一艘用新年的松枝装饰的大船，其竖立的帆樯和富士山，巍然高耸于晴朗的天空里。（图99）

　　第二幅图描绘的是佃之渡，画着包头巾穿礼服的武士、工人、商人、带着小孩的妇女、穿着宽袖和服的姑娘人、做杂活的仆夫，等等，一起搭乘渡船，船首、船尾各站着一位配带大烟管袋、拿着竹篙的渡船人。（图 100 ）

第三幅图描绘两个小孩在窄桥上放风筝奔跑着，在船帆杆和草房屋顶之间可以看到对岸的佃岛，横跨到对岸的永代桥则是人来人往、热热闹闹的景象。

第四幅图描绘三岔口附近的渔船上，渔夫两人四手地撒着渔网。

第五幅图描绘开满樱花的河岸。（图101）

第六幅图转成青翠欲滴的元柳桥的夏季景色，一个背着包的男

人靠在栏杆上扇扇子，两位撑着阳伞的艺伎边说话边走过去。旁边一位撩起衣服的男人，举起一根手指向有许多渔船的河面，在安静的初夏天空里，划过一声杜鹃的叫声，时节越来越接近盛夏了。（图102）

第七及第八幅图描绘本家的船舱与热闹的两国广小路相对望，带着阳伞和草帽的人群，在挂着苇帘的杂技屋之间来往穿梭着。

中卷

第一及第二幅图描绘在两国桥纳凉观赏的众多群众和来来往往的游览小船。（图103、104）

第三幅图描绘新柳桥午后雷雨时刻，三位美艳女子被风雨吹乱袖子、弄乱裤脚后收着伞，赤脚快速地小跑步，与两个淋着雨，只披着薄长衫、裸半身的男人擦身而过。（图105）

第四幅图描绘秋天到了，小钓船上有几个男女正在垂钓。凉快的傍晚，椎木屋旁的蝉正鸣叫着。

第五幅图描绘御马河岸的小船眺望着寺庙的高灯笼，在小船的正中间有两个托钵僧人，旁边围坐着一些人，例如将祭神驱邪布垂在肩上的老太婆、背着包布巾的妇女、带着要卖的东西的男人，等等。

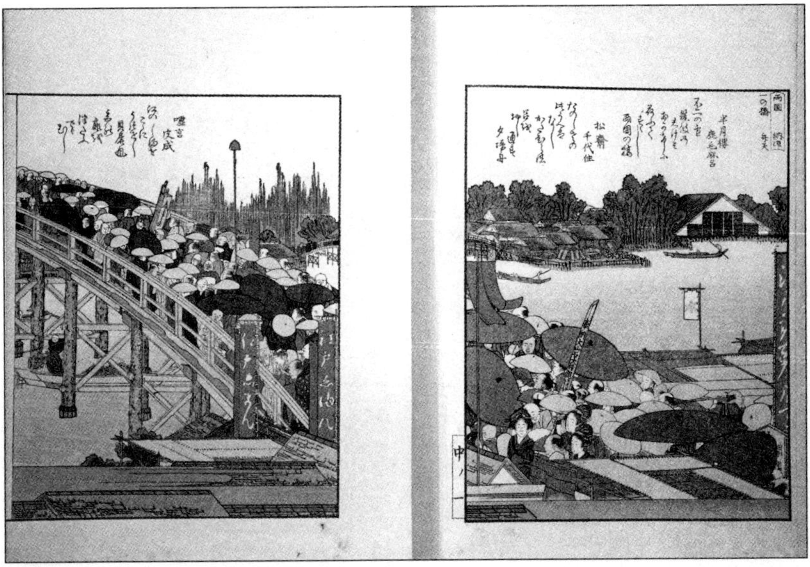

103

104

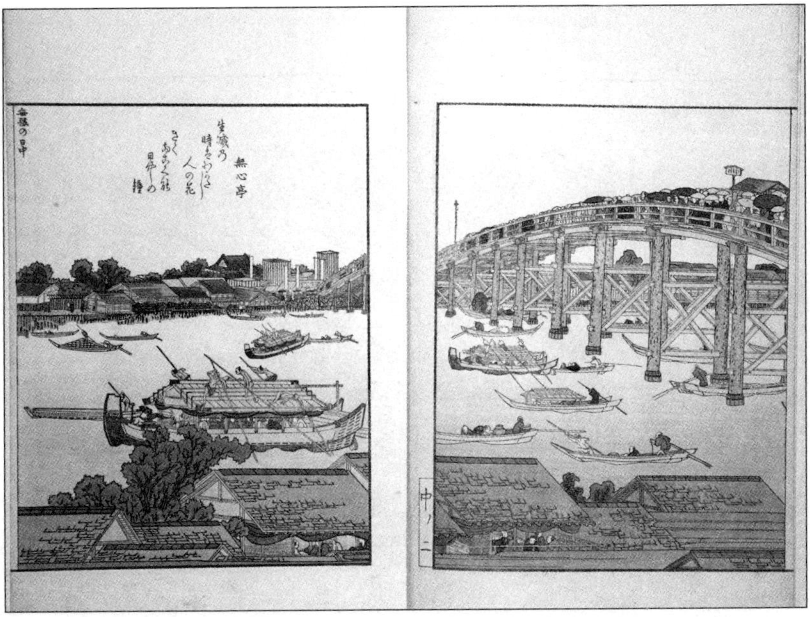

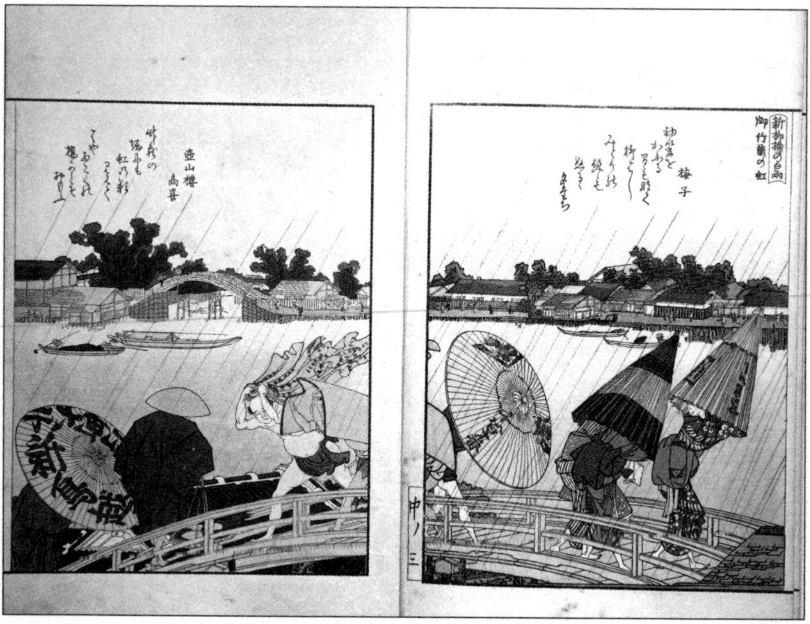

105

106

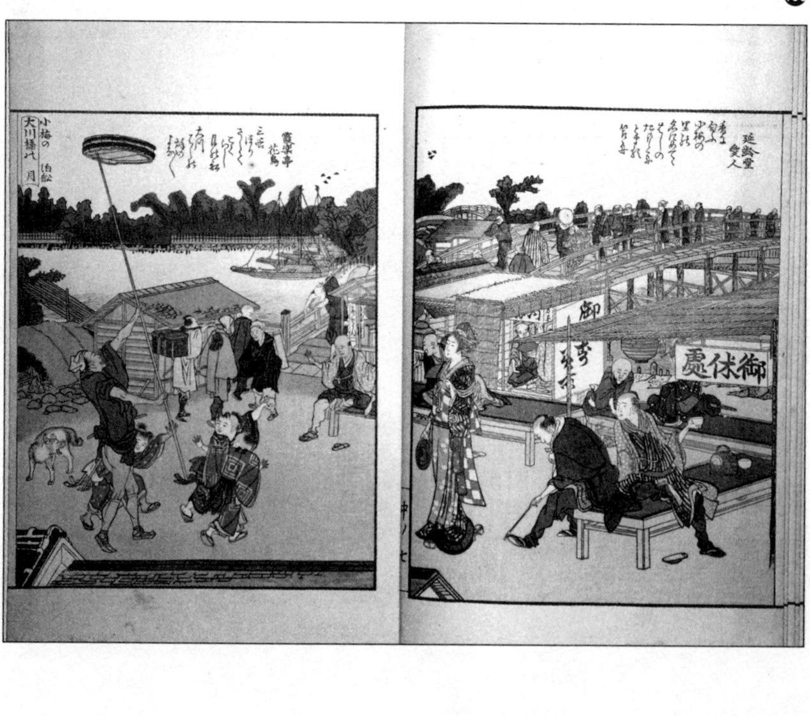

第六幅图描绘日光斜射于一座寺庙驹形堂上，黄昏时人们坐船到驹形堂参拜的景象。

第七幅及第八幅（半幅）图描绘大川桥的桥边，有着茂盛的竹林和桥上络绎不绝的修行者。一位街头艺人拿着长竹竿顶着圆盘转来转去，前面聚集了看表演的小孩和在茶水店旁手拿红色托盘站着的女服务生。（图106）

下卷

一开始的半幅图是描绘如落叶般的群鸦飞过浅草观音堂的屋顶上，没来由的让人想起像晚秋暮钟般的寂寞感。

第一幅图画着神社的堤防边，来朝拜的人影很稀少。

第二幅图描绘在待乳山寺庙旁的一位男人在扫落叶，另外两个男人穿着碎花纹的短罩衫，轻松逍遥自在地欣赏着枫叶。（图 107）

第三幅图表现出冬天的河流越来越荒凉，只有一只白鹭鸶在水上飞舞着，不远处有一棵老树在今户的岸边，在河这边有两位船夫正将瓦片搬运至船上。

第四幅图描绘商家的女子们正从渡船岸边小屋的前面走回宿舍，但却与在茅草屋下肩扛农具嘴里叼着烟的农夫，交错过而没遇到。

第五幅图是描绘在黄昏时，木母寺的钟鼓和一座红色的寺庙，下过雪的美丽景色。（图 108）

第六幅图描绘到处都是颜色鲜艳的红梅，而带着黑帽子的主祭者等三人正忙着爬上梯子，装饰神社入口处的牌坊。（图 109）

108

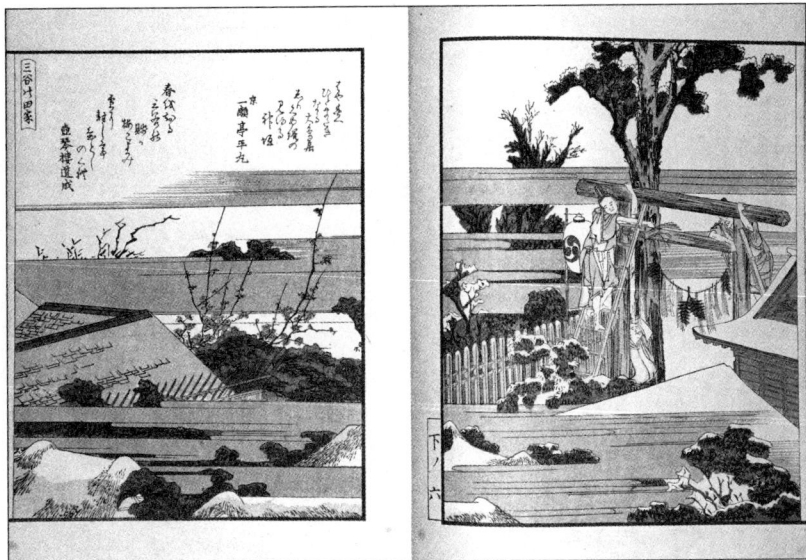

第七幅图即将年岁末了，画匠以新年的气象装饰整个吉原，让人们期待看到天亮来临后，迎接初春时街道热闹的情形。到这里整个绘本完成了。（图110）

藏书·版本

《中国版本略说》

  《中国版本略说》是一本具有特殊意义的薄本子，严格地说它只是一篇文章，是中国科学社于 1931 年 1 月 1 日举办"中国书版展览会"的纪念刊物。中国科学社成立的宗旨在于"提倡科学、鼓吹实业、审定名词、传播知识"，对中国现代科学的创立与发展有很大的贡献。在它以传播世界最新科学知识为职志的过程中，建立图书馆、举办中国书版展览会，都显示出这个科学性的团体，对于中国古老的雕版印刷技术及书籍出版演进的重视，这册薄本子就是一个明证。

  中国科学社倡始于 1914 年 6 月 10 日，是当时一群中国留学生在美国康奈尔大学所发起，主要发起人为任鸿隽、秉志、周仁、胡明复、赵元任、杨杏佛、过探先、章元善、金邦正等九人。1915 年起草社章，并于 10 月 25 日表决通过，中国科学社正式成立。1918年，中国科学社由美国迁回中国，总社设于南京高师（即现在南京大学），开始推动中国的科学事业，例如发行科学刊物，包括科学杂志、论文专刊、通论特刊、科学丛书、科学丛刊、生物研究所专刊；在南京建立科学图书馆，在上海建立明复图书馆；设立生物研究所，等等。这代表了中国科学发展的一个里程碑，开启中国历史的新纪元，意义非常重大。

  中国科学社于 1929 年 9 月在上海开始筹建一所新图书馆，1930 年 7 月落成，1931 年 1 月 1 日开幕，命名为"明复图书馆"（图

中國科學社明復圖書館　　Science Society of China Library, Shanghai

111），以纪念中国科学社创始人之一胡明复。在图书馆落成的同时，举办了一场"中国书版展览会"，展出历朝各代的书籍文献精品，包括甲骨文、汉石经、汉泥封、隋唐写经、宋元明清刻本及抄本、近代印刷本、和本、高丽本、欧洲古代印本及抄本、版画及版片，等等。

这些展品都是征求外界机构及个人提供的，包括当时的中央研究院、北平图书馆、浙江图书馆、江苏国学图书馆、商务印书馆、中华书局、有正书局、中国科学公司及蟫隐庐等机构。个人方面则包括瞿良士、刘翰怡、吴湖帆、黄宾虹、叶誉虎、张菊生、王云五、狄楚青、白山夫、徐积余、丁福保、董绶经、金诵清、赵药农、张凤、周子竞、顾鼎梅、丁叔言、于邃园、曹礼吾及苏州潘氏等二十一人，都是当时有名的文人及藏书家。所以展品的质量必然可观，展出盛况可以想像，因此特别印行这一本展览会纪念刊物《中国版本略说》。

这本《中国版本略说》薄薄一册，仅有九页，线装，书签由蔡

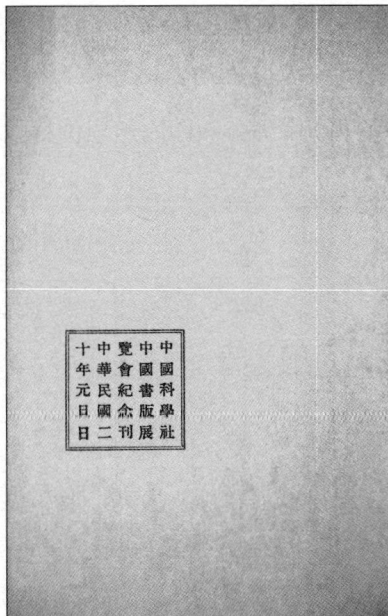

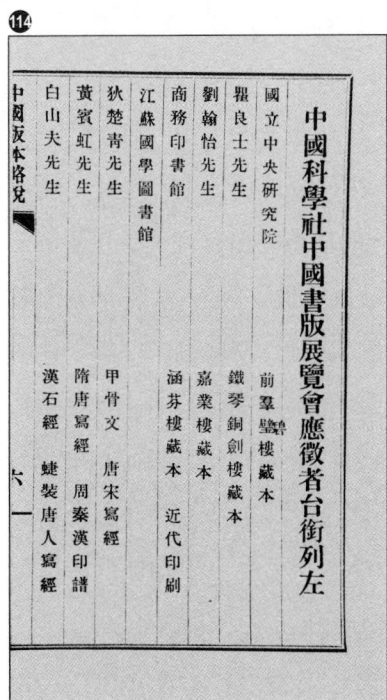

中國版本略說													中國科學社中國書版展覽會應徵者台銜列左
白山犬先生	黃賓虹先生	狄楚青先生	江蘇國學圖書館	商務印書館	劉翰怡先生	瞿良士先生	國立中央研究院						
	甲骨文			涵芬樓藏本	嘉業樓藏本	鐵琴銅劍樓藏本	前塵韻樓藏本						
漢石經	隋唐寫經	唐宋寫經	近代印刷										
六一	蝶裝唐人寫經	周秦漢印譜											

元培题写（图 112）。第一页是出版牌记，上书"中国科学社中国书版展览会纪念刊，中华民国二十年元旦日"（图 113）；第二页刊有两张书影，一张是丁福保提供参展的北宋本华严经残页，另一张则为黄宾虹提供的陈老莲博古叶子；第三至第七页则是本书主题"中国版本略说"一文；第八至第九页是"中国科学社中国书版展览会应征者台衔"（图 114），亦即提供参展的机构名称、个人姓

名及所提供的展品类别。这些资料流传至今，极为珍贵，从中可以看到一个以推动科学发展为目的的团体和文人学者、藏书家之间，为呈现中国雕版印刷这项传统技艺的演变及发展的共同努力。可惜的是书影选印太少，仅有两张（图115、116），如果当时的全部展

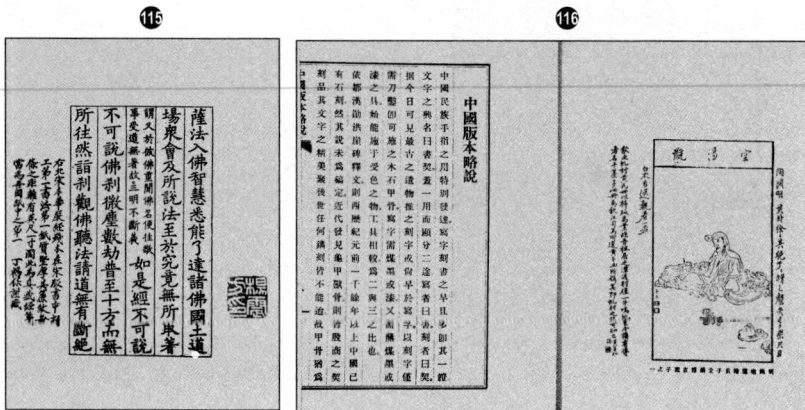

品都能予以拍照刊登，其价值不可同日而语。

在这一篇《中国版本略说》文章中，也说明了中国科学社举办"中国书版展览会"的主要目的：不在搜奇抉秘，也不在展示孤本精品，而是在展现中国人努力于文化的成绩，还有对于祖先遗留下来的技艺加以改进发扬的期盼。文章最后说："吾人从科学方面着眼，不必以海内孤本某名人藏印为宝贵，惟宜从雕刻印刷之变迁演进继续普遍之点，用综合分析之法，以推究民族特色……以表示机械未兴以前，吾国人努力于文化之成绩，并策励吾人如何利用前人留贻之心力，加入今日物质文明，如汉文打字机之若何改良，仿宋活字之若何推扩，写照影印之若何刷新，一切工艺若何由已高之程度而更加高，是则同人区区之微恉，切冀斯会之不虚者也。"

经仔细研读这篇《中国版本略说》，发觉其中有两点说法，似

乎有商榷之处。其一是提到明朝华燧制造铜活字印书，可多而耐久："清康熙中刻铜字，印图书集成。乾隆中制聚珍版，印武英殿丛书，皆沿燧之法。"《古今图书集成》确实是以铜活字印制，该铜字在康熙末年已经制作完成，而全书是在雍正年间印制，由于篇幅浩繁，只印制六十四部。而乾隆年间所印制的武英殿丛书，是以木活字印制而成，非铜活字，说"沿燧之法"恐不正确。

其二提到套印本书，说："明季始有硃墨套印，及三色、四色本。清之中叶，又有五色本、六色本。"其实明朝晚期，套印技术已非常精湛，并且已经有五色套印本了，晚明乌程凌云所刊印的《文心雕龙》，就是朱、墨、蓝、紫、绿五色套印，也是明代唯一的五色套印本。《略说》认为至清中叶才有五色套印，可能是受到叶德辉《书林清话》里说的"五色套印，明人无之"影响所致。

我收藏的这本《中国版本略说》中钤有一方硃色"杨震方印"，证明此书曾经版本学家杨震方先生收藏。杨震方（1922—2004），上海青浦人，是著名的古籍版本学家，他长期从事图书资料工作，对中国古籍沉潜研索，精通古籍版本目录之学，也擅于书法碑帖研究，著有《碑帖叙录》《古籍板本知识》等书，并参与编著《中国出版简史》，其中第一编"中国古代出版事业"就是由他负责撰写，该书主编吉少甫在"后记"中有所说明。

《古籍版本知识》

缪荃孙《琉璃厂书肆后记》中有一段话说："正文斋谭氏，翰文之徒，庚子乱后最有名，藏不全宋本数十种，种留一帙不售，云将留之以教生徒，有心哉。"

正文斋主人谭笃生，精熟版本，当时宫内太监时常将内府藏书偷出来卖给他。他因此发迹，光宣年间执琉璃厂书业之牛耳。大概也只有像他这样能常常收到内府藏书，才能将宋版书拿来作为教导学徒们的版本素材吧。"教导生徒"是一般书肆主人或老师傅的责任，用以传承专业、延续书肆营生。教导的方式不一而足，最直接的就是利用店内现有的古籍素材，或者重新编写讲义教材。

自古以来，书肆主人及伙计对于古籍版本知识的专精，与一般文人学者相较，有过之无不及，这固然是他们吃饭的本钱，也是受人景仰的原因所在，所以一般文人都不以"书贾"、"书估"视之，而称之为"书友"。乾隆年间李文藻所写《琉璃厂书肆记》就提过鉴古堂老韦指导周书昌的故事，他说："书昌尝见吴才老韵补，为他人买去，怏怏不快。老韦云：邵子湘韵略，已尽采之。书昌取视之，果然。老韦又劝书昌读魏鹤山古今考，以为宋人深于经学，无过鹤山，惜其罕行于世，世多不知采用，书昌亦心折其言。"书肆主人如果没有精深的版本知识，是断然无法说出这番道理的，像这样的书肆主人，历代大有人在。

直到晚清民初，许多书肆主人对古籍版本的精熟仍然备受赞扬，他们对于某一部书有若干刻本，而以某一刻本最完善、某一刻本舛误最多、版本优劣都了如指掌，而且都有传世杰作。例如琉璃厂通学斋书店孙殿起，他出版过《贩书偶记》《丛书目录拾遗》《清代禁毁书目补遗》《清代禁书知见录》，并编辑《琉璃厂小志》。他的外甥雷梦水继承通学斋，后公私合营并入中国书店，也著有《书林琐记》《古书过眼录》及《室名别号索引补编》。文禄堂王文进，著有《明版书录》及《文禄堂访书记》。藻玉堂王子霖，著有《古书版刻图书源流》《古籍版本学》及《古籍善本经眼录》。上海古书流通处陈乃干编有《室名索引》《别号索引》等。伦明的《辛亥以来藏书纪事诗》里说："书目谁云出邵亭，书坊老辈自编成。后来屈指胜蓝者，孙耀卿同王晋卿。"这首诗说的就是孙殿起与王文进二人。孙殿起，字耀卿；王文进，字晋卿。

这些士商一体的书肆主人，大多是从当学徒就开始钻研古籍版本。一般来说，古书肆对于店铺里的学徒和伙计的培养是非常重视的，虽然不是一个有系统性的教育制度，但是学徒从做中学，书肆中有现成的教材，只要勤奋、肯下功夫，版本知识一定能有精进。另外，他们也从旁观察师傅、师兄和购书客人的往来谈话，从中接受薰陶。他们对于历朝各代的古书都要记其版本特征，某书一部多少卷、多少册，每页几行、每行多少字，不同时期不同地域的版本行款有何特征，书籍作者及版本源流等都要熟记于心。开通书社郭纪森，1943 年创办书社，1956 年，书社因公私合营并入中国书店后，他曾担任琉璃厂古书店副经理、收购员、中国书店顾问等职。郭纪森在自述文章《贩书六十年杂忆》里述说他自学徒开始的成长历程："学徒的生活大体一样，每天干完杂活，有空才能学点正经东西。先记书架上的书，再按经、史、子、集学习四库分类法。我读过张之洞的《书目答问》和范希曾《书目答问补正》，这是学习目录学和版本学的必读课本。"而学徒们求教的来源，不外乎他们的师傅及师兄，有时候也可以从购书的文人学者处获得一些指导，长长学问。

古来书肆师徒相承，师傅除了教导待人接物，也教导经营书肆所需的专业知能，比较有规模的书肆还会编印教材，按表操课。例如 1961 年 12 月北京中国书店就编有《古籍板本知识》[1]一书，标明著者为雷梦水、张宗序，刻板油印，属于内部流传之物。其实这部《古籍板本知识》是取材于藻玉堂王子霖的《古书版刻图书源流》。藻玉堂于 1958 年公私合营后也并入中国书店，王子霖曾任中国书店的门市部主任，所以中国书店参考他的著作编为教材，用以培训生徒。雷梦水所撰《琉璃厂书肆四记》中说："王氏曾撰《古书版刻图书源流》一卷，已由中国书店编印于《古籍板本知识》一书内。"

王子霖，名雨，字子霖。过世后，他的孙女王书燕将他的遗稿重新编辑出版，书名为《王子霖古籍版本学文集》，共三册，分别为《古籍版本学》《古籍善本经眼录》和《日记、信札及其他》。在《古籍版本学》最后，有一篇他于 1963 年 6 月所写的"校改后语"，说道："这本书的撰写，源于 1960 年兴起的业务学习，中央有关领导让我写些关于古书业务方面的东西。但是我自感文化与知见有限，有丑妇怕见公婆之感。经过一再鼓励，只有大胆搪塞罢了，遂决定写《古籍板本知识》，经过一年的努力和魏隐儒同志和姒兼山同志帮忙整理，于 1961 年总算拼凑成书。之后又经过郑宝瑞同志

---

[1] 编注：1961 年这一版的书名，版本写作"**板本**"。重编、再版后，"板本"改为版本。

逐篇逐字的校订，再经朱桂林同志日夜辛勤誊刻油印，总算是勉强完成初稿。"从这段文字可以知道这册新编印的《古籍版本学》与1961年誊刻油印的《古籍板本知识》确是同一本书，而《琉璃厂书肆四记》中提到的《古书版刻图书源流》，想必是王子霖的《古籍

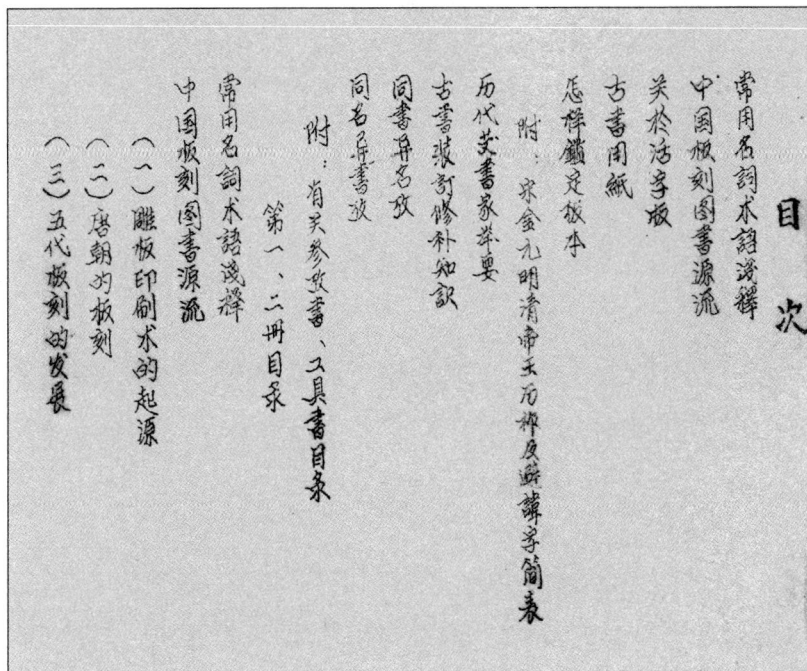

板本知识》最初的书本名称。

中国书店这部《古籍板本知识》，依目次所列共分为两大部分（图117）：

一、

常用名词术语浅释

中国板刻图书源流

关于活字板

古书用纸

怎样鉴定板本

附：宋金元明清帝王历祚及避讳字简表

二、

历代藏书家举要

古书装订修补知识

同书异名考

同名异书考

附：有关参考书工具书目录

目次之后，列有第一、二册目录，但是内容却只是目次的第一部分，这也是目前所能见到的两册《古籍板本知识》油印本，而目次的第二部分是否曾经编印过，因未见实物，不得而知。

中国书店印行的两册《古籍板本知识》，虽是作为自己

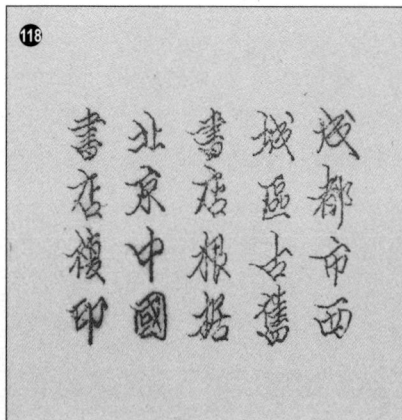

书店内部业务学习之用，但也被其他书店拿来作为教材。我收藏两册《古籍板本知识》，刻版红色油印本，书中有牌记曰："成都市西城区古旧书店根据北京中国书店复印"（图118），除书名页"古籍板本知识"六字悉仿原刻之外（图119），其内文誊写字体与中国书店原刻并不相同，乃系重新刻版油印而成，书中颇有讹误字，例如"皇帝"写成"黄帝"，"书商"写成"书窗"，"文苑英华"写成"文苑精华"，"纂图互注本"写成"纂图互助本"，等等。

因为是作为业务学习培训之用，所以内容较一般谈论版木的书籍细腻而具体。例如在常用术语里提到的"封面"，是指封皮内的第一页，四周印有边框，刻三行字，中间一行是书名，右一行刻某人编著，左行刻某某藏板或梓行。而现在一般人认知的封面，其实应该称作"书衣"。

例如提到"排印本"，凡是活字印本都用排印，但是为了区别版本，将泥活字、铜活字、铁活字、木活字等称为"活字本"，把近代的铅字印本称为"排印本"或"铅印本"。

书中有些内容在其他版本书籍中较少看见，例如提到活字本，说雍正三年（1725）汪亮采南陔草堂印本《唐眉山诗集》排印最精，字是写刻本，书法遒劲，潇洒秀丽，字大小一律，笔画粗细匀称，不下于木板刻印的精刻本。

又例如提到"影活字本"，这种刻本不多见，其字体行格栏线，都依照活字本式样刻版，行气倾斜，字体大小不一，很容易被认为是活字本，目前所知仅有四种：一，明徽藩崇古书院影华燧会通馆铜活字本刊《锦绣万花谷》，书口有"崇古书院"字样；二，会通馆印《正文苑英华辨证》，字体像活字排印，但北京图书馆善本书目著录为刻本；三，影华坚兰雪堂铜活字本刊《蔡中郎集》，字体版式行格均仍其旧，但书口"兰雪堂"三字及牌记未刻；四，广东广雅书局所刻《武英殿聚珍本丛书》，系影刻武英殿聚珍本。

活字本与影刻活字本之区别，除特征明显者如书口字迹不同外，一般而言比较困难。其差异仕活字本栏线四角较为错落，墨色浓淡较不匀称，二者纸张的使用也不相同，这些特征都比较细微，藏书者在鉴别版本时要特别注意。

这两册《古籍板本知识》，虽然只是内部教材，内容却是非常丰富详实，而且是出自实务操作者之手，具体可征，确是初学者最好的学习资料。可惜因为是刻版油印本，有些字迹较为模糊不清，读来颇费眼力，不过它的印行有其时代意义，亦足珍视。

《天一阁藏书考》

《天一阁藏书考》一书，余姚陈登原先生所撰著，1932年9月金陵大学中国文化研究所出版，列为该研究所丛刊甲种之一。（图120）

有关天一阁藏书之论述，清代以来屡见不鲜，例如黄宗羲《南雷文约》中有"天一阁藏书记"，全祖望《鲒埼亭集》中有"天一阁藏书记"及"天一阁碑目记"，钱大昕《潜研堂文集》中也有"天一阁碑目记"，阮元则编有《天一阁书目》，薛福成编有《天一阁见存书目》，缪荃孙《艺风堂文漫存》有"天一阁始末记"，等等。陈登原的《天一阁藏书考》是继诸前贤之后的一本专论，书分九篇及附录四篇，论及三百年前浙东藏书之盛、天一阁主人、收藏来源、组织管理、四库全书、书目内容、菁华小记、阁书散佚及善后问题等，附录沈叔埏、缪荃孙、杨铁夫相关文章及杨铁夫重编天一阁图书目录，论述面向颇为广泛，视其为集诸前贤著作之大成，亦无不可。（图121）

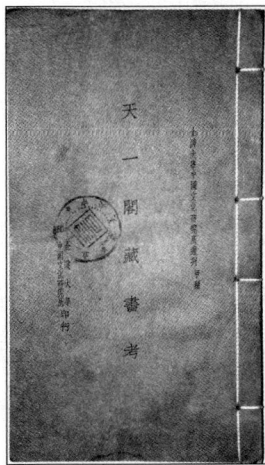

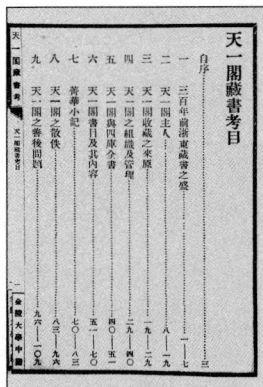

天一阁藏书始自明朝嘉靖年间兵部右侍郎范钦，绵延四百余年，数中国第一。天一阁藏书来源约可分为三部分，第一部分是承受丰氏万卷楼之故物，丰氏自明初开始即代有闻人，因此万卷楼藏书甚丰，到嘉靖年间丰坊主其事，因其"滑稽玩世，徜徉自恣"，家产消失殆尽，所余藏书尽归范钦。第二部分是范钦自己所购抄，范钦官运亨通宦迹甚广，因此能大量购进旧本，他如果知道友人藏书中为他书目所缺，会相互借抄，他和王世贞就订有互抄之约。第三部分是范大彻故物，他与范大彻是叔侄关系，范大彻也是嗜书之人，家中养有善于誊写的书佣二三十人，可以想见其藏书之盛。范大彻藏书何时并入天一阁，已无可考，但是阮元所编天一阁书目中，许多藏书都钤有范大彻之印记。

天一阁藏书之所以能成其大、传之远，除了范钦本人的购抄藏弄，立下严格的书阁管理公约之外，其有贤子贤孙，历代坚守不使流散也是重要原因。范钦死后，二子分家产，即有藏书不能分散的提议，因此由长子范大冲继承全部藏书，次子范大潜一支分得钱财万金。其后历代子孙续有购藏，也都善用藏书精研学问，求取功名。入清之后，范钦曾孙、顺治六年（1649）进士、官吏部文选司范光文，首先打破祖先遗制，带领黄宗羲登楼读其所未见书。乾隆三十八年（1773），范钦七世孙范懋柱响应清高宗大启文运，编修《四库全书》，进献祖先藏书四百七十三部，是为私人进献图书最多者，获颁《古今图书集成》一部，天一阁藏书之名声也因此再为世人所熟知。

范氏一门可以范懋柱为分水岭。懋柱以前之范氏子孙尚能在功名学问上进取，但已有每况愈下之感，范懋柱的祖父范从益仅为明经，曾祖父范正辂仅及乡贡，而范懋柱本身也只是个诸生。陈登原说:"故自懋柱以后,范氏世乏通人,与其先祖之名列儒林者,不无沧桑之异……然则阁中藏书,所以自懋柱而后而日就散佚者,其故有在。故家乔木,有时而废,君子之泽,有时而斩,然则书以人聚,书以人散,吾固不胜感慨系之矣。"这些故实,在陈登原的《天一阁藏书考》里说之甚详。

这本《藏书考》较为特殊之处,在于封面及内页盖有"国立中央大学"圆形章戳或"国立中央大学藏书"方形章戳(图122),但扉页上却粘贴一张小告示,上面写着:"本所刊物为敌伪所占时悉遭加盖伪'中央大学'或伪'中央大学图书馆'戳记,特此声明作废。金陵大学中国文化研究所启。本所地址:南京天津路四号金大图书馆三楼。"(图123)此外,书后印有陈

㉒

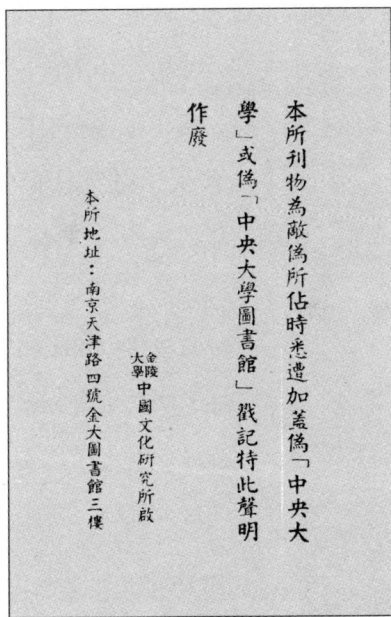

本所刊物为敌伪所占时悉遭加盖伪「中央大学」或伪「中央大学图书馆」戳记特此声明作废

金陵大学中国文化研究所启

本所地址:南京天津路四号金大图书馆三楼

㉓

登原写的一段识语:"兹稿成于二十年春,即付上海商务印书馆印刷。工事未竟,沪变忽兴,覆瓿之物,亦遭国难。伤哉!嗣后追事

补缀，半载始成。哀邦家之艰难，痛典籍之飘零。抚物感时，又岂仅一人一书之厄而已。登原又识。二十一年九月。"（图124）这些不寻常的登载，为这本书增添了一些引人好奇的色彩。

金陵大学原是美国基督教会在中国开办的大学，清宣统二年（1910）由汇文书院、基督书院及益智书院合并而成，1927年国民政府在南京成立，收回教育主权，要求外国在华大学需由中国人担任校长。1928年金陵大学向中国教育部立案，校长改由陈裕光担任。

1930年金陵大学得到霍尔（Charles Martin Hall）基金的赞助，成立"中国文化研究所"，具体宗旨有四：

一、研究阐明中国文化之意义；

二、培养研究中国文化之专门人才；

三、协助本校文学院发展关于中国文化之学程；

四、供给本校师生研究中国文化之便利。

中国文化研究所成立后，随即设立执行委员会来推展所务，以伊利诺伊大学硕士、外交部条约委员会委员徐养秋为主任委员兼所长，并聘请当时国内外优秀专家学者为专任或兼任委员，包括：王古鲁、吕凤子、李小缘、陈登原、吴景超、汪采白、黄云眉、贝德

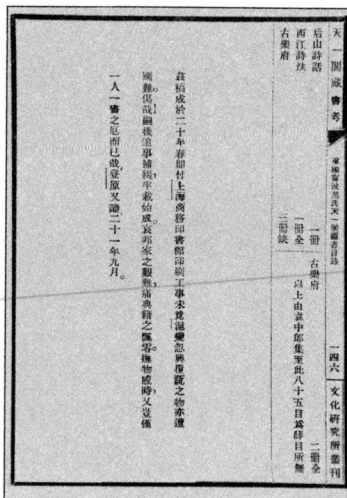

士（美）、杭立武、刘国钧、雷海宗等人。陈登原时任专任委员，他所发表论文的篇数居各委员之冠。

陈登原（1900—1975），原名登元，字伯瀛，浙江宁波余姚人，著名历史学家。1926年毕业于南京东南大学历史系，曾任教于鄞县湖西市立女子中学，1930年担任金陵大学讲师及中国文化研究所研究员，1935年升任教授，先后任教于南京金陵大学、杭州之江大学、广州中山大学及西安西北大学。他崇尚实学，治学谨严，与钱穆、张荫麟、柳诒征、王国维、陈寅恪合称为"近代中国史学之六大国族"。他著作等身，较著名的如《国史旧闻》《中国典籍聚散考》《天一阁藏书考》《颜习斋哲学思想述》《中国土地制度》《中国田制丛考》《中国田赋史》《中国文化史》《金圣叹传》，等等。

金陵大学中国文化研究所所出版的丛刊甲种，共包含十三种著作，其中以商承祚有关甲骨、殷契、金石著作五种以及校著两种最多。陈登原著作两种，即《天一阁藏书考》及《颜习斋哲学思想述》，其中《天一阁藏书考》是该丛刊最早出版的著作。

1930年，陈登原任教于鄞县湖西女子中学，天一阁即位于此地。他课余之暇，常与同人谈论四明掌故，梁启超曾谈及天一阁藏书对黄宗羲、万斯同、全祖望等人的学术影响，引起他对天一阁的兴趣。他曾偕同友人杜天縻等人一游天一阁，当时天一阁已见颓坏，他说："阁在今鄞县湖西仓后，地势卑湿，四旁杂居劳动者，故家乔木之感，盖云亡矣……其前则怒草丛生，青藓缘壁；其下则小燕呢喃，见人飞窜，所得见者，为榜旁犹悬一木牌，镌藏书公约。"

虽然如此，他也以能得一见古藏书楼为幸："天一阁有四百余年之历史，松柏后凋，矗然犹在，余生也晚，尚得凭吊于荒芜蔓草之中，岂不幸欤？"其后，他又拜访戴季石及冯孟颙二位先生，请教天一阁相关藏书故实，并搜集史料，于1931年春天，撰著完成《天一阁藏书考》。

他本来是将书稿交付上海商务印书馆印刷，不料日军侵入上海，淞沪会战爆发，尚未印制完成的书稿也遭损毁。陈登原又花了半年时间才补写完毕，于1932年9月交由金陵大学中国文化研究所出版，列为丛刊甲种之一，当时售价银大洋七角，由南京美丰祥印书馆代印完成。（图125）

1937年7月7日，日本发动全面侵华战争，战事扩及上海，影响南京，金陵大学遂迁往成都，直到抗战胜利后于1946年才回到南京。

抗战期间，因为汪精卫主张"和平救国"路线，接受日本扶植在南京成立"中华民国国民政府"，即一般所称"汪精卫政权"。他曾在南京金陵大学旧址设立伪"中央大学"，因此金陵大学留存的图书都被盖上"国立中央大学"或"国立中央大学图书"的戳记。这本《天一阁藏书考》，当时由金陵大学中国文化研究所出版发行，存书都放在学校里，未能一并迁移成都，因此无法幸免于难，每一本书都被盖了好几个印记。

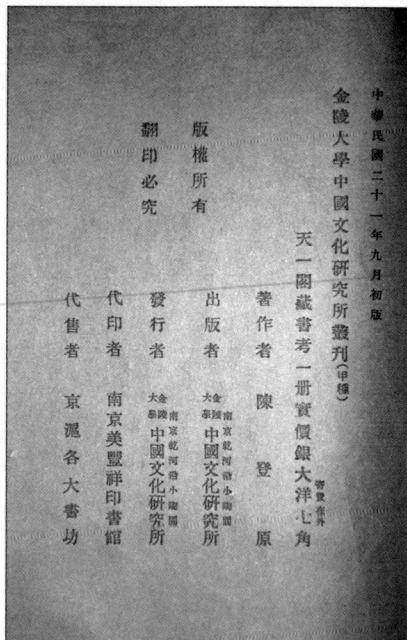

抗战胜利后，金陵大学复员回到南京，对于被盖上印记的图书只能贴上一张小告示，声明将伪"中央大学"的印记作废。这一段历史插曲，从这本《天一阁藏书考》就可以清楚地看到，这是时代的悲剧，确实不只是一人一书之厄而已。

　　陈登原先生出生于宁波余姚，与天一阁近在咫尺，他撰写《天一阁藏书考》，不仅有其史学及文学的专业背景，想必更有其地域上的情感。2010年4月，他的后人将家族保存的陈先生手稿四十二种、一百二十七册，以及其他文章著作十二种、四十五册，全数捐给天一阁珍藏，这对陈登原先生遗留下来的手稿著作来说是最好的安排，不仅适得其所，更是相得益彰。

《吴中藏书先喆考略》

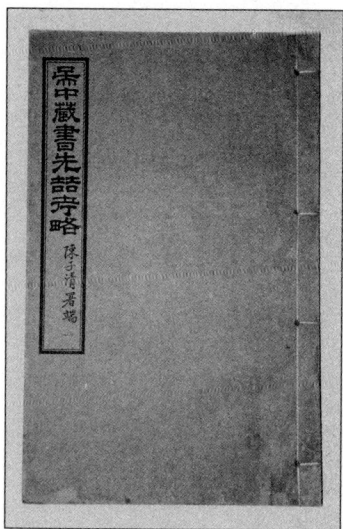

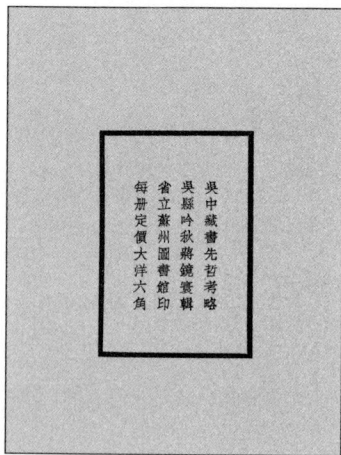

《吴中藏书先喆考略》一书，1930年蒋镜寰先生所著，苏州图书馆印制，版心有"可园丛书江苏省立苏州图书馆辑"字样。"可园"位于苏州城南，与"沧浪亭"仅一巷之隔，原名"近山林"、"乐园"。道光七年（1828），江苏巡抚梁章巨重修，易名"可园"。光绪十四年，江苏布政使黄彭年再重修，并建"博约楼"，藏书八万卷。1914年，建江苏省立苏州图书馆（初名第二图书馆）于此地。《吴中藏书先喆考略》纳入可园丛书之一，并由苏州图书馆印制（图126、127），想必当时蒋镜寰已任职于该馆。

"吴中"者，江苏吴县，该地自古以来与长洲、元和同隶属苏州府，并称三首县，民国以后废置苏州府，长洲、元和并入吴县。

苏州原是明清时代重要的出版中心之一，因此藏书家群集。蒋镜寰于1930年夏天识于可园博约堂的序上说："自来嗜学好古之士，以积书称者，代不乏人，风尚所趋首推江浙，而吾吴实其中心也。"在这么资源丰富的历史地理背景下，所以启发他撰辑《吴中藏书先喆考略》一书，"喆"即"哲"也。

他还说："吴中之地，湖山毓秀，水土清嘉，文物之盛，在昔已然，精椠秘笈，博采广搜，古籍善本，参稽互证，建崇楼，筑别馆，百宋千元，缥缃插架，荟镌丛书，精纂藏目，搜亡揭隐，丹黄稠叠，版本之流传，目录之考集，刘班晁陈之学，人才辈出，而影响于学术文化者，殊非浅显。"

吴中藏书家名列叶昌炽先生《藏书纪事诗》中者不下百人，但其非以地域性归纳排列，检索不易。所以蒋镜寰发心要为吴中文献的搜访整理贡献一己心力，他遇有乡贤藏书史料，即随时摘录，汇为一编，参考杨立诚、金步瀛合编的《中国藏书家考略》的编排体例撰述，并比序时代先后，以明白书籍聚散的源流，且详考书籍名号印记，作为鉴藏辨识的参考。一些晚清时期世居或流寓吴中之地的藏书家，为叶昌炽《藏书纪事诗》所来不及收录者，蒋镜寰均予增入，终于编成此书，计收录吴中藏书家一百六十四人，其中世居者一百四十八人，流寓吴中者

十六人。（图 128）

　　书籍编成后，蒋镜寰送请陶惟坻先生校正，陶惟坻将其中系属同一家族之父子、祖孙、兄弟者合为一传，除省篇幅外，亦可彰显吴中藏书家族之盛况，例如文徵明及吴铨，都是四代藏书，可列名藏书家者各有七人，顾若霖也是四代藏书列名四人。

　　蒋镜寰（1897—1981），字瀚澄，号吟秋，苏州人，家居平桥直街，故晚年自号平直居士，室名"平直草庐"。他常自署"吟秋蒋镜寰"，因此"蒋吟秋"之称，更胜其本名。他出生于书香门第，书画诗印均佳，又长于目录版本之学，著有《版本答问》《文选书录》《吴中藏书先喆考略》及短篇小说《沧浪》，辑录《沧浪亭新志》。

　　他年轻时对苏州地区的出版与藏书极为重视，《吴中藏书先喆考略》一书即是他三十三岁时所撰辑。他担任苏州图书馆馆长时，还举办"吴中文献展览会"，展出吴中方志、史传、乡传、乡贤遗像、遗著、书法、金石、拓片、服饰、器物等四千余件，规模之大、质量之高，当地前所未有。

　　1937 年，抗日战争爆发，苏州遭受轰炸，图书馆藏书岌岌可危，于是他将其中善本、孤本、稿本、秘笈、旧抄及地方掌故珍贵古籍，分批迁移至洞庭东山鉴塘小学及洞庭西山显庆寺秘藏，并设法躲过日军的搜索，直到抗战胜利，地方平静之后才移回苏州图书馆珍藏。1946 年春天，一千五百五十八种、近两万册珍贵古籍运回苏州图书馆时，蒋镜寰有感而发，赋诗曰："吴中古籍早驰名，抗战迁藏百里移。八载同心勤掩护，运回完璧笑颜盈。"1957 年，他追忆这一段往事时，感触仍深，又作诗一首曰："洞庭烟波完璧回，琳琅珍秘卷重开。承前启后千秋业，同赏芳菲咏铁梅。"

蒋镜寰说历来藏书风尚首推江浙，而以吴县为中心。实则苏州在明清二朝，都是一个文化兴盛之地，官、私出版业非常发达。例如同治年间成立的江苏官书局就设在苏州，而私家刻书风气更是蓬勃，晚清著名的古旧书店如扫叶山房、文学山房、来青阁、有正书局、四雪草堂、玛瑙经房、绿荫堂、二酉堂，等等，不但刻书也卖书，因此带动文学风气的兴起，买书藏书极其方便，藏书风气随之蓬勃发展。

《吴中藏书先喆考略》收录一百六十四名藏书家，含宋朝十人、元朝八人、明朝六十九人、清朝七十七人。

宋代叶梦得，绍圣年间（1094—1098）进士，自谓藏书三万余卷。朱长文，嘉祐四年进士，藏书两万余卷。俞桱，隐居南园，老屋数间，均置古书金石，传四世，号称南园俞氏。贺铸，号庆湖居士，著有庆湖遗老集、镜湖遗老识语，镜湖本庆湖也，筑别墅于横塘，藏书万卷，手自校雠，无一字脱误。均可谓吴中藏书之先声。

元代袁易，所居静春堂中藏书万卷，悉为亲手校读。张雯，构楼蓄书，自经传子史以至稗官百家，无一不备。陆友，居家四壁环以古今书，经史传记以至权谋术数、纪胜虞初、百家众技之书，栉比鳞次。

明代吴中开启藏书先河者，有陈暹、杜琼。陈暹，字季昭，藏书均有朱黄批点句读，可谓读书人之藏书。杜琼，人称东原先生，生平富于藏书，景泰（1450—1457）、天顺（1457—1464）年后，藏书冠于一时。

文徵明，子文彭、文嘉，从子文伯仁、孙文元发、曾孙文震孟、文从鼎，一门四世皆富藏书。文徵明筑玉磬山房为藏书之所，藏书引首皆用"江左"二字长方印，或用"竺坞"印，或用"停

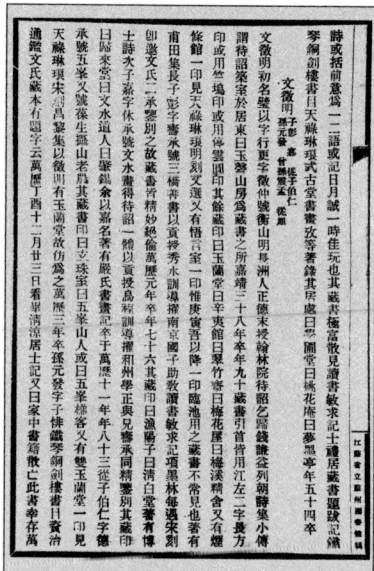

蒔或括前意為「一二語或記曰月誌」一時佳玩也其藏書極富散見讀書敏求記士禮居藏書題跋記續

莘徇剞楼書目天籁琅琭式古堂書畫彙考等著錄其居盛日㸃圜堂日㴊花塢日夢㡳亭年五十四卒

文徵明 印彭 字壽承 號玉蘭 小楷

文徵明初名璧以字行更字徵仲號衡山明吳洲人正德末授翰林院待詔名震當代嘉靖二十八年卒年九十藏書引首皆用汪左一字養方

謂文徵明初名璧以字行更字徵仲號衡山居東玉磬山房為藏書之所嘉靖二十八年卒年九十藏書引首皆用汪左一字養方

印誠用篆密密於居室玉蘭餘藏書口印惟庚寅喜引降一印臧池黑木每集之藏書不常見名者有懷

餐館一印見天水密石影字影其孫嘗謂山房為藏書列名靜蕤小楷

甫田集長子影字休承號文水齋得待詔一體以嘉名者有懿氏畫書記卒千萬歷四十三祀仁字德

剞選文氏二承墨別之故藏書昔精如貢書妙絕倫藏歷元三年卒蕀秀水訓導南宜國子助教書敏求記墨黑每集來刻

十蒔次子嘉字休承號文水齋得待詔一種以貢授島翁訓導揖州學正其女兄壻承同精墨別口字德

甫田來字嘉字休名者於別其藏書日文水道父日肇鋼余以嘉名者八十三祀仁字伯仁字德

承號五峯文號蕤生珠生坳訓培日立珠宋日五峯山人戴日五峯亦名又雙承同精墨別口此

天籁琳現宋熙昌鄴集以徵則有玉蘭堂故仿㷫之文珠又記又日家中書籌散亡口此書命存萬

通鑑文氏藏本有圜字云萬歷丁酉十二月廿三日看畢清涼居士記又武日家中書籌散亡口此書命存萬

"云"圆印。祖孙四世藏书钤印累累,《宋刻梅花喜神谱》中即多处钤有"征仲"及"文徵明印"。(图 129)

顾元庆,室名"夷白堂",藏书万卷,择其中佳善者刻之,署名"阳山顾氏文房"。其所撰《大石山房十友谱》及《茶谱》,均被茅一相采入《欣赏续编》之中。

钱谷,年少孤贫,从文徵明游,故能读其架卜藏书,闻有异书,必定借读并亲手抄写,因此积书充栋,刻有藏书印曰:"百计寻书志亦迁,爱护不异随侯珠。有假不返遭神诛,子孙不宝真其愚。"

清代堪称藏书极盛时期,清初叶树廉,字石君,家世富裕,嗜藏书,尝谓人:"赀财无足言,独惜我书耳。"每遇宋元抄本,虽残缺不全亦必购之,而且都手笔校正,考订精审,博古好学,堪称第一。

何焯,字屺瞻,人称"义门先生",蓄书数万卷,多宋元旧椠,评校之书,丹黄稠叠,名重一时,著有《义门读书记》。

吴铨,字容斋,子吴用仪、吴成佐,孙吴泰来、吴元润、吴英,曾孙吴志忠,一门四世均善藏书。吴铨筑"遂初园",读书其中,藏书万卷,皆秘笈。其子孙均好书,长子用仪曾购书数万卷储于园中,其中多宋元善本。

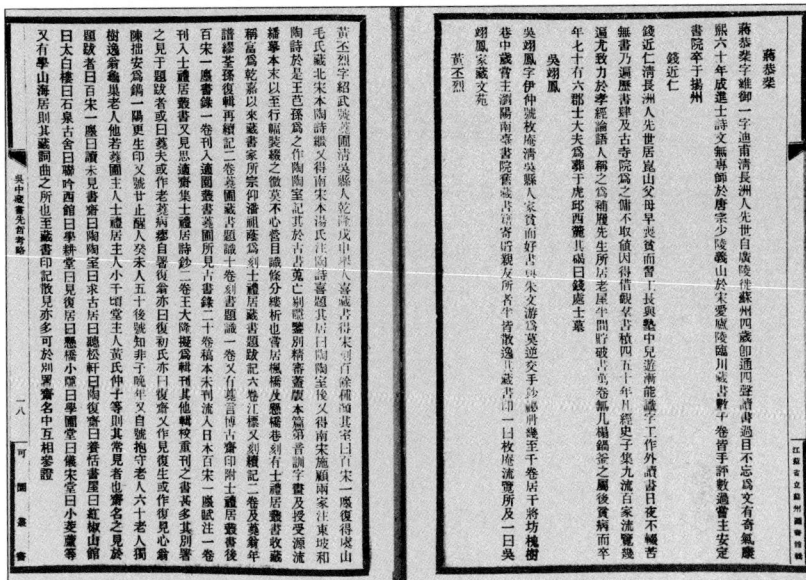

蒋恭棐

蒋恭棐字维卿一字迪甫清长洲人先世自庐陵徙苏州四岁卽通四声诗讳过目不忘为文有奇气廉

熙六十年成进士诗文无所师於唐宗少陵义山於宋爱庐陵临川藏书野千卷尝手评数过曾主安定书院卒于扬州

钱近仁

钱近仁清长洲人先世居嵩山父早卒贫而营工长与无书乃致力於孝经论语人称之为补履先生所居室遍九致力於孝经论语人称之为补履先生所居室四五十年旦经史子集九流百家流览殆年七十有六郡士大夫为鼎于虎邱西麓其墓曰钱处士墓

吴翙凤

吴翙凤字伊仲号枚庵清吴县人家贫而好书巷中藏曾主渭阳湖南蓉书院旧藏书谱遗逸一日枚庵流览所见一日翙凤家藏文苑

黄丕烈

乾嘉之后以黄丕烈为最著名，堪称三百年间大江南北之藏书巨擘。黄丕烈，字绍武，号荛圃，尝得宋刻本百余种，题其室名曰"百宋一廛"。又得北宋本《陶诗》、南宋本《汤氏注陶诗》，又题其居处曰"陶陶室"。其他室名甚多，如"读未见书斋"、"养恬书屋"、"求古居"，等等。其藏书之富，为乾嘉以来诸藏书家所景仰。（图130）

袁廷梼，号绥阶，又做寿阶，藏书之所曰"五研楼"，楼中所藏宋椠元刊、秘笈精钞，都经他仔细校雠，丹黄不去手。

周锡瓒，号香严居士，癖好聚书，家多善本，其识别精审，冠绝一时，与黄丕烈过从甚密，每得一书必互抄有无。

顾广圻，字涧苹，年弱冠即称"万卷书生"，可见其藏书之富，所藏宋元旧本都一一为之订正，校刊古籍无数。他曾得宋刻《鉴戒录》一册，以页论钱，每页四钱六分，他说："黄丕烈曰宋刻书之贵可云贵甚，而余好宋刻书之痴，可云痴绝矣。"

汪士钟，字阆源，他广搜宋元旧刻及四库未收之书。黄丕烈、周锡瓒、袁廷梼、顾广圻四家遗书也多为他所获，因此收藏日富，储书于"艺芸书舍"。

潘祖荫，字伯寅，收藏图书金石之富，甲于吴下。

叶昌炽，字鞠裳，好金石图籍，精版本目录之学，尤熟藏书家故事，编辑《藏书纪事诗》。

叶德辉，字焕彬，祖籍吴县，生平无他嗜，唯好古籍，搜藏致富，著有《书林清话》《郎园读书志》《观古堂书目》等书。

以上摘录，仅只《吴中藏书先喆考略》中之一小部分，虽仅一地之故实，但从其中记述之收藏质量看，较之全中国历代藏书家并不遑多让。如黄丕烈、叶昌炽、叶德辉、潘祖荫、汪士钟，等等，都是藏书史上不可或缺之人物。蒋镜寰说："自来嗜学好古之士，以积书称者，代不乏人，风尚所趋首推江浙，而吾吴实其中心也。"诚哉斯言。

几部红印本

古时刻书，书版刻成之后，通常会先用朱砂或洋红刷印数部，称为"红印本"，一则作为校正之用，再则也可用以赠送友朋，以示殊遇。

其作为校正之用的红印本，通常仅系毛装，书边也不必裁切整齐，以墨笔校正其上，朱墨分明，有需修改之处，一目了然，避免遗漏。刻工依据墨笔修正字迹，予以补刻，务求正确。全书经校对无误之后，可再刷印数部红印本，装帧整齐，用以赠送关系密切之师友，以示文人雅兴。

由此可知，红印本都属初印，笔画清晰，字迹明朗，持与墨印本相比，自然多出一份光彩，因其数量稀少，所以备受藏家珍惜。若是作为校正之用的红印本，则更珍稀可宝，因为这样的校正本，从修正之处可以看出这部书刊印过程中的转折点滴。这是一种珍贵的刻书史料，但是通常书版补刻完成之后，这类校正本多被销毁，很难在市面上看到。

检视柜中藏书，也有数部红印本，包括一部《章氏丛书续编》朱印校稿本，虽是简陋毛装，品相亦不甚佳，却可视为珍宝，特地制作一个锦盒予以珍藏。

《章氏丛书续编》

此书为章炳麟先生所作，1933年刊于北平，包含《广论语骈枝》一卷、《体撰录》一卷、《太史公古文尚书说》一卷、《古文尚书拾遗》二卷、《春秋左氏疑义答问》五卷、《新出三体石经考》一卷及《菿汉昌言》六卷等共七种十七卷。章炳麟（1869—1936），初名学乘，字枚叔，后改名炳麟；嗣因钦慕顾炎武的为人行事，又更名为绛，号太炎，世人都以"太炎先生"称之。

这部校稿本上朱墨杂陈，密密麻麻，可以看出校正工作的严谨。修整最多的是版面，原木板刻字后挖除余木时，有些地方挖得不够干净，留下一些不需要的细点，都在校对中一一给予剔除。为了方便研读，这部书都加有标点，但刻版时有些标点漏刻了，校对时也都注明要加补点。另外，有些字的笔画刻得太长，或是刻得太短，或是刻断了，或是刻漏了，或是版裂了，也都一一校对出来，一点都不马虎。（图131）

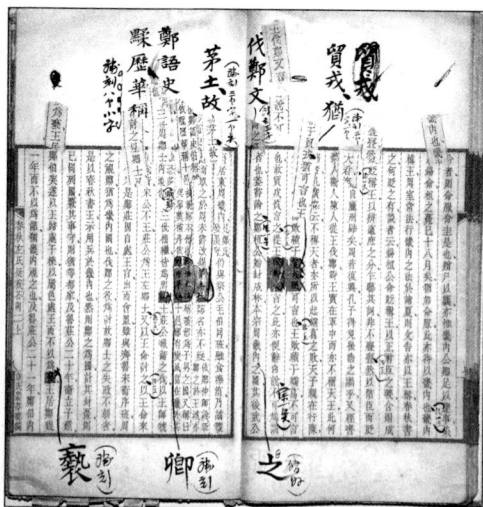

太炎先生将编印此书的责任交付给他的弟子钱玄同，本来在每一种著作之后，列名校正者只有吴承仕及钱玄同二人，但在这部朱印校稿本上，以墨笔将太炎先生的诸多弟子一并增列其中。初看这样的安排并无特殊之处，事实上章门弟子间的学术思想是互有争论，甚至对立的，也有学生对老师的学术研究持不同看法的，但这

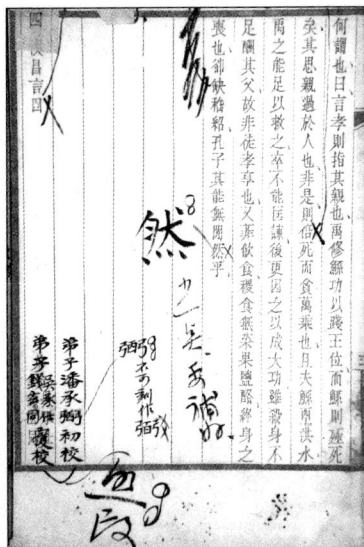

部书中却能将章门诸弟子并列在校刊工作中，此举显示出太炎先生对于章门弟子的宽容与爱护，也可以看出章门弟子对于老师的敬重，尽管学术理念各有坚持，但无损师生同门之情（图132）。这一段修正迹象，如果没有这部朱印校稿本流传下来比对，单从墨印本上是看不出任何端倪的，校稿本的珍贵处在这里显现无遗。

《王仁安三集》

王仁安（1865—1936），名守恂，字仁安，又字切庵，号阮南，晚年自署拙老人，光绪二十四年（1898）进士，是天津近代著名的学者、诗人。他是范伯子的入室弟子，一生诗词创作，成绩斐然，著有《王仁安集》《续集》《三集》《四集》及《仁安存函》《王仁安手札》《克己录》《阮南自述》《天津政俗沿革记》等。

《王仁安集》及《续集》《三集》《四集》都由屏庐学人金钺所

刊印。金钺，字浚宣，一作复宣，号屏庐，天津人。他曾任天津修志局编修，家世富有，喜收天津乡邦文献，并委托北京文楷斋刊刻传世。《天津志余随笔》说："天津有藏书之家，无刻书之人。近惟浚宣喜为此，网罗旧籍，日事铅椠，十余年未尝有闲，由其先人撰述推及乡人著作，已刊行二十余种。"

金钺于1933年刻印《王仁安三集》（图133、134），是为了替王仁安庆贺七十大寿，他在序中说："曩予为仁安一再刻集，今岁仁安七十，予思引杨至堂于梅伯言七十时，编其诗文刊以为寿之例，遂向仁安索其近著，续刻三集，计得六卷。"这六卷包括《集外杂存》一卷（图135）、《戊辰海天集》一卷、《任自然斋剩稿》一卷、《待终

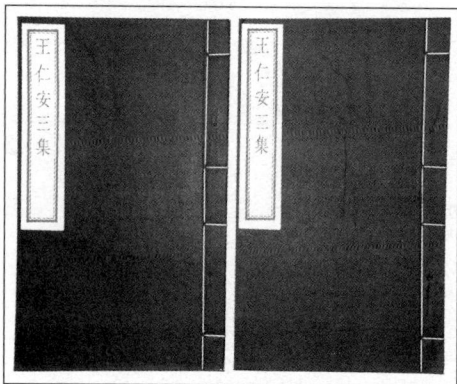

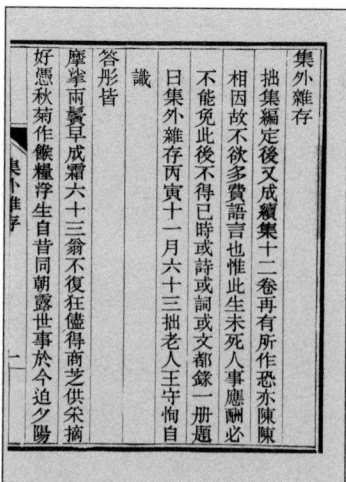

草》一卷及《拙老人余话》二卷。校雠工作委由王仁安的学生王赓纶负责，王赓纶对他老师的道德文章甚为钦敬，他在跋中说："先生诗文如白云舒卷，纯任自然，惟兢兢以义理为归，余话中尤多示人以治身讲学之榘范。"

除了显示出是最初印本之外，这部红印本出版的时间是为了庆贺王仁安的七十寿辰，这样的红印本更别具意义。

《尚书通义二卷》

邵懿辰（1810—1861），字位西，浙江仁和（今杭州）人，道光十一年（1831）举人，曾任刑部员外郎。他对于经学、目录学都颇有研究，著有《礼经通论》《孝经通论》《尚书传授同异考》《尚书通义》，编有《四库简明目录标注》等书。咸丰四年（1854）因在济宁治河防洪无效，被罢官，返回杭州。咸丰十一年太平军攻克杭州，邵懿辰在战乱中去世。

同治五年，程鸿诏为此书撰跋时说，道光二十一、二十二年间，邵位西曾将《尚书通义》全书给他看过，当时名为《尚书大意》，后改为《尚书通义》。邵位西于太平军战乱中过世时，他的著作全部散失，这部《尚书通义》仅剩卷六及卷七两卷十六篇而已（图136），

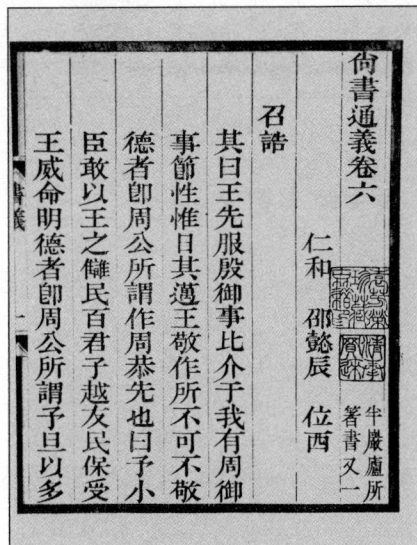

但与他以前所看过的全书已有增删之异。程鸿诏在序中说："自君殉难杭州，纂著散佚，仅得《礼经通论》一卷，文三十余首，刻于淮安，令嗣顺国子进归杭，始得此稿，君之手笔烂然，增删改正者十六七，视余前时所见尤精。"同治十年（1871）此书刊印，牌记曰"仁和邵氏半岩庐所著书又一，岁在辛未孟夏刊成"（图137），其时邵位西逝世已十年，此刻不无纪念先贤之意，因此版刻清朗，天地留白宽阔，四周单栏粗框，尤为醒目，虽仅存二卷，仍属佳刻。

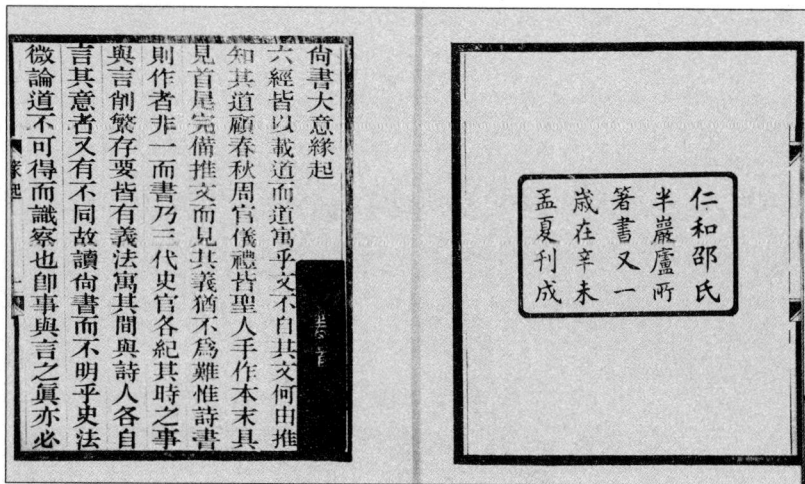

⑬⑦

《说文解字斠诠》

"斠"者"校"也，"诠"者"释"也。《说文解字》乃东汉许慎所编著之文字工具书，分540部首，收字9353个，另有重文异体字1163个，全书分为目录一篇、正文十四篇。后世有很多校刊本、注释本，例如北宋徐铉于雍熙三年（986）校订完成的版本、清朝段玉裁的注释本，等等，但其中不无疏漏讹误之处，因此嘉定钱坫著

《说文解字斠诠》一书予以斠诠。（图138）

他在凡例中说一斠毛斧宸勘本之误。一斠宋本徐铉官本之误。一斠徐锴系传本之误。一斠唐以前本之误。一诠许君之字只应作此解，不应以旁解，仍用而使正义反晦。 诠许君之读如此，而后人误读，遂使误读通行，而本音反晦。一诠经传只一字，而许君有数字。一诠经传则数字，而许君只一字。凡例最后署"嘉定钱坫十兰氏手订"。（图139）

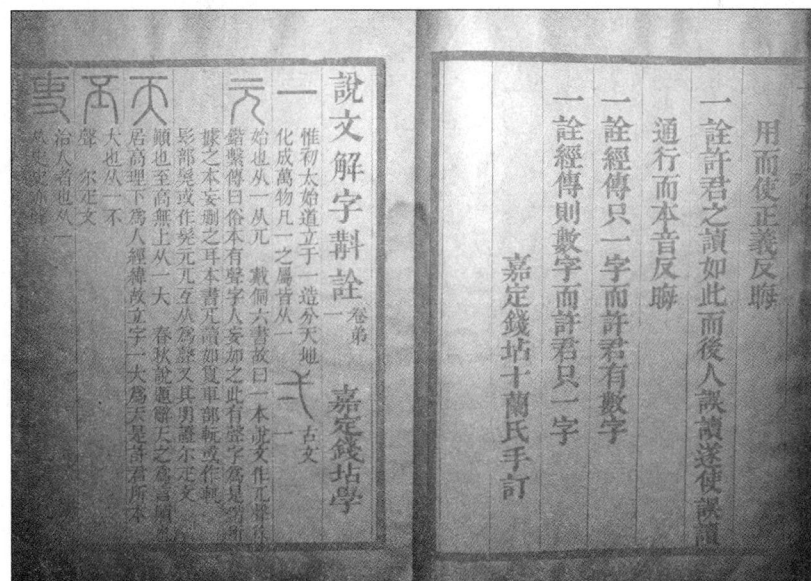

此红印本《说文解字斠诠》，乃淮南书局于光绪九年（1883）五月重刊，共十四卷，每卷下署"嘉定钱坫学"五字，正文大字，释文小字，版心刊有大小字各若干及刻工姓名。

钱坫（1744—1806），字献之，号十兰，又号篆秋，江苏嘉定人，清代名书法家。《练川名人画象续编》中列有"州判钱先生象"，说他是钱塘之弟，乾隆甲午副榜贡生，补陕西干州州判，所著凡十三种史记补注，卷帙尤富，篆书为海内所珍，晚年以左手书，更为苍劲。

《春秋董氏学》

康有为说："苟非毛羽爪角之伦，有所行必有道焉，有所效必有教焉，无教者谓之禽兽，无道者谓之野人。道教何从？从圣人。圣人何从？从孔子。孔子之道何在？在六经。六经粲然深美，浩然繁博，将何统乎？统一于春秋。"他认为春秋是孔子学说之精华，也是儒家圣学之根源。

西汉董仲舒专治《春秋公羊传》，朱熹通论三代人物，独推董仲舒为醇儒，认为他最能传述孔子儒家学说。后汉王充也说："文王之文传于孔子，孔子之文传于仲舒，故所发言，轶荀超孟，实为儒学书之所无，若微董生，安从复窥孔子之大道哉。"但是两千年来，董氏学说久已不传，宋儒之学胜过董氏旧说。康有为认为这种情况有如泛太平洋而无轮舰，适瀚海而无乡导。所以他特别针对董仲舒春秋之学加以研究，因而撰著此部《春秋董氏学》八卷。内容包括卷一春秋恉、卷二春秋例、卷三春秋礼、卷四春秋口说、卷五春秋改制、卷六春秋微言大义（此卷分上下）、卷七传经表、卷八董子经说。（图140）

康有为（1858—1927），原名祖诒，字广厦，又字长素，号更生，别署西樵山人，清光绪进士。光绪二十四年（1894）领导"戊戌变法"，失败后流亡国外。他是近代政治家、思想改革家、文学家、书法家、书学理论家。

这部《春秋董氏学》是康有为《万木草堂丛书》之一，光绪二十三年由上海大同译书局刊印（图141、142），康有为的弟子梁应骝、陈国镛初校，王觉任、康同薆复校。"上海大同译书局"是维新变法时期维新派创办的编译出版机构，1897年由梁启超创设

141

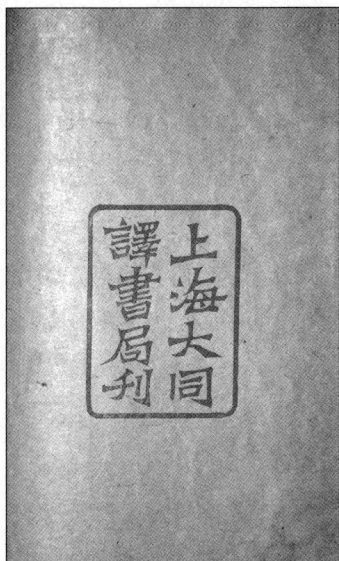

142

于上海，康有为的幼弟康广仁任总理。梁启超在"大同译书局叙例"中写道："以东方为主，而辅以西文，以政学为先，而次以艺术……本局首译各国变法之事，及将变未变之际一切情形之书，以备今日取法。译学堂各种功课，以便诵读。译究法书，以明立国之本。译章程书，以资办事之用。译商务书，以兴中华商学，挽回利权。"

上海大同译书局存在的时间仅有一年，光绪二十三年（1897）创立，二十四年戊戌政变失败后即停业。这一年里共刊印十余种书籍，除了翻译日本、英国、意大利、瑞士、俄国等外国政变、兴国相关书籍外，也刊印了一些维新派论著，康有为的《春秋董氏学》就是其中之一。

《藏书纪事诗》

叶昌炽（1849—1917），字颂鲁，号鞠裳，晚号缘督庐主人，江苏长洲人，光绪十五年（1889）进士，曾任甘肃学政。他学识渊博，尤其金石、版本之学为其所长。

他从光绪十年开始编撰《藏书纪事诗》，选辑五代末期至清代末期藏书家共七百余人，针对每一藏书家及其相关者题咏一首七言绝句，并各加注文，叙述其人特征，考证其生平及所藏典籍等事实，初编为六卷，至十六年

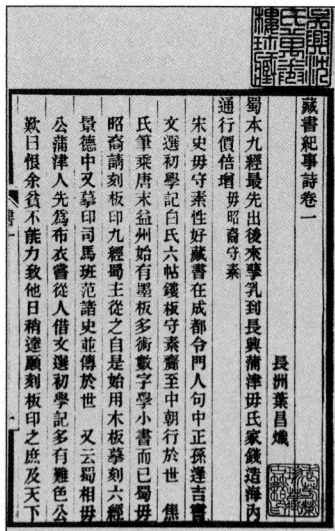

完成。（图143）

　　光绪二十三年，他的学生江标，将这部《藏书纪事诗》付之刊印，纳入《灵鹣阁丛书》中，但这部六卷本讹误较多，叶昌炽自己说："亥豕之讹，多沿而未削。"但他对于江标能将此书付之刊印，也有感于心："建霞固与闻侍坐之言者，越十年卒取而传之，其可感也与。然自是不能自秘，承海内宏达君子，商榷疑义，纠正讹字，窃又自悔流传之太早，仲午比部怂恿重刻，谓是本出，理梦丝

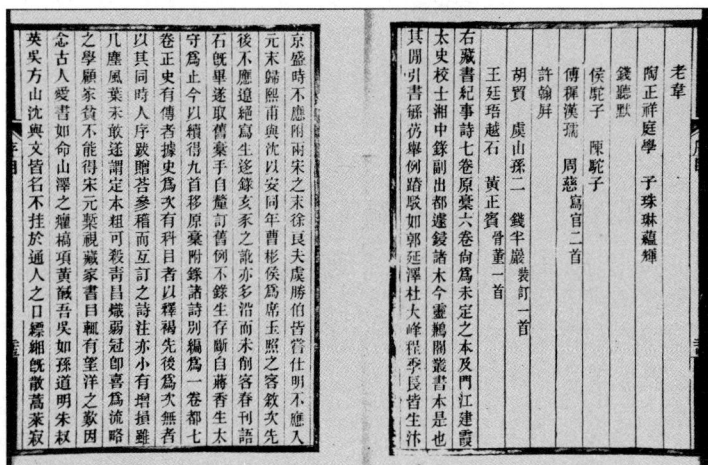

⑭

而披丰蔀，可为桑榆之补。"（图144）宣统元年（1909），他亲自加以校正删增，共得七百三十九人，编为七卷，于宣统二年重新刊印，是为七卷本。这部《藏书纪事诗》较江标所刊六卷本完备许多，可说是一部历代藏书家辞典。

《语石》

　　《语石》一书也是叶昌炽所撰，共十卷，是他以笔记形式对古

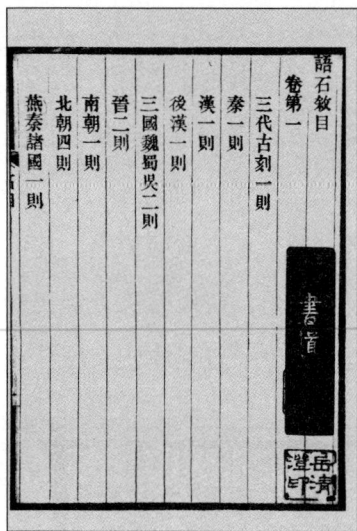

代石刻文字进行的全面研究，可以视为一部石刻通论性专著，光绪二十七年（1901）完稿。三十二年他返归乡里养病时，再加厘订，去其重复，并于宣统元年付之刊印。他在自序中说："访求逾二十年，藏碑至八千余通，朝夕摩挲，不自知其耄及。"可见他在这部书上用力甚深。

叶昌炽在光绪二十七年的序中说："至今年十月下旬始卒业，都四百八十六通，分为十卷，粗可写定。"但经逐卷统计，全书仅四百八十四则，而其十卷分类非常清楚：第一卷以朝代划分（图145）；第二卷以地区划分，并及于朝鲜、日本、安南及欧非两洲；第三、四卷论述碑刻形制内容及碑帖之分；第五卷论述碑志以外的各类石刻；第六卷考证碑刻的文体、书写、刻工；第七卷论述历代书法家的书迹刻石；第八卷论及其他名臣乡贤书迹及碑刻书体；第九卷介绍石刻文字书写特例、避讳及鉴别知识；第十卷讲述石刻真赝鉴别、碑帖装池、石碑护惜及收藏，等等。

語石敘目
卷第一
三代古刻一則
秦一則
漢一則
後漢一則
三國魏蜀吳二則
晉二則
南朝一則
北朝四則
燕秦諸國一則

145

146

叶昌炽在光绪元年（1875）的序中说："仲午比部怂恿付梓，并力任校订之役，邮筒商榷，积书盈篋，自去年长夏至今始辍业，古谊通怀，感何能已。"他另在《藏书纪事诗》序中也提到"仲午比部怂恿付梓"（图146）。"比部"者，刑部司官的通称；"仲午"者，潘祖年也。潘祖年（1870—1925），字仲午，号西园，潘祖荫之弟，曾选补刑部云南司郎中兼福建司行走记名。叶昌炽曾接受潘祖荫之聘，教读其弟祖年，并校勘潘氏所刻《功顺堂丛书》，彼此交情深厚，除了《藏书纪事诗》及《语石》两部著作之行世，潘祖年居催生协助之功外，后来叶昌炽的《奇觚庼文集诗集》及《寒山寺志》都由潘祖年为他刊行，师友情谊如此浓厚，也可视为文坛佳话。

《金石契》

乾隆四十三年（1778），王杰撰"金石契序"里说，宋元以来，有志于收藏研究金石者多矣，但钟鼎、碑碣各有所好，鲜能兼收并蓄。因为古人器具流传千百年来，多已沉霾于泥沙荆棘之中，或毁弃于牧竖樵夫之手，偶有传于人间之物，也都被秘密珍藏，少见流传。海盐张燕昌竭力搜罗金石之文，多前所未见，将之摹勒，付之剞劂，题名曰《金石契》。

张燕昌（1738—1814），字芑堂，号文鱼，又号金粟山人，浙江海盐人。乾隆四十二年（1777）优贡，嘉庆元年举孝廉方正。精金石篆刻、勒石，工画兰竹、山水、人物，篆隶行楷无所不能。又善鉴别，搜罗商周铜器、汉唐石刻碑拓，编撰《金石契》一书。

嘉庆年间，张燕昌将《金石契》予以重新修订，他说："燕昌性嗜金石文字，是集弱冠即付梓，未及研考舛讹良多，今老矣，重加删订，窃附识小之义用正大雅。"此书共收金五十三物、石二十二物，附录收金三物、石一物，续录收戈、戟各一物。王杰的序中说："按其图可以广见闻，考其文足以供订证，其为功于经籍甚巨，不徒补前代诸家金石之书之遗也，岂得以识小目之哉。"

光绪二十二年（1896），聚学轩主人刘世珩予以重刊，并请吴昌硕题写书名（图147），牌记曰"光绪丙申正月聚学轩主刘氏葱石斠刊"（图148）。本书目次未分卷，但版心刊"宫、商、角、征、羽、续"，当是分卷之用。王杰序之版心刻有"己亥春刻"字样，朱琰及杭世骏序版心刻"乾隆戊戌"字样，可见都是仿古复刻。本书字迹清晰，金石图版之木纹痕迹非常明显，是红色初印本才有这种效果。（图149）

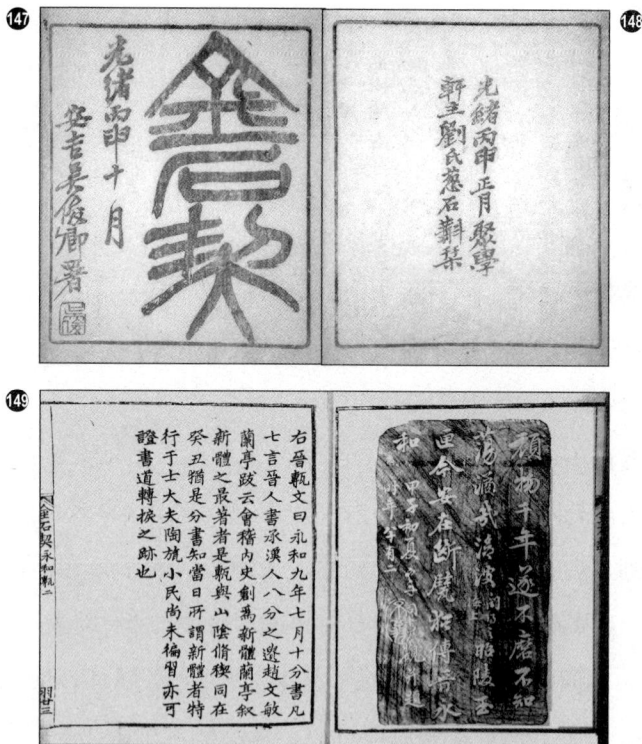

几部蓝印本

蓝印本也称靛印本，和红印本一样，都是一部书籍正式刷印之前的印样本，所以数量也少，可自成一门收藏系列。

但蓝印本的运用范围与红印本并不完全一样，红印本多作为校稿之用，校正无误之后的红印样本也可用以馈赠师友。蓝印本通常不用以校稿，因为墨笔校正字迹与蓝印颜色比较相近，较难凸显校改之处。一部书籍经过校正无误之后，印样本可以红色或蓝色刷印。以蓝色印刷印样本还有一个好处，就是原来红色印刷校稿本，如先经蓝色印样之后，再正式墨印出版，比较不会残留红色印迹。

事实上，有些书籍是不用墨色而只以蓝色刷印的，例如明末的志书多以蓝色印制。民国初年，许多诗集也以蓝色刷印。

《吕氏春秋》

《吕氏春秋》又称《吕览》，由秦代丞相吕不韦及其门人编纂而成，以道家黄老思想为主，兼收儒、名、法、墨、农和阴阳各先秦诸子百家言论，是杂家的代表作，也是中国古代类书的起源。吕不韦认为这部书包含天地万物、古往今来的事理，所以名之为《吕氏春秋》，全书共分十二纪、八览、六论，合计二十六卷、一百六十篇。

吕不韦于全书编纂完成之后，为求慎重，将其公告于咸阳城门之上，并加告示如果有人能增损一个字，就给予千金的奖赏，这就是"一字千金"典故的由来。当时无人删改，东汉高诱认为并不是无人能改，而是时人畏惧吕不韦的权势而不敢改。但他对《吕氏春秋》一书也极为推崇，还为之注解，他在"吕氏春秋序"中说："诱以为时人非不能也，盖惮相国畏其势耳，然此书所尚以道德为标的，以无为为纲纪，以忠义为品式，以公方为检格，与孟轲孙卿淮南杨雄相表里也……故复依先师旧训，辄乃为之解焉，以述古儒之旨，凡十七万三千五十四言。"

明朝嘉靖七年，许宗鲁曾重刻这部书，他也非常赞赏这部书的内容，认为是因为吕不韦的尚学，有以致之。而且这些内容都可作为治国施政的准则，他在"刻吕氏春秋序"中说："余读吕氏春秋，深慕古人之尚学也……当是时，不韦贵富威灵，恣心极志，靡不可为，乃顾延招学士，纂著训言，以求长久，其名称若是焉，则固尚学也已……今观其书，虽未符道，至于尊孔墨之言，该老庄之旨，贵仁义之谈，兼富强之术，而又审兴亡、辨忠佞、谨好恶、慎赏罚、述制度、备典礼，凡有国者所当知也。"

叶德辉《郋园读书志》中说："吕氏春秋，世传元嘉兴路儒学刻本为最古。"明弘治十一年（1498）河南巡抚李瀚重刻元嘉兴本，因为悉依旧式，所以常常被书估裁去重刻序及重刻牌记后，冒充元刻本，许多藏书家因此被骗。

丁丙及丁申兄弟收藏明版《吕氏春秋》最多，除了李瀚刻本外，还有巡按直隶监察御史陈世宝订正本、许宗鲁刻本、宋邦义宋启明父子校刻本、汪一鸾刻本、皇甫龙沈兆廷刻本。除此之外，传世尚有刘如宠刻本、凌毓枏刻朱墨套印本及虞德烨维杨资政左室刻本，等等。

我收藏一部《吕氏春秋》，系明万历七年（1579）扬州知府虞德烨重刊蓝印本，仍保有明代原装书签（图150）。首刊嘉靖七年（1528）许宗鲁"刻吕氏春秋序"；次刊东汉高诱"吕氏春秋序"；再次为总目，总目后刊有"镜湖遗老"题记（图151）；再次则刊虞德烨重刊本相关人员姓名，本书由姜壁重订、虞德烨重刊、左懋贞

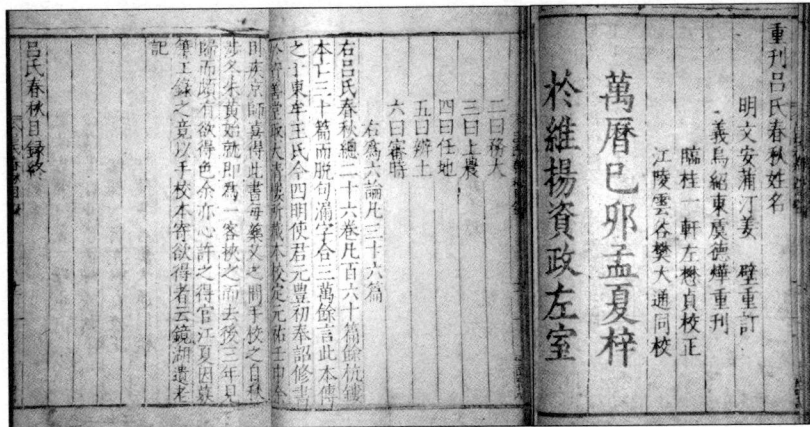

校正、樊大通同校，万历己卯孟夏梓于维杨资政左室（图152）。各卷标题之下，均刊"高氏训解"四字。

虞德烨，字光卿，号绍东，浙江义乌人，嘉靖四十三年（1563）举人，隆庆五年（1571）进士，历官兵科给事中，迁扬州知府，再升广西副使，著有《自得园诗集》《节师日训录》等书。

《吕氏春秋》自古传抄，因年代久远，早已脱误不全，署"镜湖遗老"者在目录后题记曰："右吕氏春秋总二十六卷，凡百六十篇，余杭镂本亡三十篇，而脱句漏字合三万余言。"

此"镜湖遗老"未知何许人，而"余杭镂本"则指北宋时期刻本，故此"镜湖遗老"当属北宋以后之人。明万历四十八年（1620），凌毓枏刻朱墨套印本《吕氏春秋》，在卷一下题"宋镜湖遗老陆游评，明天目逸史凌稚隆批"，明白提出"镜湖遗老"即是陆游。

陆游虽然出生于北宋末年，但此说却甚有疑义，"镜湖遗老"题记中说："元祐壬申，余卧疾京师，喜得此书，每药艾之间手校之，自秋涉冬，朱黄始就。"元祐壬申即北宋哲宗七年，公元1092年，当时"镜湖遗老"已在京师校订《吕氏春秋》，而陆游出生于北宋徽宗宣和七年，公元1125年，依此推算，该"镜湖遗老"断非陆游，凌刻本显然有误。

叶德辉《郎园读书志》中说："如镜湖遗老记一则，本不署名，以记文有元祐壬申余卧疾京师数语证之，知为赋梅子黄时雨词之贺铸，即许宗鲁本所云，从贺铸旧校本出者是也。"

贺铸（1052—1125），字方回，号庆湖遗老，卫州人，北宋著名词人。他的名作《青玉案》写道："凌波不过横塘路，但目送，芳尘去，锦瑟华年谁与度……一川烟草，满城风絮，梅子黄时雨。"最为人千古传颂。他是唐朝贺知章后裔，贺知章居住在庆湖，故贺铸自号庆湖遗老，庆湖亦即镜湖，故知镜湖遗老即是贺铸。

《窦氏联珠集》

1923年起，乌程蒋汝藻委托董康刊印《密韵楼丛书》，影刻他所珍藏精选的宋本书，最后仅刻成七种如下：

魏曹植《曹子建文集》十卷

唐李贺《歌诗编》四卷

唐窦常等撰《窦氏联珠集》一卷

宋朱长文《吴郡图经续言》三卷

宋周密《草窗韵语》六卷

宋宋伯仁《雪岩吟草甲卷忘机集》一卷

宋郭祥正《青山集》三十卷

蒋汝藻（1877—1954），字元采，号孟苹，别号乐庵。光绪二十九年（1904）举人，宣统年间官至学部总务司郎中，辛亥革命后曾任浙军军政盐局局长、浙江铁路公司董事。蒋氏世代书香，蒋汝藻的祖父蒋维基，是道光咸丰年间江浙一带最有名的藏书家，藏书处称作"俪籝馆"、"茹古精舍"。他和弟弟蒋维培专研经部小学类，都成为文字声韵学大家，两兄弟各有藏书万卷，蒋维培的藏书处称"求是斋"。

蒋汝藻的父亲蒋锡绅，光绪五年（1880）举人，官内阁中书，对金石、碑版、古籍，特有喜爱，在其父蒋维基死后，兄弟分产，他只继承二十余箱书籍，称自己藏书之处为"传书之室"。

蒋汝藻最初的藏书处称作"传书堂"，有怀念他父亲的意思。民国之后他改经商致富，因此大量搜购善本，他有宋本八十部，元本一百零五部，堪称藏书大家。1916年他购买到宋朝周密《草窗韵语》后即改藏书处名为"密韵楼"。因为当时正是军阀混战的时代，在这种政治环境下，他后来经商失败，只得将藏书抵押给浙江兴业银行，但又无力赎回，终由北京图书馆及商务印书馆购得。商务购得的书籍存放在涵芬楼里，其中大部分又在日军的战火中灰飞烟灭了。蒋汝藻的儿子蒋祖诒，字谷孙，迁台后任教于台湾大学，由于家学渊源，精于图书版本学。当年蒋汝藻聘请王国维撰写的《传书堂藏书志》、《传书堂善本书目补遗》，也经由蒋祖诒的校正后，由台湾艺文印书馆于1974年影印出版。

《密韵楼丛书》中之《窦氏联珠集》是1924年刊印的，有"乌程蒋氏密韵楼景刊宋本甲子二月陈宝琛题"的牌记（图153、154）。此诗集并非一人所作，"连珠之义，盖取一家之言以偕列郎，署法

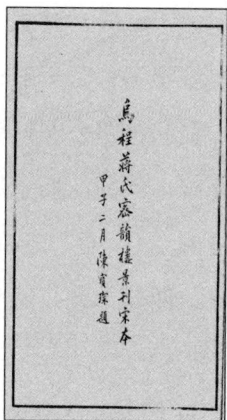

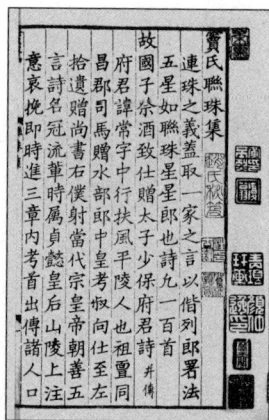

五星，如联珠星星郎也，诗凡一百首"。此书开宗明义即将联珠之义叙述如上（图155），而其五星者，乃窦常、窦牟、窦群、窦庠、窦巩等兄弟五人也。

窦常（749—825），字中行，扶风平陵人。祖父窦宣，官任同昌郡司马，赠水部郎中。父亲窦叔向，官任左拾遗，赠尚书右仆射。窦常是唐代宗大历十四年（779）进士，中举后因父亲去世，

他要负起家族安养事宜，故"弃高科于盛时，就泉府之小职"，前后十年。其后又因家祸，隐居在广陵十年从事著书。到唐德宗贞元十四年（798），淮南节度左仆射杜佑提拔他为参谋，授秘书省校书郎一职。后升迁至监察御史、殿中侍御史。唐宪宗元和六年（811），再升为水部员外郎，然后外派任朗州、固陵、寻阳、临川等四郡任刺史，再回朝廷任国子祭酒。唐敬宗宝历元年（825）秋，窦常因病逝于广陵之白沙别业，享年七十七岁。唐武宗会昌元年（840），赠太子少保衔。著有文集十八卷，西江逸民褚藏言为其写序。诗二十二首，收入联珠集中。

窦牟（750—823），字贻周，唐德宗贞元二年（786）进士。初授秘书省校书郎，后累官协律郎评事监察御史、殿中侍御史、昭义节度判官、水部员外、郎中兼御史、泽州刺史、国子司业等官。唐穆宗长庆三年（823）春病逝于宣平里自宅，享年七十四岁，唐宣宗大中四年（850）追赠窦牟为给事中。窦牟"和粹积中，文华发外，唯琴与酒，克俭于家"，大家都认为他有前古风韵。他著有文集十卷，收入联珠集之诗作二十七首。

窦群，字丹列，年轻时无意科举之路，专心著书耕垦，靠长兄薪俸安心过日约有十年之久，当时郡守韦夏卿认为江左文雅无人出其右。唐德宗贞元十年（794）招募天下隐逸之士，韦夏卿推荐他。当时天下推荐共九人，独窦群未获进用。韦夏卿又以窦群所著《史记名臣疏》三十四卷进呈皇帝，也没有得到赏识。贞元十八年韦夏卿入为天官侍郎，改京兆尹，谢恩之日再向德宗推荐窦群，德宗召见后授以右拾遗，后改侍御史。德宗驾崩后，改任膳部员外郎、唐州刺史。当时司空于公镇汉南，举荐他为节度副使检校兵部郎中兼中丞、吏部郎中迁御史中丞，后来因十洞扰乱事件被贬为开州刺史。唐宪宗以他守官无隐思，欲大用之，急召他入京，但他却半途病逝，享年五十五岁，追赠左散骑常侍。窦群"天授和粹，亮直孤峻，著书俟用，隐于衡泌，未尝以名利枉其所守"。联珠集收其诗作二十四首。

窦庠，字胄卿，应进士及第，初授国子主簿，未几而辞官。兵部侍郎韩愈镇守武昌，爱惜窦庠之才，任命他为节度推官。后韩愈转为镇守京口，用他担任度支副使，再改任殿中侍御使。其后历官漳州刺使、登州刺使、汝州防御判官、户部员外郎兼侍御使，后再任信州刺使三年，转任婺州刺使二年即病逝任上，享年六十二岁。窦庠"天授倜傥，气在物表，为五字诗，颇得其妙"。联珠集中收其诗作二十首。

窦巩，字友封，唐宪宗元和二年（807）进士，其家世传五言诗，窦巩甚得其妙，因此故相淮阳公袁滋镇守滑台时授以秘校，淮阳移镇渚宫，改授协律郎二府专掌奏记。袁滋去世后，司空薛平镇守青社，任命窦巩为掌书记，后改节度判官副使，累迁至大理评事监察御史、殿中侍御史、祠部员外郎、刑部郎中。他后来在北返故里途中得病，逝于崇德里之故宅，享年六十三岁。联珠集收其诗作二十五首。

《窦氏联珠集》又称五窦诗，唐朝西江褚藏言所辑窦常、窦牟、窦群、窦庠、窦巩等兄弟五人之诗，并为每人写一段序

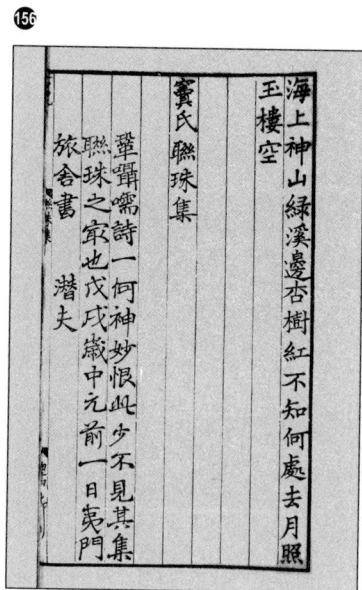

言。集后有五代后晋高祖石敬瑭天福三年（938）致政大夫张昭的题跋："巩嗫嚅诗一何神妙，恨此少不见，其集联珠之最也，戊戌岁中元前一日，夷门旅舍书，潜夫。"（图156）此跋题后三年，张昭又题记如下："夜吟窦集，追思夷门题处已三稔矣，凄然感兴书之。""往岁记时梁苑夜，今宵吟处洛城秋。浮生瞥电人何在，怀旧伤心泪迸流。三迳竹风邻笛怨，一庭霜月井桐愁。妻儿未会余惆怅，只怪灯前不举头。"

张昭（893—972），字潜夫，五代范县人。天资聪颖，尤精历史编纂，曾撰有《同光实录》《纪年录》《庄宗实录》《明宗实录》《五朝实录》，并且参与续修《唐史》，官至礼部尚书、兵部尚书。宋初任吏部尚书，晋封郑国公后改封陈国公。著有《嘉善集》五十卷、《名臣事迹》五卷。

张昭的题记之后，有北宋太祖乾德二年（964）六月二十五日刑部员外郎兼太常博士和岘的题跋，说明此集系从致政大夫张昭处借得，因为自己少有闲暇，命令扎吏抄录，谬误颇多，便亲自校勘改正，而得以吟咏，喜不自胜。他把张昭的题记一并抄录，说："自巩而下皆大夫所题，慕而录之。"

和岘题跋之后，有南宋孝宗淳熙五年（1179）四月一日朝散大

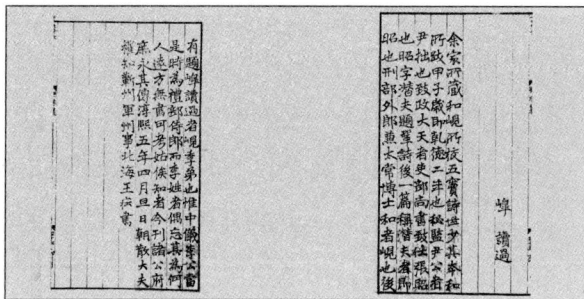

夫权知蕲州军州事王崧的题跋，跋曰："余家所藏和岘所校五窦诗，世少其本。"可知王崧的藏本即是当年和岘的抄本，从北宋乾德二年到南宋淳熙五年，此一抄本历经二百余年，仍能完好留存世间，可谓奇迹。为了化一为百，王崧说："今刊诸公府，庶永其传。"（图157）此当是最早的宋刻版本，而宋本流传亦极稀罕，此一宋本历经大藏书家黄丕烈、汪士钟珍藏，1916年为蒋汝藻购得，1924年加以影刊流传。若从此书母本和岘于乾德二年甲子抄录算起，至1924年甲子影刊，共历经九百六十年，十六个甲子。一书之流传，能避开兵、蠹、水、火及不肖子孙诸书厄，数百年后仍能存于人世间，真可谓神灵护祐有以致之。

《爱居阁诗》

1946年11月9日中午时分，上海提篮桥监狱的刑场里，一位身穿蓝色长大褂、神色自若的人犯，缓步走向草地中央的一张行刑椅。刚刚坐下来，他身后的法警就开了枪，子弹从他后脑射入，自口腔飞出，椅子"砰"的一声翻倒在地。梁鸿志——这个被以汉奸罪名枪毙的人犯，倒卧在血泊中结束了他六十五年的生命。

梁鸿志（1882—1946），字仲毅，后改众异，号慕鸯，晚号迁叟，福建长乐人。他是清朝名宦梁章巨的曾孙，光绪二十九年（1904）中癸卯科举人，后入京师大学堂，毕业后曾任山东省登莱高胶道尹公署科长。袁世凯称帝活动中，他任"请愿联合会"文牍组副主任及福建省请愿人之一。袁世凯死后，他投靠段祺瑞，曾任执政府秘书长。日本侵华时，梁鸿志在日本特务机关长臼田宽三的怂恿下，出面领导组织傀儡政权"维新政府"，出任"行政院长"。

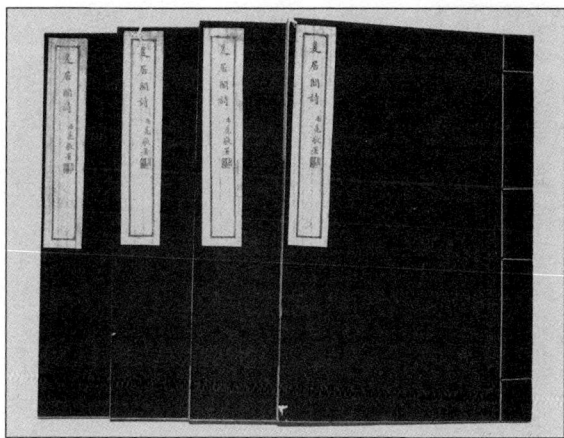

汪精卫伪政权成立后，"维新政府"与之合并，梁鸿志又出任"监察院长"及"立法院长"。抗战胜利后，梁鸿志被以汉奸罪名通缉。1945年10月他在苏州被逮捕，先被送到楚园软禁，隔年6月经过江苏高等法院第二分院审判，以汉奸罪名被判处死刑，11月9日执行枪决。

梁鸿志身处动荡的时代，终其一生都在政海里打滚，因为他没有选择"政治正确"，所以最后终因政治因素而丧命。除了政坛行事为人熟知之外，他的诗词才情，自幼即有声名，颇为时人称颂。何振岱在《爱居阁诗》序里说："众异之诗，于见之最先，君年十三四，已有声邑庠。"他尝从陈衍学诗，颇受赞赏，其所为诗，在闽籍人士中，与黄濬齐名，为民国以来之诗坛祭酒。著有《爱居阁诗》十卷，收录自光绪三十四年（1908）至1937年间所作之诗共九百六十五首，刊印于1938年，但坊间并不多见（图158）。他被捕后软禁于楚园时，亦

可哀何止形神影　大好山河待付誰
病中三絕句　時上海戰事已旬日矣

遮斷樓東戰火紅　藥爐繩榻夕陽中　卧聽奴輩讀醫國
笑煞西窗一病翁

萬竈灰飛骨作塵　待張吾國苦吾民　徙薪當日非無策
愧爾焦頭爛額人

病中安枕轉無眠　待曉求衣劇可憐　一事未忘惟閱報
更誰知是福編禪事見未　類鈔

哭黃哲維
青山我獨往　白首君同歸　樂天哀王涯　我亦銜此悲王

曾作诗百余首，曰《入狱集》；后被囚于提篮桥监狱时，又作诗百余首，曰《待死集》。"爱居阁"者，梁鸿志寄居大连时，自署其居室之名也，其时约在 1927 年至 1929 年间。他曾有"爱居阁成以十绝句落之"诗，其一曰："楼成自署爱居阁，水次先寻鸥鹭盟；我亦巢居甘鸟养，每闻钟鼓便心惊。"（图159）

与之齐名的黄濬（1891—1937，字秋岳，号哲维），于 1937 年 4 月曾为《爱居阁诗》作序。他与梁鸿志同为闽籍同乡，亦同学诗于陈衍，二人诗坛齐名，交往亦深。在《爱居阁诗》诗目中见"哲维"之名者达三十二首之多，可见一斑（图160）。但二人最后都以汉奸罪名伏法，黄濬于 1937 年 8 月 26 日伏法于南京，是其为《爱居阁诗》写序后四个月的事。梁鸿志在《爱居阁诗》卷十"哭黄哲维"曰："京师识君始，我弱君未冠。相知三十年，见君遽及难。君才十倍我，海水无畔岸。诗成众皆眩，珠玉杂锦缎。今年序吾诗，俪语极褒赞。君诗亦杀青，身死事遂涣。收稿等收君，什袭防散乱。一士此哀音，如国有京观。"诗后跋曰："君刻诗未成，难作，余急收其稿藏之。"

此前，中华书局原拟以梁鸿志《爱居阁诗》、夏敬观《忍古楼诗》及黄秋岳《聆风簃诗》三家诗集同时刷印上市，唯排印尚未竣事，黄秋岳即以通敌罪伏法，书局为免困扰，遂将出版一事搁置。

黄秋岳的诗稿，还有赖梁鸿志前去取回收藏，后经他的协助才得以出版面世。

黄秋岳的另一部随笔《花随人圣庵摭忆》出版后大受欢迎，为研究文史掌故者奉为佳臬。陈寅恪教授曾为此赋诗曰："当年闻祸费疑猜，今日开编惜此才。世乱佳人还作贼，劫终残帙幸于灰。荒山久绝前游盛，断句犹牵后死哀。见说旸台花又发，诗魂应悔不多来。"另跋曰："秋岳坐汉奸罪死，世人皆曰可杀。然今日取其书观之，则援引广博，论断精确，近来谈清代掌故诸著作中，实称上品，未可以人废言也！"

《爱居阁诗》一函四册，精刻精印，半页十行，行二十一字。书品宽大，版框约仅居其半，风格大气，寓目舒朗。书中虽未详载刊刻于何处，但观其字体行款，颇似当时北京文楷斋刻书水准。此书由袁思亮题签，谭泽闿题写书名。前有黄孝纾、何振岱、袁思

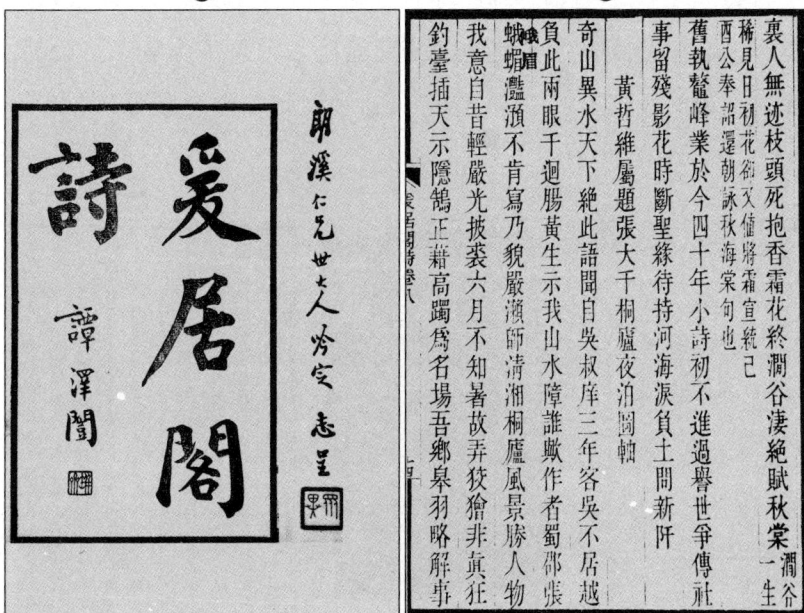

亮、夏敬观、曾克耑、黄濬、吴廷燮等序，但无梁鸿志自序。

我所得之书为蓝印本，书中有梁鸿志亲笔题赠字迹"朗溪仁兄世大人吟定　　志呈"，并钤"众异"朱印（图161）。此外，书中有十余处校勘字迹，系另刻正确之活字以朱色钤印在错字之旁以示改易（图162），由此可见此蓝印本乃最初印，作为梁鸿志馈赠亲友之用。

此书刊刻年代虽然还不长久，但从收藏的角度而言，无论是作者梁鸿志个人的特殊生平，或是版刻的稀珍性，这都是一部值得珍藏的线装版印书籍。

《沧趣楼诗集》

《沧趣楼诗集》十卷附《听水斋词》共四册，为闽县陈宝琛先生所作，戊寅年（1938）由文楷斋刊印而成（图163）。卷前有夏孙桐题写诗集名，其后为陈三立序，序曰："沧趣楼诗集十卷，为吾师陈文忠公晚近所手定也，公薨逾一岁，孤子懋复等将授刊，督三立识其端。"（图164）序后为诗集总目，依总目所列各卷收

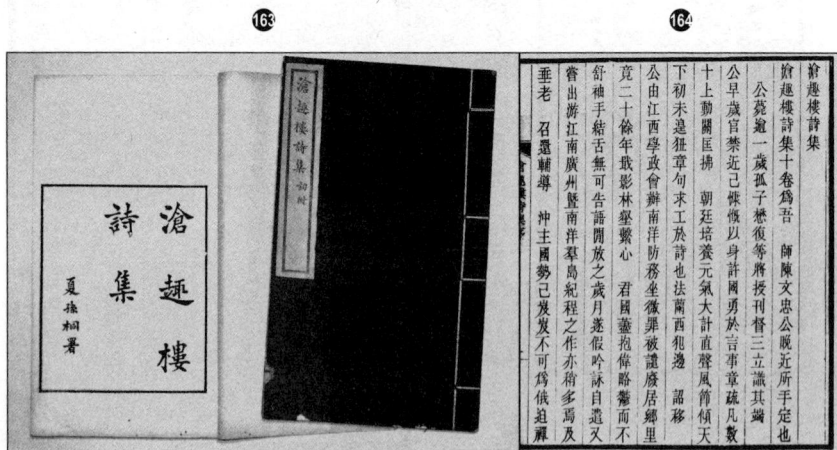

❶163　❶164

录诗数合计共七百九十二首，唯书后陈懋复题识曰："凡十卷计七百九十一首"，其间有一数之差异。总目之后为各卷分目，再其后则为主文十卷。

第十卷之后附《听水斋词》，由陈曾寿题写书名并序（图165）。陈曾寿曾有三年时间在天津陪侍陈宝琛，除了见过诗稿四册外，还见过词稿一册，即此《听水斋词》。他认为陈宝琛的身世遭遇特异，其心情感触都表达在诗词之中。他说："公身世所遭，既为古人所未有……长图大念，密运于心而深隐其迹，虽有沉哀极涕见于诗。若词者，多在回曲隐现之间，至晚岁而虑愈细思愈密，无几微颓率之态，斯亦古人所未有之境也。"词后有长男陈懋复及门下陈宗蕃

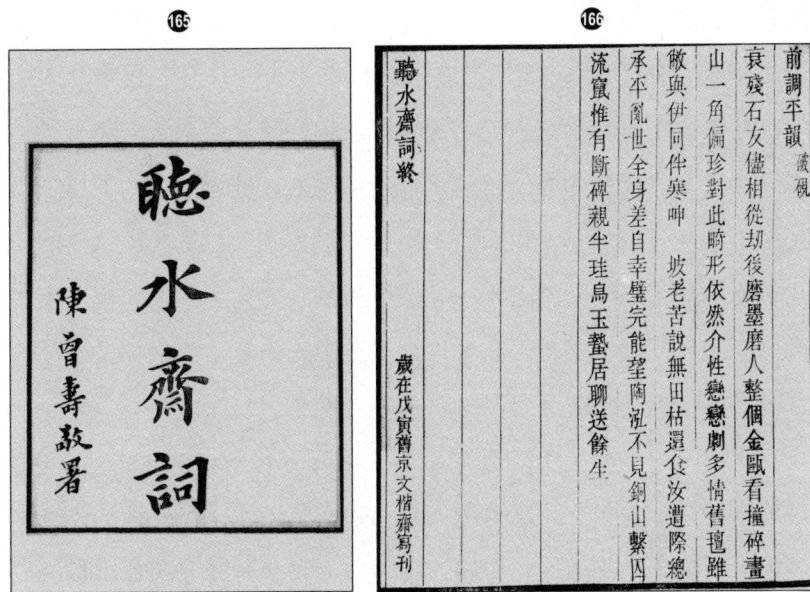

165

166

的跋语。

这部诗集的付梓过程也充满曲折。陈宝琛过世之后，其长男懋复整理他的遗稿，希望能次第刊行。不巧，适逢卢沟桥事变，战祸

延及中国南方，福建亦在所不免，懋复恐怕此时付梓，遗稿无法保全，乃听从其表兄王子长之建议，将诗集稿本抄写一份副本寄到天津给王子长，设法在北方寻求出刊。最后找到北京文楷斋，才予以刊刻（图166）。门下弟子陈宗蕃、钟惺西、方策六、林宰平等人分任校雠雠，终于让此部诗集正式面世。这部诗集的编次，应该是陈宝琛身前就已经自己定稿完成。懋复在跋语中说："凡十卷七百九十一首，仅遵先公手定托，始丁亥年，此五十年间，家庭哀乐，天步艰难，暨先公之仕止久速忠孝大节，略见于此。"

陈宝琛（1848—1935），原字长庵，改字伯潜，号弢庵、陶庵，福建闽侯县螺洲乡人。同治七年（1868）进士，曾任翰林院编修、侍讲学士、江西学政等职。螺洲陈氏一门自明嘉靖第一位进士陈淮开始，至1905年最后一次科举为止，共有一百零八人中举，其中进士有二十一人。至陈宝琛一代，其兄弟七人，除五子早殇外，其余六兄弟中有三位进士、三位举人，被誉为"六子科甲"。光绪十六年（1891），陈宝琛的弟弟陈宝瑨、陈宝璐以及陈宝瑨的儿子陈懋鼎都高中同榜进士，又被称为"兄弟父子叔侄同榜进士"，可见陈氏一门世代书香。在福建，甚至中国南方，陈家都是少见的官宦世家，不过陈宝琛个人的仕途并非顺遂。

他曾因中法战争失利受到牵连，被降五级罢官还乡，这一去，足足乡居二十五年，才又再度入京。陈岱孙所撰《福建省闽侯县螺洲乡太傅陈公生平叙略》里说，因为他和张佩纶联名推荐唐炯、徐延旭升任云南巡抚及广西布政使，这二人在法军进犯时御敌不力，被判"斩监候"的处分。朝廷追究保荐人责任时，张佩纶被革职，陈宝琛被降五级调用，适因母殁丁忧回籍守制，守制期满后二十五年不复出。陈三立撰《沧趣楼诗集》序上说："法兰西犯边，诏移公由江西学政会办南洋防务，坐微罪被谴废居乡里竟二十余年。"
他在这返乡闭门读书期间，修葺了先祖的"赐书楼"，还构筑"沧趣楼"，作为他读书藏书的处所。陈家藏书从陈宝琛的曾祖陈若霖开始，至陈宝琛这一代已达十几万册，因为他曾任溥仪的老师，据说皇帝的赐书就达一万五千册之多。陈宝琛过世后，长男陈懋复将大部分藏书捐赠给福建师大图书馆及福建省图书馆。福建师大图书馆辟有"陈宝琛书室"以为纪念。

废居乡里期间，陈宝琛曾于光绪三十一年（1905）接任福建铁路总办及福建高等学堂监督，三十三年创立全闽师范学堂，即今福建师大。直到宣统元年，他才再度奉召入京担任礼学馆总纂大臣，他有"三月初九日召见养心殿"诗曰："负宸延英色自温，臣心如结不能言，两宫殡在余恩泪，九陌车过见燹痕。补衮故知时局异，张维谁信古经尊，散财废学由来旧，绵蕝何堪作叔孙。"（图167）宣统三年（1911），陈宝琛原来已经被补授为山西巡抚，但因得罪

❶❻❼

留墨他年更成憶改元宣統暮春時

三月初九日　召見　養心殿

負宸延英色自溫臣心如結不能言　兩宮殯在餘
恩淚九陌車過見燹痕故知時局異張維誰信古
經尊散材廢學由來舊縣蕝何堪作叔孫

畏廬愛昏招集江亭

萬華搖春了不殊西山如笑向鬚鬢得乘佳日循城蝶
誰料殘年見　闕瓢飲咳儻容吾輩健行藏未悔牛生
迂盲僧說同光盛歌者何哉恐亦無

次韻答實甫見贈即送備兵欽廉

相逢容易贊成斑海嶠孤臣亦賜環一去箕同華表鶴

❶❻❽

送楊昀谷僧舉　改官入蜀

十刹海酒樓望水南張文襄宅後舊種白蓮、
趣何潤夫雲山別墅春宴圖雲山別墅者三晉朝
其鄉人欲規復之擇地下斜街築屋種樹潤夫
實董其役庚子燬後重構今且十年予既諗廢
興之由益感念文恪為賦長句

再疊前韻答瑞臣

七月十九日同獣圍遊翠微盧師諸寺

庆亲王奕劻，旋即被免职改入毓庆宫"授皇帝读"，担任溥仪的老师。这对陈宝琛来说，从一个有实权的封疆大吏被改派为教皇帝读书的师傅，其内心的失落在所难免，但这一变化对他来说是福不是祸，因为接替他担任山西巡抚的陆钟琦，上任不到一个月就被革命军杀死在衙门里。因他曾任帝师，后来陈岱孙撰述其生平时称为"太傅陈公"。1935年3月5日陈宝琛逝世于北平寓所，溥仪赐给他谥号"文忠"，并追晋"太师"衔。对一位臣子来说，尤其此时已经进入民国时代，这已是殊荣了。

我所得之《沧趣楼诗集》为蓝印本，书品整洁，未有任何题记或钤印。但细观内文，偶有粘贴痕迹，或单字或整行。这是书页印制完成后，再经校正，其有误字部分，则重行刻印，剪贴在误字之上。重行刻印部分，仍以蓝色印刷，但其色泽较原印稍深，细观仍可分辨（图168）。这种剪粘校正方式，颇费工夫，因此亦可想见，其蓝印本印数必定不多，始可如此。这和《爱居阁诗》蓝印本系以红字钤印在误字之旁的校正方式不同，但却是蓝印本系属最初印本的特征之一，也是蓝印本珍贵的原因所在。

丛刊·别集

《百川书屋丛书》

陶湘（1871—1940），字兰泉，号涉园，江苏武进人，是近代著名的实业家、藏书家及刻书家。他早年三次参加乡试都铩羽而归，于是投效山东河工，再转海军衙门任职，后以积功分发浙江候补知县，再升直隶候补道。光绪三十年（1905）经盛宣怀奏调会办芦汉铁路行车监督，光绪三十四年奉派为查办江西安徽铁路委员。民国之后，他即转入实业界，经营纱厂及金融业，也因此累积相当财富，可以在藏书及刻书方面应付自如。

陶湘的涉园藏书多达三十万卷，已经列入大藏书家之林，他藏书有几个特色：

第一，他不重视宋元古籍，而以明本及清初精刻本为主。

第二，他嗜好毛氏汲古阁刻本、闵氏套印本、武英殿本及开花纸本，因为收藏丰富，方便研究，因而编有《明毛氏汲古阁刻书目录》《明吴兴闵版书目》《清代殿版书目》《武英殿聚珍版书目》及《武英殿袖珍版书目》等书。

第三，他藏书讲究版本的完善及装帧的美观。傅增湘曾形容说："被以磁青之笺，袭以靛布之函，包角用宣州之绫，钉册用双丝之线，务为整齐华焕，新若未触，有时装订之钱，或过于购求之费而毫不知吝，故持书入市，一望而识为陶装者。"

他的涉园刻书与其武进同乡董康的诵芬室刻书齐名，有刻本也有珂罗版影印本，有单行本也有丛书本，总计约在二百六十种左右，是民国以来的大刻书家之一。较著名的刻书有：《儒学警悟》六种四十一卷、《拓跋廑丛刻》十种二十四卷、《喜咏轩丛书》三十九种九十九卷、《百川学海》一百种一百六十八卷、《宋金元明词》四十种　百三十七卷、《涉园墨萃》十二种三十五卷、《宋刊巾箱八经》八种九卷、《营造法式》三十四卷、《百川书屋丛书及续编》十一种二十六卷，等等。

　　其中《百川书屋丛书及续编》共收书十一种，丛书收《嘉定本古今注》（丛书写"注"）《郑世子瑟谱》《周端孝血疏贴黄》《晚孝堂画传》《杨忠愍传家宝训》及《瓶笙馆修箫谱》。续编收《程氏心法》《褚河南阴符经墨迹》《乾隆宝谱》《清内府藏古玉印》及《金轮精舍藏古玉印》。陶湘在影印《古今注》的牌记上写着："戊午首夏涉园影印"，在刻印《程氏心法》的牌记上则写："岁在辛未秋日武进陶氏印行"。他刻印这部书，从 1918 年刻到 1931 年，前后费时十四年之久，可见他的郑重其事。（图 169）

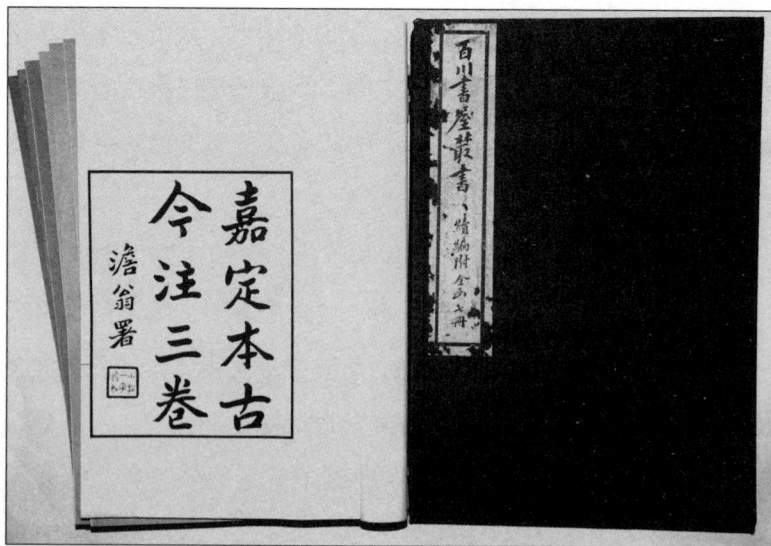

169

《古今注》，西晋太傅丞崔豹所著。崔豹，字正熊，晋朝渔阳人，晋惠帝时官至太傅。他所著《古今注》分上中下三卷，卷上含舆服第一（图170）、都邑第二；卷中含音乐第二、鸟兽第四、鱼虫第五；卷下含草木第六、杂注第七、问答释义第八。他杂取古今名物，各为考释，其中颇多异闻。例如

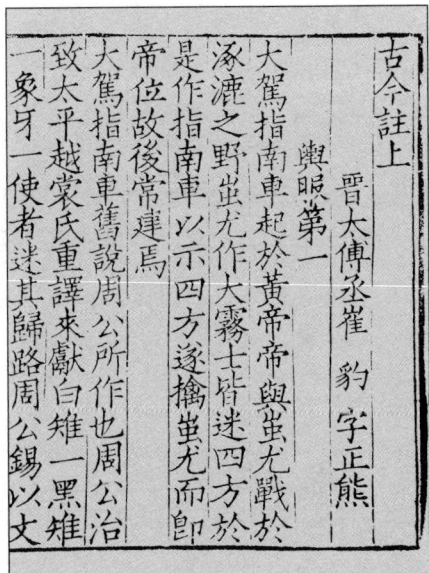

古今註上

晉太傅丞崔豹　字正熊

輿服第一

大駕指南車起於黃帝帝與蚩尤戰於涿鹿之野蚩尤作大霧士皆迷四方於是作指南車以示四方遂擒蚩尤而即帝位故後常建焉

大駕指南車舊說周公所作也周公治致太平越裳氏重譯來獻白雉一黑雉一象牙一使者迷其歸路周公錫以文

鸟兽卷中说："鹤，千岁化为苍，又千岁变为黑，所谓玄鹤是也。""猿，五百岁为玃。""猪，一名长喙参军。羊，一名髯须主簿。"

这部《古今注》在宋朝年间曾由眉山李焘付梓刊印，他说："昔人著书，虽则小道，亦无为无意，岂可遽使因循泯灭，命工锓木，庶以永其传。"但其中第四篇以下部分还有诸多讹误，经丁黼取得郡学本，再三校订后重刊于夔门，时在嘉定庚辰（1209）四月，即为陶湘所称《嘉定本古今注》，版心有"芝秀堂"三字，当为刻书坊肆名或是丁黼的藏书室名，现已不可考。卷中第十页，版心刻"李森"二字，应当是这部书的刻工姓名。这部书从字体上看，筋骨瘦硬，眉目疏朗，当为宋刻无误，但其中有四页（卷上第三、四、七页及卷下第三页）补刻，版框、行款、字数都与宋刻原版相同，但字体为书写体，与宋刻柳体有明显差异，而且版心亦无"芝秀堂"字样。

许多版本学家对于这一部《古今注》系属何时刻本，持有不同的看法。张元济及陶湘认为是宋刻，魏隐儒则认为是明朝正德嘉靖年间的复宋刻本。这部书流传甚稀，仅天津图书馆有收藏，当是陶湘影印的母本。从陶印本来看，版心有"芝秀堂"的刻版，宋刻特征明显，不是明代复刻所能企及，但补刻的四页刻版，其字体明显的不与原版相仿，有意区别彼此，或许这四页就是明代所补刻。有关刻工"李森"其人，在现有宋代刻工名录中未见其名，明代名录中虽有此名，但系写工，而非刻工，因此尚不足以依此姓名来认定刻版年代。从其他版刻特征来看，这部《古今注》或许可以视为宋刻、明补、明印本，陶湘将其纳入丛书，列为第一种，实有化一为百，助其传布之功。

《郑世子瑟谱》十卷，明嘉靖庚申三十九年（1560）郑藩世子朱载堉所著，这是他的第一部著作，时年二十五岁（图171）。这部书的主要内容为瑟属的相关乐器，包括筝、箛、筑、筌篌等的源流及其与瑟的关系、对历代有关瑟的音乐理论的辩证、琴与瑟在乐器史中的关系、鼓瑟事类须知（图172）、历代有关瑟的名贤故事及诗词歌赋，

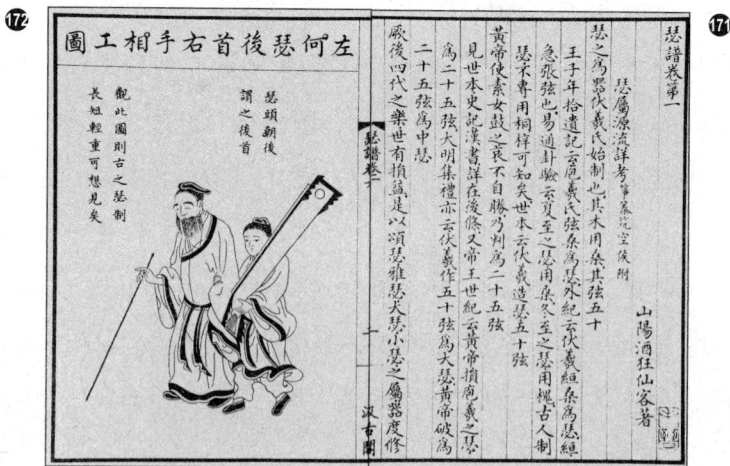

等等。

朱载堉（1536—1611），字伯勤，号句曲山人，祖籍安徽凤阳，他是明朝仁宗皇帝的第六代孙，他的父亲朱厚烷于嘉靖六年（1527）被册封为郑恭王，他是朱厚烷的长子，出生后被封为世子。

朱载堉最有名的著作是《乐律全书》，内含他十五种有关律学、乐学、舞学、历法及算学的著作，但这部瑟谱并没有包含其中，而且也不像其他著作署名"郑世子臣载堉谨撰"，而是自署"山阳酒狂仙客著"。因为那时候，他父亲郑恭王的爵位被夺取，他心中悲愤，筑土室在宫门外，睡草堆努力从事研究写作，他在"瑟谱小序"则署名"嘉靖庚申季夏十有三日狂生载堉书于兰台之斋"。

《百川书屋丛书》所收入的这部《瑟谱》，是影印自明朝汲古阁抄本，抄写极为工整，这部抄本曾经黄丕烈收藏，除钤满藏书章外，还有嘉庆七年（1802）的题识一篇，上说："此毛抄本郑世子瑟谱，余数年前得诸书友，云是宋商邱家故物，后既检汲古阁珍藏秘本书目有之，知非通行本矣。"

《周端孝血疏贴黄》是一件历史文物，也是一件为人子者，为父伸冤的孝亲明证。明朝天启年间，吏部主事周顺昌因反对阉官魏忠贤，与杨涟、魏大中等清忠之士被魏忠贤义子、御史倪文焕诬陷致死。天启七年（1627），熹宗朱由校死，思宗朱由检继位，大肆铲除阉党，整顿吏治。周顺昌之子周茂兰取十指之血上疏为父伸冤，他说："思宗皇帝即位，予匍匐三千里，刺血上疏鸣冤，时寓姚文毅公官舍。"他的血疏，经姚文毅展阅，发觉其中有"鼎湖劝进"一词，非臣子所宜言，劝他改写贴黄，他因十指前已取血书疏，无血可再取，于是割舌取血，重新写就上疏贴黄，而原先的那一件却因此能保存并流传至今。

周茂兰，字子佩，好学砥行，为父伸冤后，不接受父荫任官，明朝灭亡后，隐居不出，以寿终，周端孝即茂兰也。

所谓"贴黄"者，明清时期大臣摘取其奏疏中之要点，附在奏疏后面，以便皇帝省览之用。（图173）

《百川书屋丛书》收入这件血疏贴黄，是借自白坚的收藏。原件原藏江西某家，因日寇侵虐，藏家携出避走上海，又因生活所逼而出售，为白坚所得。他说："兰泉丈凤以刻书表章先正为务，尝刻杨椒山家训矣。今见此卷，亟思刻入其丛书，遂举以写真，俾传刻之，世之人读此卷者，有不肃然起敬者乎，余因之益感兰丈之用心矣。"陶湘将血疏贴黄及周茂兰等四人的题词以珂版影印，遂使文物原迹重现，另将明史周顺昌列传以及从明朝至民国的诸家题跋重新刻印，作为附录，使这件三百多年前的历史文物终能流传于人世之间。（图174）

《晚孝堂画传》是乾隆八年（1743）上官周所作，丛书本牌记上书"庚午春日涉园重印"，虽曰"重印"，但与原刻本相比对，笔

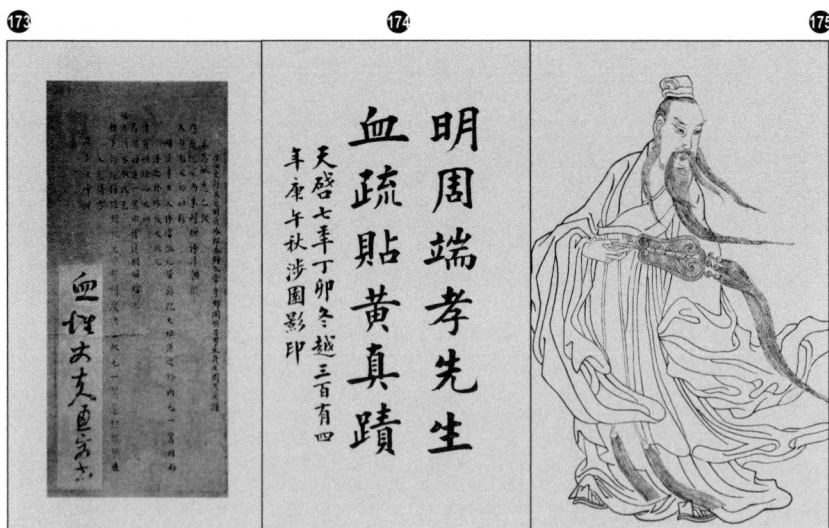

画与图像间仍可发现些许不同，应是复刻而非影印。（图 175）

《杨忠愍传家宝训》原系道光十八年（1838）上海晚桂堂所刊善书，其中杨椒山家训十九条最为人所称颂。杨忠愍即杨继盛（1516—1555），字仲芳，号椒山，北直隶容城人，嘉靖二十六年

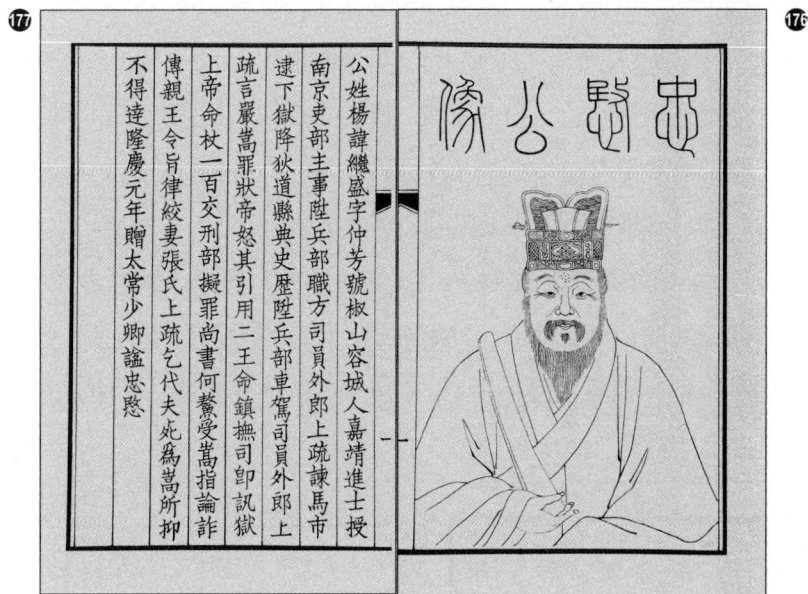

（1547）进士，生性耿直，刚正不阿。（图 176、177）任官兵部车驾司员外郎时，上"请诛贼臣疏"，弹劾严嵩二十四大罪，明世宗大怒，将其杖责一百，下锦衣卫狱，使其受尽折磨。嘉靖三十四年（1555），严嵩授意刑部尚书何鳌将杨继盛等九人处死，继盛临刑前，仍赋诗曰："浩气还太虚，丹心照万古；生前未了事，留与后人补。天王自圣明，制度高千古；平生未报恩，留作忠魂补。"直到隆庆元年（1567），冤屈才得平反，获赠太常少卿，谥忠愍。燕京士民，将继盛故居改建为杨椒山祠，加以供奉并尊为城隍。

杨椒山家训十九条，是他赴义前一夕所作，有"愚夫谕贤妻张

贞"一条及"父椒山谕应尾应箕两儿"十八条，都是教导为人之大节，以及勉励二子有关忠孝节义之大纲（图178）。后人认为遵而行之，可以去恶从善，将之视为善书经文，广为刊刻印施。

晚桂堂刊印《杨忠愍公传家宝训全集》，除家训十九条外，还增绘杨椒山公遗像、祖先显灵图及夫人秉烛上堂图等三幅图画，以及张宜人请代夫死疏、张宜人祭文、临刑诗、元旦诗、读易有感诗、朝审途中口吟诗、写本戏文、陈君选遇道人授宝训序、周国泰序、晚桂堂敬刊序等。《百川书屋丛书》于庚午春日重印，全书字迹框线均甚清晰明朗，应是重刻，而非影印。

《瓶笙馆修箫谱》是道光十三年（1833）刊本，大兴舒位撰，包含四出戏曲：卓女当垆、樊姬拥髻、酉阳修月及博望访星，每出并附图一幅，西吴费丹旭所绘。《百川书屋丛书》系以影印方式纳

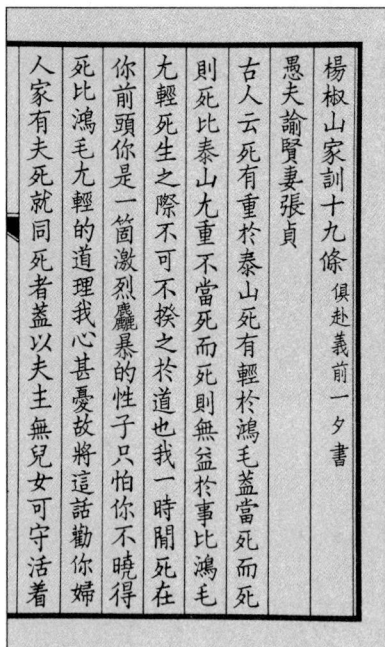

人家有夫死就同死者蓋以夫主無兒女可守活著
死比鴻毛尤輕的道理我心甚憂故將這話勸你婦
你前頭你是一箇激烈麤暴的性子只怕你不曉得
尤輕死生之際不可不揆之於道也我一時間死在
則死比泰山尤重不當死而死則無益於事比鴻毛
古人云死有重於泰山死有輕於鴻毛蓋當死而死
愚夫諭賢妻張貞
楊椒山家訓十九條　俱赴義前一夕書

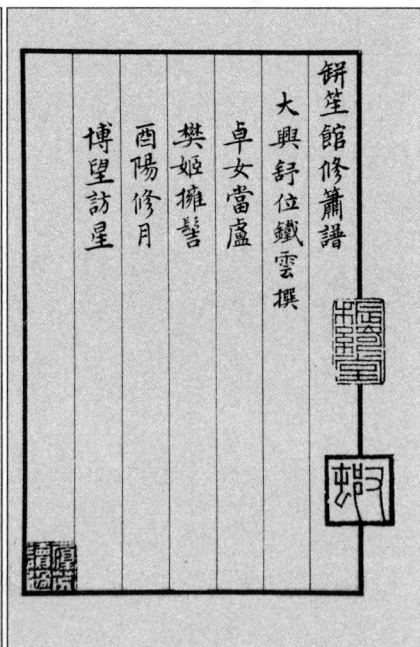

餅笙館修簫譜
大興舒位鐵雲撰
卓女當壚
樊姬擁髻
酉陽修月
博望訪星

入本书，从收藏印都一并印出可以见得。（图179）

《程氏心法三种》，新安程宗猷所撰，程宗猷（1561—1636），字冲斗，号耕叟，四川新都人，寄籍新安，因此自称新安人，是明代军事家及武学著作家。心法三种，包含："蹶张心法"（图180）、"长枪法选"

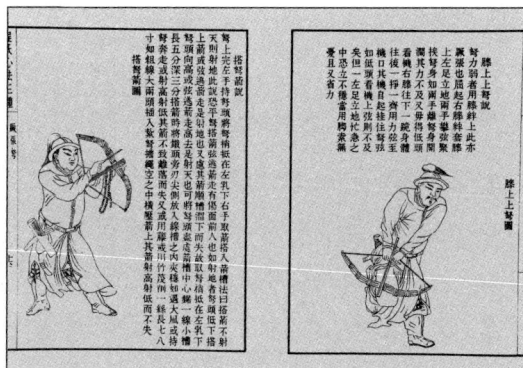

及"单刀法选"（图181）。原书刊于明天启元年（1621），附图甚多，若加上程氏所作"少林棍法阐宗"，即合称《耕余剩技》。陶湘《百川书屋丛书》的牌记上说："岁在辛未秋日武进陶氏印行"，全书重新刻印，字体端正，绘图细致，堪称善本。

《褚河南阴符经墨迹》，是唐朝起居郎褚遂良奉敕所书，卷后有各朝代收藏题跋，陶湘以影印方式纳入《百川书屋丛书》。（图182、183）

《乾隆宝谱》系乾隆十三年（1748）御制定本，收录乾隆玉玺二十五款，并详列各款玉质、尺寸及纽式。纽式有三，即盘龙纽式、蹲龙纽式及交龙纽式，纽上均系黄绶。陶氏丛书本均予重刻，

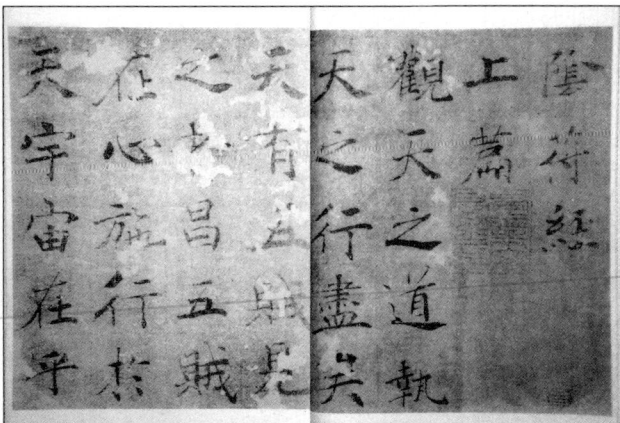

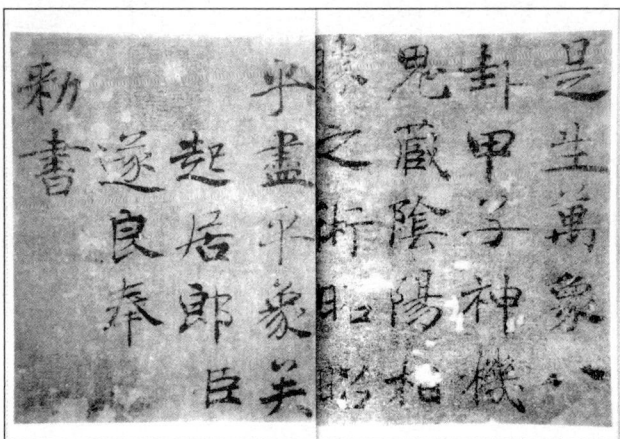

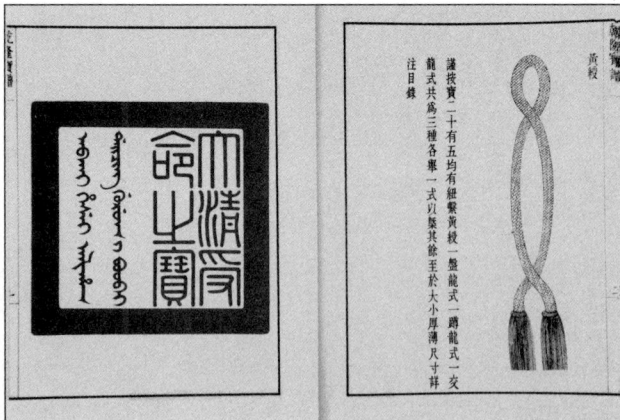

玺文朱印，灿烂夺目。（图184）

《清内府藏古玉印》四十印，另附汉玉十印，各印均有释文，印文朱色，释文墨书，也是版面疏朗，色彩鲜艳。（图185）

《金轮精舍藏古玉印》系陶北溟金轮精舍藏印，陶北溟（1882—1956），名祖光，字北溟，以字行，江苏武进人，是近现代篆刻家及金石收藏家，收藏玉印最为世称。1920年，陶北溟得到武则天使用过的金轮玉玺，遂命名其藏印处为"金轮精舍"，撰有

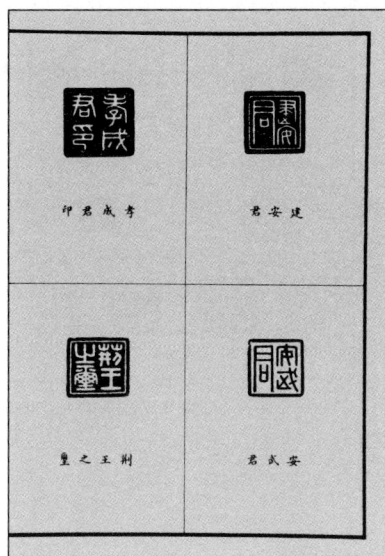

⑱

⑯

《翔鸾阁金石文字考释》，并辑成《金轮精舍藏古玉印》。（图186）

陶祖光是陶珙的儿子，陶湘的侄子，他将收藏之古玉印十七枚，拓其印纽及印文，另配朱色钤印（图187），于1929年寄给陶湘。他写道："右玉印系乙卯至丁卯所得，今存行箧者，揭呈二叔父鉴定，己巳秋日侄祖光自夷门谨寄。"陶湘以玻璃版印制，纳入《百川书屋丛书》中。

《百川书屋丛书》是陶湘众多刻书之一，他刻书不仅校订精良，而且特别讲究纸墨、行款、装订。此书一函七册，书品阔大，纸白墨黑，刻印精致，六孔钉线，装帧高雅，其中有重新刻印者，也有依原本影印者，俱属上乘，堪称善本。

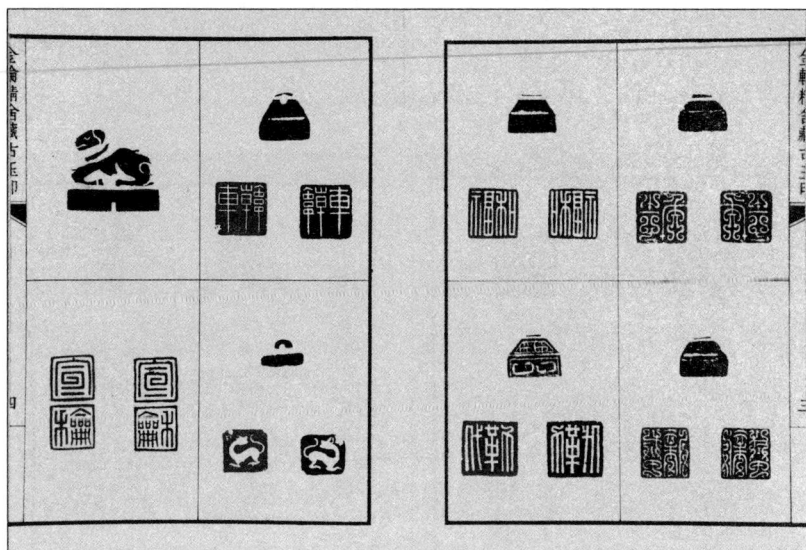

商务印书馆辑印《四部丛刊》

商务印书馆于清光绪二十三年（1897）二月十一日，成立于上海江西路德昌里末弄三号，设印刷所于闸北宝山路，当时发起人有夏瑞芳、鲍咸恩、鲍咸昌及高凤池，后来加入的股东有沈伯芬、徐桂生、郁厚坤、张蟾芬等人。

清末光绪年间维新运动日益高涨，光绪皇帝颁布"明定国是"诏书，废除八股，改书院和祠堂为学堂，鼓励私人办学，各级学堂一律兼习中学与西学，准许民间创立报馆、学会、设立译书局，翻译外国著作、派人出国留学，等等。在这样的变革环境下，不但商务印书馆于焉成立，并且也给它带来了发展的机会，例如当时商务编印一套《最新初等小学国文教科书》，印刷了英汉对照的《华英初阶》《华英进阶》《华英国学文编》，等等，销路都非常之好，奠定了商务出版事业稳固的基础。

光绪二十七年（1901），张元济及印有模二人加入商务印书馆，不但给商务添加生力军，还扩大商务印书馆的规模，改组为股份有限公司，对商务日后发展有很大的影响。其后蔡元培、胡愈之、高梦旦、陈叔通、茅盾、王云五等人的先后加入，让商务印书馆的经营后继有人，并且不断茁壮成长，延续百年。

百余年来，商务印书馆所编印的书籍已无法计数，尤其所出版的大部丛书，无论规模、气魄都是其他出版事业无法比拟的。先后出版了《涵芬楼秘笈》《续古逸丛书》《四部丛刊》《道藏》《续道藏》《学海类编》《学津讨原》《百衲本二十四史》《文渊阁四库全书》《国学基本丛书》《丛书集成》《元明善本丛书》，等等，对中国古代文献典籍的整理出版，贡献甚巨。

其中《四部丛刊》的印行更不止一次。王云五先生在大陆时期，先后印刷三版，到台湾后又重印过四版。2011 年，台湾"商务印书馆"又刊登广告预约重印《四部丛刊》正编，前后算来共有八次之多，无人能及。

《四部丛刊》第一次编印是在 1919 年，收书三百二十三种（二十四史之前已经印成不计在内），共八千五百四十八卷，二千一百册（图 188）（有关四部丛刊的收书种数、卷数、册数，常见不同记载，此依商务印书馆 1926 年重印四部丛刊启事所登载。至 1934 年辑印续编时附带刊登四部丛刊售书广告则为二千一百十二册）。商务印书馆于 1920 年夏天开放预约一千部，不到一年预约数全部告罄；于是再续增五百部，到了 1922 年，全书印制完成时也仅剩数十部而已，转眼间就发售完了。

这部丛刊之所以如此热销，因为选书精严，必求善本，当时除了选自涵芬楼所收藏的善本之外，还得到海内外藏书家的协助，征得宋本三十九部、

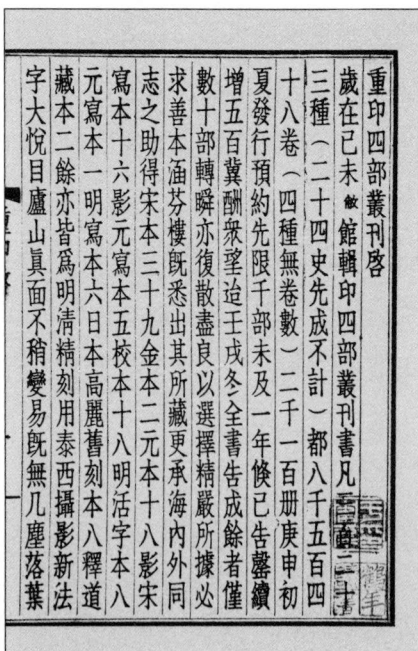

金本二部、元本十八部、影宋写本十六部、影元写本五部、校本十八部、明活字本八部、元写本一部、明写本六部、日本高丽旧刻本八部、释道藏本二部及其他明清精刻本，用泰西摄影新法印制，所谓"字大悦目，庐山真面不稍变易，既无几尘落叶之劳，自绝鲁鱼亥豕之误"。所以风行遐迩，冠绝一时。（图189）

而且这部丛刊在印制过程中，还不断以精善之本代替原来选定的版本，例如以宋刊本《资治通鉴纪事本末》替代徐干学《资治通

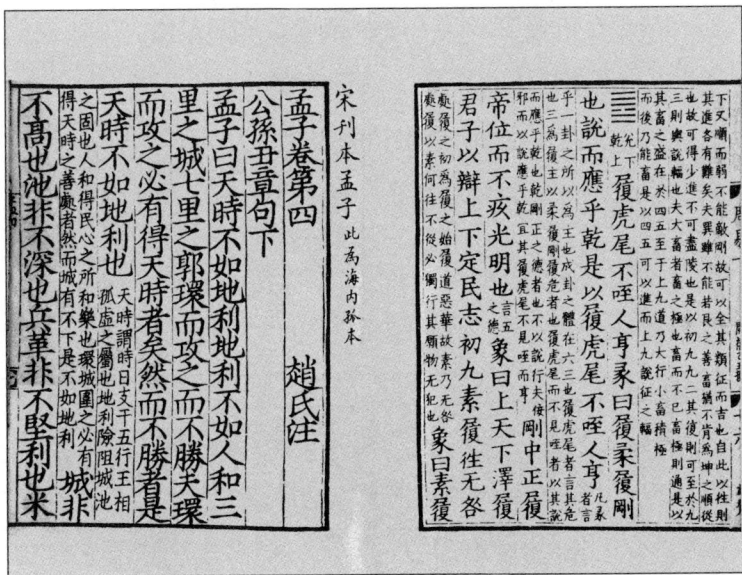

鉴后编》、以《唐诗纪事》替代《苕溪鱼隐丛话》；又如《礼记》《大唐西域记》《杜工部诗集》《东坡集》《文选》都是以宋本替代初选之明本；《盘洲集》以影宋抄本替代洪氏刊本；《资治通鉴释文》以宋本替代十万卷楼本；《脉经》以元本替代明本，等等。此类计有二十余种，都是后本优于前本。商务印书馆在"四部丛刊刊

成记"中说："书囊无底，善本难穷，随时搜访，不敢自足。"可见这部丛刊的编印极其用心，汇集精善典籍于一编，因此备受世人重视。

另外，这部丛刊在刊登预约启事时，有二十余位当代知名学者、藏书家共同推荐，也是原因之一，当时一并列名的有王秉恩、沈曾植、翁斌存、严修、张謇、董康、罗振玉、叶德辉、齐耀琳、徐乃昌、张一麐、傅增湘、莫棠、邓邦述、袁思亮、陶湘、瞿启甲、蒋汝藻、刘承干、葛嗣浵、郑孝胥、叶景葵、夏敬观、孙毓修、张元济、缪筱珊等人。当时缪筱珊已遽归道山，因他提倡最早，所以一并列名以不没其盛心。（图190）

这些藏书家们认为商务印书馆编印这部《四部丛刊》，"提挈宏纲，网罗巨帙，可云学海之巨观，书林之创举"。并记述此书有七大善，摘录如下：

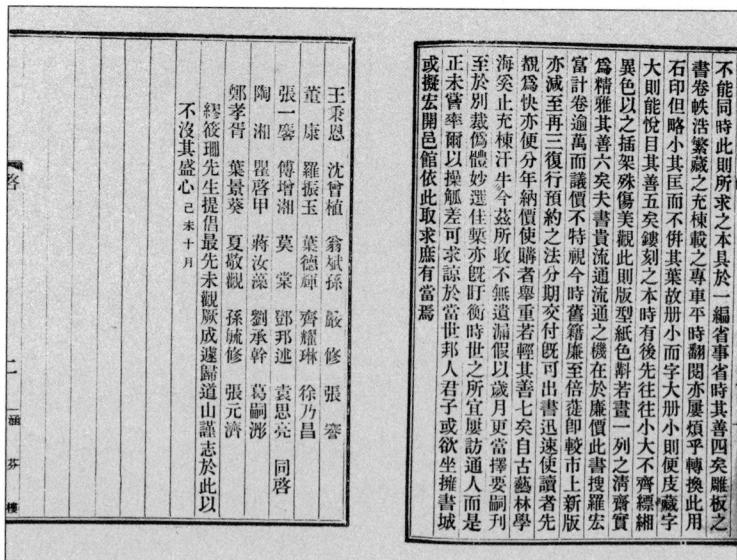

善一、丛刊所收皆四部之中，家传户诵之书，如布帛菽粟，四民不可一日缺者。

善二、所收古书，无经剪裁，仍存原本。

善三、书贵旧本，此部丛刊，广事购借，类多秘帙。

善四、丛刊编印之后，所求之本具于一编，求书者省时省事。

善五、丛刊以石印方式印制，略小其框而不并其叶，故册小而字大，册小便庋藏，字大能悦目。

善六、此部丛刊之编印，版型纸色校若画一，列之清斋，实为精雅。

善七、此书搜罗宏富，而议价不特视今时旧籍廉至倍蓰，即较市上新版亦减至再三，复行预约之法，分期交付，既可出书迅速，使读者先睹为快，亦便分年纳价，使购者举重若轻。

不过，也有人不以为然，例如顾颉刚先生就认为张元济专求古刻，不收清刻，如以春秋责备贤者的眼光看来，未免古董意味太重。

丛刊附有书录一册，由孙毓修撰写，张元济改定，记载书名、卷数、著者、借自何家所藏何种版本、版本特点及收藏印记，等等，让读者可以综览全书概况（图191）。孙毓修

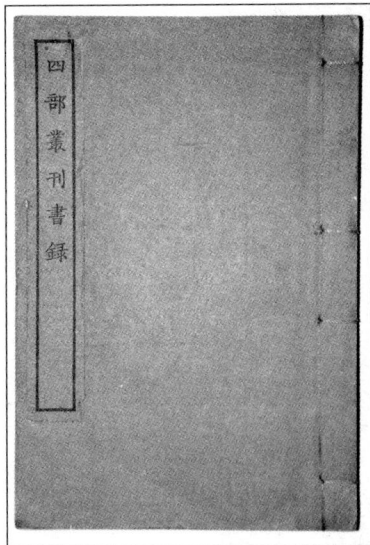

四部丛刊书录

在书后写道："四部丛刊书录前已随书刊附，今全部印成，复依四部次第以排比之，仿近代藏书志之体，述其名数、版本、收藏图记，粗具纲领，冠于全书之首，以便稽览。"

1926 年，商务印书馆又有重印此部《四部丛刊》之举，因为旧书消亡，日甚一日，好书更为难求。而且当时社会上也有广建图书馆之倡议，古籍需求更为急切，要求商务重印《四部丛刊》的呼声不时而至。另一方面，涵芬楼持续收藏数十万卷古籍，其中不乏精善之本，可以补原编《四部丛刊》之不足。例如原编《释名》缺吕柟序、《列子》缺张湛序、《李贺诗歌编》无外集，都可以从新得古籍中加以补足。又例如《陆宣公翰苑集》，原编采用明本，《盘洲文集》原编采用影宋抄本，涵芬楼新得古籍中均有宋本可以改用。于是，商务印书馆于 1926 年 9 月发出布告重印《四部丛刊》，收书种数未变，卷数有所增加，全书约十六万页，分装二千一百册，装制悉仍旧制，预计从 1927 年 6 月至 1928 年 12 月分四次印制完成，并且发行第二次预约简章。

这一次的预约价，与七年前的第一次预约价完全一样，虽然七年来，人工材料种种成本都有增加，但为了庆祝商务印书馆成立三十周年纪念，因此不加分文（图 192）。纸张分为连史纸及毛边纸两种，当时上海的纸张不够，商务派人到福建光泽县的司前和江西铅山县的陈坊采购，也因此让原来销售困难的内地手工造纸业有了转机。连史纸一次付清五百元，若分三期付款，每期二百元；毛边纸一次付清四百元，若分三期付款，每期一百五十元。预约订单依一次付清或分三期付款而使用红色或绿色纸张印制，颇具用心（图193、194）。若要在书根上加印书名册数，方便检取，则加收每部印费三十二元。

人久厭習見校刻雖精而脫誤字時所不
免敬啟館擬輯印古本全史蒐求數年幸得集
事除明史仍用殿版外（但另附考證）餘
如史記晉書南齊書新舊唐書新五代
史均用宋本三國志隋書南北史宋遼金三
史均用元本以校殿版增出全葉者凡數見
其闕文訛字足以補正者尤指不勝屈有志
史學者不可不讀印曾購殿版者亦不可不
手此一編也至叢刊續集甄選名類別擇版
本亦粗已決定就俟印成樣本即售預約先
此布告
中華民國十五年九月
　　　　　　上海商務印書館謹啓

四部叢刊第二次預約簡章

本書第一次預約定價本廉距今多年人工材料種加昂本館為三十
年紀念起見發行第二次預約仍照七年前預約價不加分文但紀念期
內不再贈券茲將預約簡章列下

一全書約十六萬葉分裝二千一百冊照六開本式用上等紙張精印分
　連史毛邊兩種
二預約期限以十五年陽曆十二月底截止
三預約價如下
　連史紙　一次全交五百元　三次分交伽次二百元
　毛邊紙　一次全交四百元　三次分交每次一百六十元

預約定單

如將款一次交清請用此定單

茲向
貴館預定四部叢刊一部願照預約簡章將
款一次交清茲交
預約價洋　　　　　　　　元
書根印費洋　　　　　　　元
郵費包繁費洋　　　　　　元
共計洋　　　　　　　　　元
統祈查收將預約憑單填就照後開地址掛號寄交
商務印書館　台照
姓名
　　　　號
　　　具
　　（照單上及地址請用此填）
省　　　年
縣　　　月
　　　　日

預約定單

如將款分三次交清請用此定單

茲向
貴館預定四部叢刊一部願照預約簡章將
款分三次交清茲交
寄上第一次應交各款計
預約價洋　　　　　　　　元
書根印費洋　　　　　　　元
郵費包繁費洋　　　　　　元
共計洋　　　　　　　　　元
統祈查收將預約憑單填就照後開地址掛號寄交
商務印書館　台照
姓名
　　　　號
　　　具
　　（照單上及地址請用此填）
省　　　年
縣　　　月
　　　　日

涵芬楼于1926年改组为东方图书馆，对外开放，但却于1932年"一·二八"事变时，连同印刷厂、纸库、书库一并被日军炸毁，所藏大约五十万册珍贵典籍大都随之尽化劫灰，甚是可惜，所幸因有《四部丛刊》的辑印，使得这些珍贵典籍内容还能随之流传后世。

1934年，商务印书馆开始辑印《四部丛刊续编》，主要是因为典籍浩瀚，初编所收仍有不足。"续编缘起"中说："初编之书，仅登急要，有议其挂漏者，有嫌其狭隘者，兹编所集，取弥前憾。"例如初编所遗漏的汉唐遗编以至宋元杂说，凡版刻精良异于流俗者均予纳入。宋元旧刻虽残缺不全，但世无两本者，也予以网罗在内。近人学术著作有继往开来之功、传布之值者，也不能厚古薄今。当时所收书目拟分二期辑印，第一期收书七十五种（辑印四部丛刊三编缘起中如是说，另有一说七十七种），计划在1934年一年内印制完成，每星期日出版一次约十册，全年共出五百册，预约价大洋一百五十元，一次付清。若要分期零购，则每册书约大洋五角，全书五百册约共大洋二百五十元。第二期书目则计划在次年印制。

1935年，续编五百册已经印制完成，但有一些原列书目无法纳入者，以及原来规划在今年印制者，合计为数不少，于是有辑印三编之议。"三编缘起"中说："续编之举，为时一载，得书七十五种，凡五百册，已于去岁全数印竣。惟原辑之书，有踬额被摈及原备今岁续出者，为数匪尠，于是复有三编之辑。"三编收书七十一种，仍以五百册为限，分四次出书，1935年10月预约时先出五十册，12月及次年3月、6月各出一百五十册。预约售价用上海通用银元一百五十元，一次付清。（图195）

1936年，商务印书馆以缩版重印《四部丛刊初编》，每面容纳原刊四面，篇幅扩大为二十四开本，用洋纸印刷，此为第二次重印。缩印本发行未久，抗日战争兴起，因此不见流行。

民国三十六年（1947），商务印书馆在台北设立台湾分馆，1949年改组为"台湾商务印书馆股份有限公司"，独立经营。1964年，王云五先生离开政界，重回商务印书馆，当选第一任董事长，他主持馆务十五年，为商务印书馆在台湾地区的复兴，注入新动力。在他任内四次重印《四部丛刊》。

1965年5月，重印《四部丛刊初编》缩印本三百二十一种，四百四十册，是为台一版。

1966年6月，重印《四部丛刊续编》一百四十种，六百册，为台二版。

1975年2月，重印《四部丛刊三编》八十五册，为台三版。

1979 年，重编辑印《四部丛刊正编》三百二十三种，精装一百册。另精选续编及三编合为《广编》一百七十八种，精装五十册，为台四版。

三十年之后，台湾"商务印书馆"于 2010 年，秉承"出版好书，匡辅教育，传承文化，有益人生"的理念，在完成重印《文渊阁四库全书》及《百衲本二十四史》之后，决定重印《四部丛刊》正编一百册，预约价新台币十五万元。

至此，"商务印书馆"前后已八次印制《四部丛刊》，此种无人能及的巨献，对于中华文化之传承及珍贵典籍之流传，功莫大焉。

《春游琐谈》

《春游琐谈》六卷，
1962—1963 年油印本，是张
伯驹先生所印制。（图 196 ）

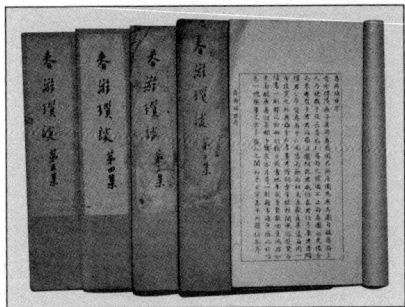

张伯驹（1898—1982），
字家麒，号丛碧，又号春游
主人，河南项城人，生于官
宦世家，与袁克文、张学良、
溥侗等四人，人称"民国四公子"。张家与袁世凯有姻亲关系，张
伯驹与袁克文等互称表兄弟。他集收藏家、书画家、诗词家、戏剧
家等身份于一身，一生苦乐兼备、命途多舛，传奇一生亦本色一
生，富贵一生亦清贫一生。刘海粟称他是京华老学士、艺苑真学
人。周汝昌说中国词史当以李后主为首，而以先生为殿，在他之后
恐怕不易再产生这种真正的词人之词了。著有《丛碧词》《春游词》
《秦游词》《丛碧书画录》《氍毹纪梦诗注》《洪宪纪事诗注》《诗钟
分咏》等书。

1957 年，张伯驹被打入右派，直到 1962 年才由北京市民盟摘
掉右派帽子，派任博物馆副研究员及副馆长。此年他邀集于思泊、
罗继祖、阮威伯、裘伯弓、单庆麟、恽公孚等文人雅士每周一会，
历时大约两年。

之所以成书，张伯驹先生在序里说得很清楚，他说："昔余得

隋展子虔游春图，因名所居园为展春园，自号春游主人。乃晚岁于役长春，始知春游之号固不止游春图也，先后余而来者有于君思泊、罗君继祖、阮君威伯、裘君伯弓、单君庆麟、恽君公孚，皆春游中人也，旧雨新雨相见并欢，爰集议每周一会，谈笑之外，无论金石、书画、考证、词章、掌故、轶闻、风俗、游览，各随书一则录之于册，则积日成书，他年或有聚散，回觅鸿迹，如更面睹展春词集，都中诸友一月寄一则，借常通鱼雁，此非惟为一时趣事，不亦多后人之闻知乎。"（图197）

这些文人雅士每周一会所留下来的短笺长篇，包罗甚广，确实不只是文人雅集时兴之作，更为后世留下丰富史料，读来兴味盎然，并能增广见闻。

这部书共六卷，我仅得五卷。经统计，这五卷书共计二百五十篇文章，撰述人数三十三人，每人篇数不一，最多者为张伯驹，计五十七篇，其次为罗继祖三十五篇，只写一篇者也有数人。

这部书的编印，并未分门别类，看来是依积稿先后次序付印，每卷之后附有该卷撰述者姓名、字号、籍里、年岁（图198）。参与

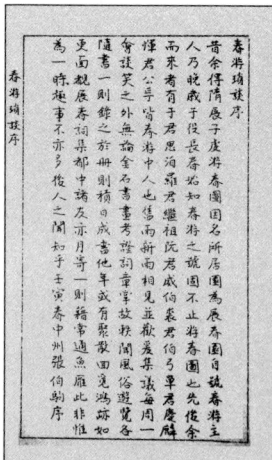
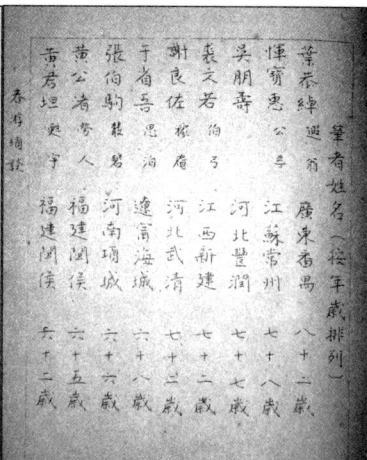

人数逐卷增加，而且是分两年印制完成，从后附撰述者年龄可以看出，以张伯驹的年岁来看，卷一至卷三，都写六十六岁；卷四至卷五，则为六十七岁。这部书篇章甚多，但是缺少一份目录，而且每一篇文章之后仅署撰述人的字号，因此如要查阅资料或一览全书概况，颇感不便，我曾抽空逐篇翻阅，胪列一份目录，留供日后查考资料之用。

书中几则与古籍相关之文章，读来获益良多，略述如下：

书目答问作者考

《书目答问》一书，光绪二年（1876）四川初刊本，前有四川学政张之洞撰"书目答问略例"曰："诸生好学者，来问应读何书，书以何本为善，遍举既嫌挂漏，志趣学业亦各不同，因录此以告初学。"因其条例简明，堪称治学门径，对初学者极为便利，所以重刊再印极多，流传甚广。

一般刊印《书目答问》皆署张之洞著，但对于此书之确切作者为何，近代学术史上却颇有争议。起因于光绪十九年（1893），叶德辉跋《书目答问》始言："同年友杨叔翘锐为吾言，此目出缪太夫子小山先生手，实非南皮己出。"后来缪荃孙自编《艺风老人年谱》时，于"光绪元年八月"条下写道："执贽张孝达先生门下受业，命撰《书目答问》四卷。"此后，《书目答问》作者究竟是张之洞或缪荃孙，成为学术史上争论不休的一桩公案。

范希曾撰《书目答问补正》一书，他在"跋"里说："张氏《书目答问》，出缪筱珊先生之手。"他的依据就是缪荃孙自编《艺风老人年谱》。

缪荃孙的弟子柳诒徵在《书目答问补正》序里也说："文襄之书，故缪艺风师代撰，叶郎园氏亟偶之。"

缪荃孙于光绪三十四年（1908）撰《半岩庐所见书目序》里说："同治甲戌，南皮师相督四川学政，诸生来问应读何书，书以何者为善，谋所以加惠蜀士，于是有《书目答问》之编，荃孙时馆吴勤惠公督署，随同助理。"此处所称"随同助理"，语意虽明，但也引起正反两方不同的解读。

学者张舜征认为，缪氏于光绪三十四年撰《半岩庐所见书目序》，谦称助理，乃当时张之洞健在，缪是张之门生，所以只能谦称助理。后来他自编年谱时，张之洞已过世，他自撰一生行事实录，不得不据实直书。"盖《书目答问》属稿之时，乃缪氏秉笔，迨稿成，由之洞审定订正，成为定本，终题之洞名以刊布之。此种事古代多有，不足怪也。"

2008年上海古籍出版社出版杨洪升先生著《缪荃孙研究》，他举列王秉恩1922年所撰一篇跋文，认为《书目答问》初稿当系缪荃孙草创。王跋说："艺风京卿为余五十余年成都旧友，时余为诸生，与君同受业阳湖汤秋史师门下，君时即为目录版本学。丁卯，君寄籍华阳，中式后改归江南。吴勤惠公督川，延君入幕。吾师张文襄公督学川中，君乃执贽，文襄知君熟于目录版本，命君草创《书目答问》稿。"杨洪升认为当时，张、缪二人均早已下世，王氏不必偏袒任何一方，其说当符合事实。

不过王秉恩晚年将该跋文编入文集时，另加按语称："直以为《书目答问》为缪荃孙代张之洞撰，就需要再加斟酌。"

1939年，胡钧重编《张文襄公年谱》，在"凡例"里说："兹编成稿，距许君（无锡许同莘）辑谱时已二十余年，期间耳目所及及佚文遗事足录者，补辑之。如公致王文敏懿荣函，足证《书目答问》非缪代撰之类是也。"

光绪二年（1876），张之洞曾致王懿荣函说："弟在此刊书目以示生童，意在开广见闻，一指示门径，二分别良楛，三其去取分类及偶加注记，颇有深意，非仅止开一书单也。"他随函寄上一册《书目答问》请王懿荣补正，另附一册一函请王懿荣转交缪荃孙，嘱其订正。由这封信看来，此书应该是张之洞所著，如果是缪荃孙代撰，张之洞又何须寄上一本嘱其订正，多此一举。

柴德赓在《重印书目答问》序里说："此书作者为张之洞，本无问题，前人有说书出缪荃孙手的，传说无凭……陈援庵撰《艺风年谱与书目答问》一文，载于1936年《图书季刊》，举了好些证据，不同意缪氏代撰之说。"他认为，缪氏晚年的学术成就远非张氏所能及，但《书目答问》一书的发凡起例、去取标准，亦非缪氏当日水平所能及。

史学名家陈垣，字援庵，他提出五点论证，阐述对缪荃孙"命撰"说的怀疑：

一、"命撰"说的由来，始自光绪十九年叶德辉跋文；

二、缪艺风以四川籍乡试中试为蜀绅，张之洞督蜀学，何至请蜀绅代撰一书，称为己作，以告蜀中生童；

三、从学风判断，《书目答问》所述，与张之洞平生所论，及其《劝学篇》同出一辙，而与艺风学派不同；

四、就缪荃孙自己的"助理"、"命撰"两说自相矛盾来判断，"助理"之说在张之洞未卒之前，较为可信；

五、光绪二年张之洞致王懿荣函，可为佐证。

张新民在《古籍世界的目录学窗口——（书目答问校补）》前言里也说，《书目答问》和《輶轩语》，无论语气措词、论说理路，都是同出一手并归属相同范型的著作，与缪荃孙一生著作相比较，无论治学路数或撰述风格，二者迥然有别，明显分属不同的知识学家族系谱。如果代撰之说成立，就必须有坚强证据说明《輶轩语》也是出自缪手，而张之洞同时将二书据为己有，否则只不过是想当然耳之臆说而已。

1962年张伯驹编印《春游琐谈》一书，其中登录罗继祖一篇短文"书目答问作者"（图199），文中说："犹忆己巳庚午年间，侍先祖旅顺山居，先祖出是书为讲说，且曰广雅虽达官，然学识实渊通，非艺风所及。是书纲领皆出广雅，艺风第佐搜讨耳。或传艺风代撰者，妄也，心焉识之。"张之洞是同治二年（1863）探花，可

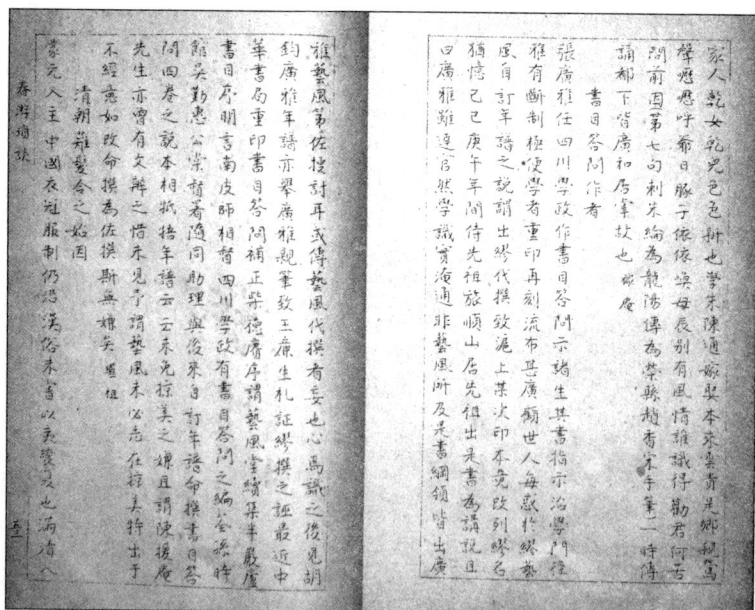

199

见其学识渊博，并非虚名。

罗继祖所说的"先祖"，就是他的祖父罗振玉（1866—1940），字叔蕴，号雪堂，是中国近代金石学家、文物收藏家。罗振玉在甲骨文和敦煌写卷的研究上极有成就，是"甲骨四堂"之一。他和张之洞、缪荃孙的年代相近，且有往来，其说甚有可信之处。

"广雅"者，张之洞（1837—1909），字孝达，号香涛、香岩，直隶南皮人，同治二年（1863）探花，曾任官山西巡抚、两广总督、湖广总督、军机大臣、体仁阁大学士。其任两广总督时设立"广雅书院"，著有《广雅堂集》，后世又称"张广雅"。

"艺风"者，缪荃孙（1844—1919），字炎之，一字筱珊，晚号艺风老人。光绪二年进士，授翰林院编修，后来辞官，从事编纂校刊十余年，曾任南菁、泺源、南京钟山、常州龙城等书院山长，著作等身。

罗继祖又说："后见胡钧广雅年谱亦举广雅亲笔致王廉生扎，证缪撰之诬。"他认为缪荃孙或无掠美之意，而是不经意在自编年谱中写成"命撰"。"如改'命撰'为'佐撰'，斯尤嫌矣。"

记学海堂广雅书局书板

中国自雕版印刷术发明之后，民间佛教典籍及世俗书籍率先采用此一技术印行，加上官书局大量印制经史子集，促使各地雕版印刷事业逐渐蓬勃，渐渐成为雕版印刷重镇。例如宋代首都汴京、浙江临安、四川眉山、福建建阳最为著名。明代更是中国雕版印刷的黄金时代，刻书中心遍地皆是，胡应麟《少室山房笔丛》说："余所见当今刻书，苏、常为上，金陵次之，杭又次之。今湖刻、歙刻骤精，遂与苏、常争价。蜀本行世最寡，闽本最下。"

清代官书局刻书非常兴盛，尤其晚清。其时战事频仍，各地旧藏图籍几乎荡然无存，所以广设书局欲广刻图籍，以免士子无书可读。因此当时官书局林立，如金陵书局、浙江书局、崇文书局、广雅书局、江苏书局、淮南书局、湖南书局、四川书局、山东书局、福州书局、贵州书局、云南书局、江西书局、濬文书局、敷文书局，等等。

广东从宋元以来就有刻书事业，明代崇正书院刻书渐多。清代嘉庆道光年间阮元任两广总督时，创立学海堂，以朴学课士，并提倡刻印经史子集。光绪十二年（1886），张之洞任两广总督时设立广雅书院，并设广雅书局，以继承阮元的志业，影响所及，私家刻书也纷纷崛起，如海山仙馆、粤雅堂、三十三万卷书堂等。

叶恭绰先生在《春游琐谈》里有一篇"记学海堂广雅书局书板"（图200），文章里说学海堂及广雅书局所刻书板约十五万块，存放在文澜阁启秀楼，由徐信符负责保管。卢沟桥事变发生后，日军逼近广东，徐信符与黄希声、廖伯鲁三人将书板分别运到广州乡间存放以避兵燹。

抗战胜利后，广东省成立"广东文献委员会"，由叶

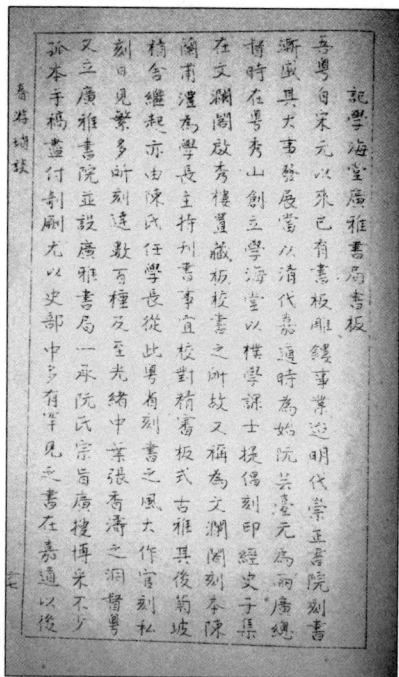

图200

恭绰担任主任委员，透过广东省政府拨款将散存乡间的书板运回广州市。不过原来储放书板的启秀楼已被机关占用，不愿归还，只得暂存于前广州府学宫旧屋，其后市府亦屡屡催促还屋，终亦无法解决，不久叶恭绰就离开广东前往香港了。

新中国成立后，广东省副省长兼文教厅长杜国庠因与叶恭绰熟稔，叶和他谈及这批书板之事，杜国庠答应购置民房数间予以保藏，并派二人看守，以候机会。但不久杜国庠病逝，这件事情又遭搁置。广东地方气候湿热白蚁最多，书板如果保存不当，恐怕很快就遭损毁。叶恭绰说："余颇为悬悬，盖因此十五万块书板，乃近一百五十年来，吾粤刻书之大成，其中有关学术历史者非细，若能选择较完善而重要者重加印刷，以广流传，不必另行排版，即于经济方面亦属有益之举……余数十年来为乡邦文献亦曾尽绵薄，耄年多病，精力不继，不复能如昔日之勇往任事，今将书板之经过原委为文记之，以为他日书林故实，切望文化界同人共继往开来也。"叶恭绰写这篇文章时已八十二高龄，仍然惦念不忘乡邦文献之存续发展，此种精神着实令人钦佩。

唯此处所提存放书板之文澜阁，应非乾隆年间为珍藏四库全书所建七阁之一，因为当时所建南三阁之文澜阁位于浙江杭州西湖孤山南麓，并非在广东境内，而广东所刻书板也断无存放到浙江杭州的道理。此文澜阁应该只是广州市内的一座藏书楼，恰巧名称相同而已。

文章中还提到，这批书板从乡间运回广州时，因当时四乡盗匪横行，路经盗匪盘踞之处都需付买路钱才得以通过，运送人婉告这批货物全是书板，为保护文物才运回广州，拦路盗匪听后慨然放行，并给名刺说前面可能还有拦路要钱者，拿这张名刺前往必然无事。叶恭绰说："此可谓意外之幸，颇类演义中之绿林故事。"此横行盗匪，广东人称为"大天二"，而买路钱又称"行水"，又长一知识矣。

探源书舫丛书

　　清光绪十八年至二十六年间（1892-1900），吉林盛福辑刊《探源书舫丛书》初、二集，由于流传甚罕，仅辽宁省及吉林市两图书馆藏有全帙，罗继祖先生从孙晓野处得知有此书，再向吉林市图书馆询问确认，认为是吉林之一故实，因此写了一篇"探源书舫丛

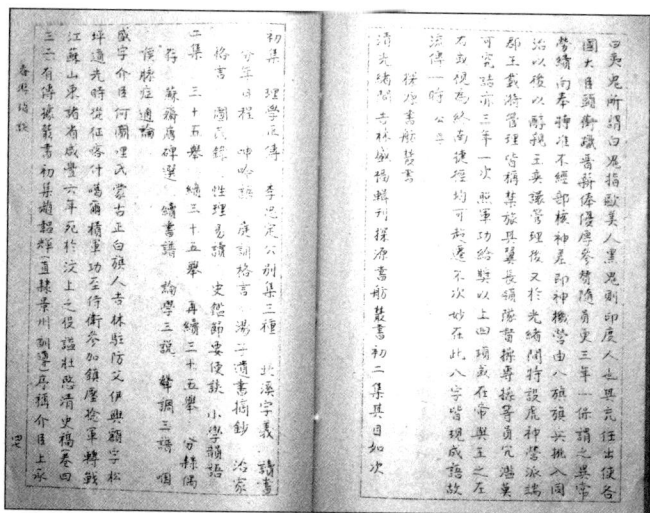

书"在《春游琐谈》上。（图201）

　　盛福，字介臣，蒙古正白旗人，虽为八旗宦家子弟，但不汲汲于仕宦，做苦田间，俭衣节食，遇有善本，虽多方告贷亦必购之。他能在当时筚路未启、人文朴塞的吉林从事刻书，罗继祖赞曰："不得不谓之空谷足音矣。"清末，盛福的后人改姓何，住在吉林市

崇文胡同。伪满洲国时，因家贫将书板当薪材烧了，仅剩七块，现存于吉林市图书馆内。

《探源书舫丛书》因不多见，将其书目明列于下，以留掌故资料：

初集书目包含：理学正传、李忠定公别集三种、北溪字义、读书分年日程、呻吟语、庭训格言、汤子遗书摘钞、治家格言、图民录、性理易读、史鉴节要便谈、小学韵语。

二集书目包含：三十五举、续三十五举、再续三十五举、分隶偶存、苏斋唐碑选、续书谱、论学三说、声调三谱、咽喉脉症通论。

海源阁

山东聊城杨氏"海源阁"，是晚清四大藏书楼之一，其他三楼为江苏常熟瞿氏"铁琴铜剑楼"、浙江归安陆氏"皕宋楼"、浙江杭州丁氏"八千卷楼"，这些藏书大家都以质精量广著称。

海源阁是杨以增于道光二十年（1840）所建，阁凡三楹，阁后正厅五间，东半藏经部，西半藏史部，东配房三间藏子部，西配房三间藏集部。世代藏书已达二十余万卷，其中宋元刻本及名家抄校共七百余种近四万卷，最为后人称道，又以宋版四经四史为最佳，以锡制匣贮藏，不轻易示人。

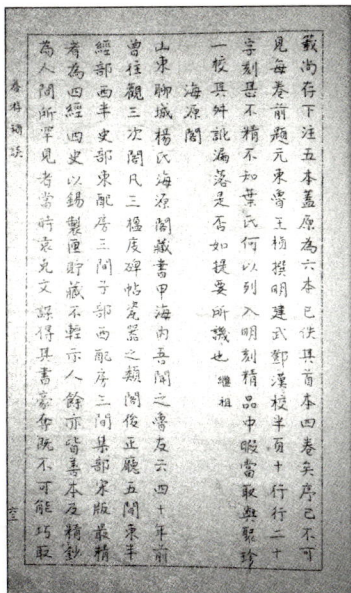

陈云诰先生在《春游琐谈》里写了一篇"海源阁"，记述袁克文谋取海源阁宋版书的一段轶闻。（图202）

袁克文（1890—1931），字豹岑，一字抱存，号寒云，袁世凯的次子，喜好收藏，所藏宋版书达二百种，曾建藏书楼"皕宋书藏"。伦明撰《辛亥以来藏书纪事诗》，咏袁克文曰："一时俊物走权家，容易归他又叛他。开卷赫然皇二子，世间何时不昙花。"并记曰："袁寒云克文，于乙丙间，大收宋椠，不论值，坊贾趋之，几于搜岩熏穴。所储又多内府物，不知如何得之也。项城败后，随即星散大半，为李赞侯、潘明训所有。诸书册首，皆钤有'皇二子'印章。"

袁克文嗜喜宋版书，在藏书界人人皆知，当时袁家权势如日中天，他有财力可以在市面大肆搜购，因此收藏日富，对于一些不愿出售的藏书，他也想尽办法使诈巧取，必欲纳入庋藏为满足。民国初年，大约正当袁世凯称帝的洪宪时期，他亟欲得到海源阁宋版书，乃派河南人丁子文充任东昌烟酒公卖局长，意在相机盗卖杨氏宋版书，历时一年之久，终未能办成。

他又听说陕西人宋世男与海源阁主人杨保彝（1852—1910，字爽龄，号凤阿，杨以增之孙）为金兰之交，宋曾自谓欲得杨家书不难，于是袁克文授意东省长官委宋署聊城县知事，以利谋得杨氏宋版书。有一天，宋世男带一部在他处寻得的宋版《周易》到杨家，时杨保彝已逝，宋世男对杨夫人说，"凤阿生前亟欲得到这部书，以凑成五经，我当时不曾面许，现在我送来履践前约。再则如果贵府有重复之宋版书，不妨出让给袁二公子，价值多寡不拘，如果想要荣誉，也可以封赠三代，并拟送嗣子西服衣料，等等"。杨夫人婉言以谢，说"宋版《周易》为难得之书，仍请带回，先人所遗各书，我负保存责任，断不敢妄动"。封赠之说，"人以为荣，我家当以为辱。如果有人以威力相加，我既无力保存，不能尽其责任，唯有付之一炬，以身殉之而已"。宋世男终也无法为袁克文谋取海源阁宋版书，但从此轶闻也可以窥知书癖之毒如果深入人心，会让人心智蒙蔽，巧取豪夺在所不惜，嗜书者不可不戒。

"海源阁"藏书，自道光二十年（1840）建阁以至1931年左右杨敬夫将劫余存书运出，最后归于国家图书馆及山东图书馆而告终。这近百年期间，曾遭遇许多劫难，例如咸丰十一年（1861）捻军袭扰、光绪二十六年（1900）八国联军之乱、1928年马鸿逵部队攻陷聊城、1929年土匪王金发洗劫海源阁、1930年王冠军再劫海源阁，等等。许多劫难在杨家人努力坚持之下安然渡过，让海源阁仍然可以传承下来。但是清末民初时期，社会动荡、军阀混战，海源阁终究无法抵挡人为的破坏，兵燹之祸莫之能御，书阁终于消失于历史的洪流之中，令人为之一叹。

未来预知术

溥仪所著《我的前半生》第五章所记，他从天津到旅顺时，带着《预知未来术》一书，作为占卜之用。他说这本书是香港出版的一种迷信书，伪称诸葛亮所著。

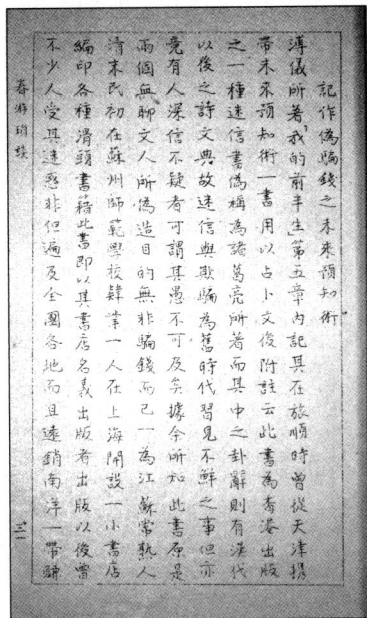

陈莲痕先生对《预知未来术》的出版知之甚详，在《春游琐谈》写了一篇"记作伪骗钱之未来预知术"（图 203），他说这本书是两个无聊文人所伪造，一为江苏常熟人，清末民初在苏州师范学校肄业；一为上海一家小书店主人，专编印各种滑头书，《预知未来术》就是以他的书店名义出版的。他们不但伪称此书是诸葛亮所著，还于 1920 年间，利用《申报》制造新闻，故弄玄虚，以提高知名度，因此此书出版之后，销量源源不绝，造成很多出版社予以翻印，又因为版权关系，就假托是国外出版。溥仪说他的书是香港出版，即是当时的翻印本。

1920 年间，《申报》刊登一则出售珍本秘笈的广告，有人自称是关中世家，先世在陕西眉县西南石壁中发掘帛书若干卷，经审定是蜀汉诸葛亮所著行军时用以占卜的金钱神课，与时下通行本大不相同，携来上海待价而沽。数日后，有某大律师代某书店刊登购买版权的声明，因该秘笈未有名称，特取名为《预知未来术》，声明已谈妥售价，签立契约。因该书系世代相传，恐族人有争论，特声明如有异议，应于一个月内与售主交涉，不与买主相干。

果然不到一个月，就有某姓族人刊登启事称此书未经全族同意出售，因此契约无效。某大律师又代某书店刊登警告启事称这是某姓族人内部的事，不应涉及买主，何况已经收取定金，签立契约，岂可任意反悔。于是向租界会审公廨提起诉讼，收取定金者及反对出售者均为被告，三方各请律师辩护，官司打得非常热闹。开庭时，三方当事人都没有出庭，都委由律师代表，最后由三方律师协议调停，声明版权仍归某书店，但买价增加若干，由该族人按股均分，这一场莫名其妙的官司遂告终结。

其后某书店就在报上大幅刊登售书广告，宣传这本秘笈如何灵验，初刊数千册，不数日即销售一空，再版十余次仍供不应求。也因此翻印本层出不穷，该书店销路才开始受到影响。

这本《预知未来术》之所以受欢迎，除了假造一场官司，闹得沸沸扬扬，以增加知名度，并宣传此书是诸葛亮所作之外，因为当时上海交易所风气正盛，想发财的投机分子无不将这本书当作至宝，而且这两个作伪者文笔不恶，韵语卦辞亦不鄙陋，才能一印再印。不过这其中所用的典故多是三国以后的事，遂成宋版《康熙字典》之荒谬，西洋镜慢慢就被揭露了。原来根本无所谓关中某姓之人，也无所谓在陕西眉县西南石壁中发掘帛书之事，诉讼时三方律师是真，但三方当事人都是某书店所扮演，这一场闹剧只多花了点律师费及广告费，就大大宣传了这本秘笈，使销路大增，让这两个无聊文人诡计得逞，大大赚了一笔钱。

清儒学案

《清儒学案》是一部有关清代学术思想史的大著作，由徐世昌及其门客僚友集体编纂而成，全书二百零八卷，收入人物众多，共计一千一百六十九人，包含正案一百七十九人、附案九百二十二人、诸儒案六十八人，著录的清儒著作万种以上。1938 年付刻，大多仅标注"徐世昌撰"。

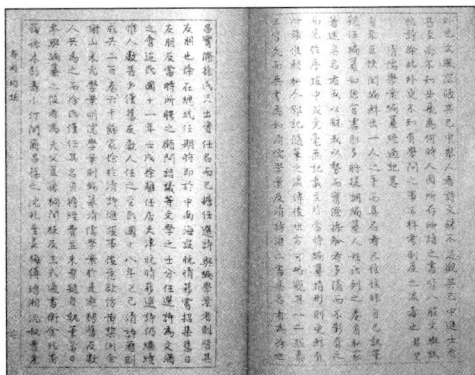

夏纬明先生在《春游琐谈》里写了一篇"清儒学案编纂经过记略"（图204），他是夏孙桐的儿子，而夏孙桐正是徐世昌的老友，也是参与编纂《清儒学案》的文学之士之一，因此夏纬明这篇记略有其可信之处。

夏纬明有感于自古以来，巨帙阂编很少出自一人之手，而具名者往往并非自己执笔亲任编纂者，不论官书私刻，实际操觚者多隐而不彰。他知道《清儒学案》及《清诗汇》都由徐世昌具名，但徐只是出资而已，实际担任编纂及选诗者另有其人，他的父亲夏孙桐就是其中之一。

他说："徐于《清诗汇》竣事后，意欲仿黄梨洲、全谢山《宋元学案》、《明儒学案》例编纂《清儒学案》，于是邀聘旧友数人共为之，而徐氏仅任其名，负担经费，并未曾亲自执笔。当日参与编纂之役者为先父夏孙桐闰枝及王式通书衡、金兆番笺孙、朱彭寿小汀、闵尔昌葆之、沈兆奎羹梅、傅增湘沅叔、曹秉章理斋、陶洙心如诸人。夏王金朱闵沈分任编纂，傅任提调，曹任总务，陶任采书，刻书另有助理，钞写汪惟韶伯云、曹葆宸君儒。"他将参与诸人的分工，列得非常清楚。徐世昌每月会致送车马费给编纂诸人，这其中有许多人都是靠卖文鬻字为生。

在编纂的数年之间，人事上发生了一些变化，夏纬明写道："综计编纂者不过六七人，自王（书衡）死、金（兆番）归、夏（孙桐）辞之后，只余朱、闵、沈三人，徐急于观成，又无总揽之人，遂益草率将事，至戊寅（1938）春粗毕，一面清稿一面付刻，经陶心如交法源寺内文楷斋刻成，凡二百零八卷，计一百册。"

这部《清儒学案》在最后付刻之时，只剩下朱彭寿一个人在负责，人力明显不足。徐世昌谢世后，匆匆刻毕，所以校对复阅方面多有疏漏。当时仅印白纸、黄纸各一百部，流传不广，文楷斋的书板后来移归中华书局，又重印数十部。

这部二百余卷的庞大著作，仅由几个人花了几年时间就编成，其间的辛劳可想而知，虽然仍有疏漏之处，但已将清代三百多年的学术概况做了系统的整理与资料的汇编，对后来的学术研究，有其不可磨灭的贡献。

《苏书陶集》

北京线装书局于 2000 年 11 月印制一部《陶渊明集》，一函二册，开本阔大，印刷装帧甚为精美大器，初看似是一部书写本，其"出版说明"里说，该局于 2000 年春在某地访得一部嘉庆十二年（1807）京江鲁铨的刊本，墨色如新，章迹烂然，因机缘到来，遂予以整理影印出版。（图 205）

这部书之所以引人注目，看书名页就明白了，书名页分三行，中间大字书《陶渊明集》四字，左行书"京江鲁氏藏板"，右行书"苏东坡书"。（图 206）原来这部优雅精美的鲁铨刊本《陶渊明集》，其苏体字迹可能是出自苏东坡手书，笔画勾勒，形神极其相似。

陶渊明（365—427），字元亮，号五柳先生，东晋浔阳柴桑（今江西九江）人，东晋灭亡，入刘宋后改名为潜。他是东晋末期

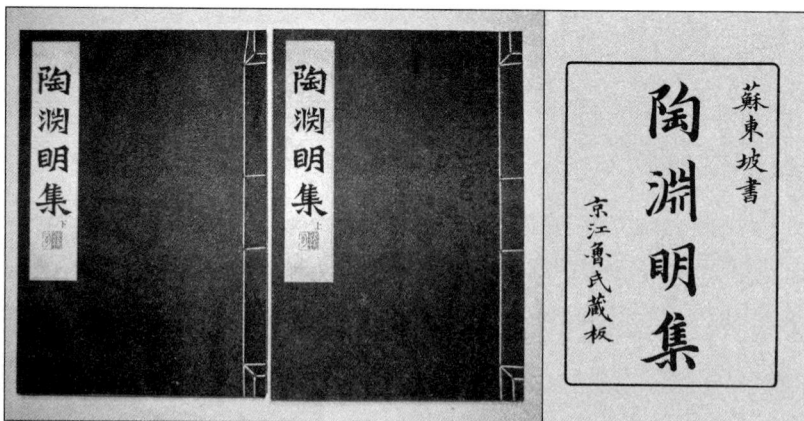

205　206

诗人、文学家，曾任彭泽县令，后人称"陶彭泽"，去世后，友人私谥为"靖节"，故世称"靖节先生"。他不为五斗米折腰、辞官归田的故事深为后世景仰，他的"归去来辞"："归去来兮，田园将芜胡不归？既自以心为形役，奚惆怅而独悲？悟已往之不谏，知来者之可追。实迷途其未远，觉今是而昨非。"后世传颂不止。

梁昭明太子萧统说："渊明文章不群，词采精拔，跌宕昭彰，独超众类，抑扬爽朗，莫之与京，横素波而傍流，干青云而直上，语时事则指而可想，论怀抱则旷而且真，加以贞志不休，安道苦节，不以躬耕为耻，不以无财为病，自非大贤笃志，与道污隆，孰能如此乎！"萧统不只对他的文章赞美，对他的人格情操，更是赞誉无已。陶渊明的诗文经萧统为之编集并作序，更为世人所重视，对后世影响也愈大，在中国文学史上占有重要地位，苏东坡对陶渊明的诗文就有很高的评价。

苏东坡（1037—1101），字子瞻，又字仲和，号东坡居士，眉州眉山（今四川眉州）人，是北宋著名诗人、文学家、书画家，也是唐宋八大家之一。他曾说："渊明诗初看似散缓，熟看有奇句……大率才高意远，则所寓得其妙，造语精到之至，遂能如此。似大匠运斤，不见凿斧之痕。"他曾经作了一百九篇和陶诗，如"和陶止酒"、"和陶连雨独饮二首"、"和陶拟古九首"、"和陶杂诗十一首"，等等，可见苏东坡对陶渊明的景仰之心。

至于苏东坡是否曾经亲手书写过《陶渊明集》，因北宋本陶集原书今已无存，仅有南宋本存世，因此不能确知。毛晋之子毛扆在《陶渊明集》书跋中提到他的父亲曾对他说："汝外祖有北宋本陶集，系苏文忠手书以入墨板者，为吾乡有力者致之，其后卒烬于火。盖文忠景仰陶公，不独和其诗，又手书其集以寿梓，其郑重若此。"（图 207）毛晋认为北宋本陶集是苏东坡亲自手书付梓刻印，此陶集，指的是宣和四年（1123）王仲良刻本，但是南宋胡仔所撰辑《苕溪渔隐丛话后集》里却说："余家藏《靖节文集》，乃宣和壬寅王仲良厚之知信阳日所刻，字大尤便老眼，字画乃学东坡书，亦臻其妙，殊为可爱。不知此板兵火之余，今尚存否？"胡仔认为这部王仲良刻本只是仿苏体字上板刊印，并非苏东坡亲笔书写。《苕溪渔隐丛话》成书于南宋初年，所以胡仔所言应该比较可信。

苏东坡擅长书法，和黄庭坚、米芾、蔡襄并称"宋四家"，他学遍晋、唐、五代名家，自成一体。他说自己的书法是"自出新意，不践古人"。因此当代学习苏体书法者大有人在，以苏体书法上板刊刻也就不足为奇，历代都有苏体陶集的流传。

毛扆虽曾听闻其父毛晋提到过其外祖父严栻曾经藏有北宋本苏书陶集，但早已毁于火，他无缘得见，不过却谨记在心，终于在钱遵王处见到苏书陶集。他说："一日晤钱遵王，出此本示余，开卷细玩，是东坡笔法，但思悦跋后，有绍兴十年跋，知非北宋本矣。而笔法宛是苏体，意从苏本翻雕者。"可惜的是这部书是南宋翻刻本，其字体虽是东坡笔法，但显然是后来临摹，不过毛扆和其父一样坚信苏东坡曾经亲书陶渊明集，所以他说"意从苏本翻雕者"。

钱遵王这部书购自太仓顾湄，认为是元版书不足重视。后来顾

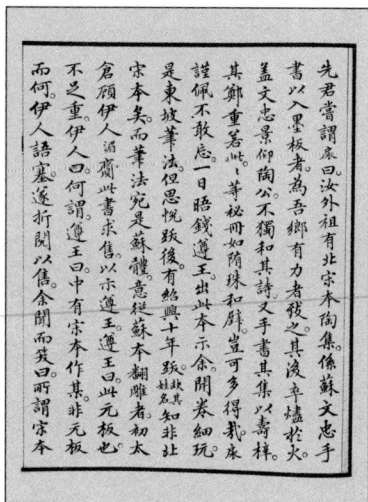

湄听毛扆细说，知其为善本，乃以原价赎回。毛扆趁机向顾湄借抄，他的老师钱梅仙书法甚工，抄成后，笔墨灿烂，典型俨然，康熙三十三年（1694）付梓刊印，即为汲古阁刊本苏书陶集。

有清一代，嘉庆及光绪年间均有翻刻汲古阁本者，嘉庆十二年（1807）京江鲁铨购得毛氏刊本，他认为此书摹写东坡书体，结构遒劲，直入王僧虔之室，他说："今钱君所摹，玉转珠回，行间犹有云霞揽结意象，即置之真宋本中，何多让焉。"于是予以临摹重刊。光绪五年广东番禺陶福祥以其收藏的胡伯蓟手书之苏书陶集上板刊刻，陶福祥别号爱庐，家富藏书，亦喜刊刻古籍。

北京线装书局于 2000 年寻得一部鲁铨刊本，觉得这是汲古阁刻本之后摹写的最惟妙惟肖、刊刻最为精良、几可乱真的刊本，于是将其整理出版。不过在出版之时，有稍微加工，求其美观，原书的笔画完全存真，不敢稍有更动，有加工者四项：

一、逐句圈点，以便阅读；

二、套以蓝框，以求其美（图 208）；

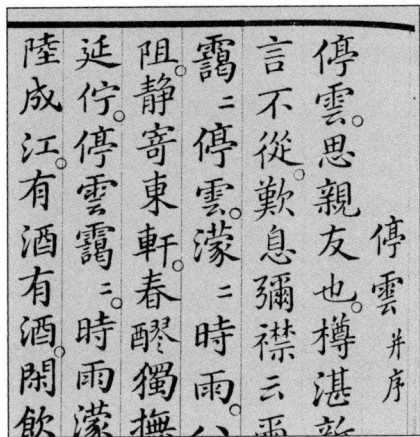

淵明小像

東坡小像

⑨ ⑩

自祭文

歲惟丁卯、律中無射。天寒夜長、風氣
蕭索、鴻鴈于征、草木黃落。陶子將辭
逆旅之館、永歸於本宅。故人悽其相悲、
同祖行於今夕、羞以嘉蔬、薦以清酌。候
顏已冥、聆音愈漠。嗚呼哀哉。茫茫大塊、
悠悠高旻、是生萬物、余得為人。自余為
人、逢運之貧、簞瓢屢罄、絺綌冬陳。含歡
谷汲、行歌負薪、翳翳柴門、事我宵晨。春

秋代謝、有務中園、載耘載耔、迺育迺繁。
欣以素牘、和以七弦、冬曝其日、夏濯其
泉。勤靡餘勞、心有常閒。樂天委分、以至
百年。惟此百年、夫人愛之、懼彼無成、
愒日惜時。存為世珍、殁亦見思。嗟我
獨邁、曾是異茲。寵非己榮、涅豈吾緇。捽
兀窮廬、酣飲賦詩。識運知命、疇能罔眷、
余今斯化、可以無恨。壽涉百齡、身
慕肥遯、從老得終、奚所復戀寒暑

⑪

三、增益小像，以示景仰（图209、210）；

四、补入阙字，以免遗憾。

线装书局自己说："自信这一新的版本，既保持了原书的版本风貌，更平添了几分妩媚。"（图211）

这部《陶渊明集》，纸白墨黑，开本阔大，极为精美。书前有"渊明小像"及"东坡小像"，其后为梁昭明太子萧统的"陶渊明文集序"，再其后为"总目"。总目计十卷，卷一至卷四为"诗"，卷五为"赋辞"，卷六为"记传赞述"，卷七为"传赞"，卷八为"疏祭文"，卷九至卷十为"集圣贤群辅录"，正文之后有"北齐杨休之序录""本朝宋丞相私记""思悦书靖节先生集后""绍兴十年未记名者书跋""嘉庆十二年嘉平朔日丹徒鲁铨跋"等，而殿以"甲戌四月下澣汲古后人毛扆谨识跋文"。

于今无法确知苏东坡是否曾经亲手书写过北宋本陶集，但苏体陶集在历代流传均有版本可考，线装书局印制出版的这一部《陶渊明集》，无论印刷装帧均属上乘，仿苏字体灿烂夺目，不下真迹，不仅可提供相关学者之研究，更可供好古者之摩挲保藏。

古韵·新谈

《圣谕像解》

康熙皇帝即位时只有八岁，由四位顾命大臣鳌拜、索尼、苏克萨哈及遏必隆共同辅政。其中以鳌拜最为跋扈，手段残暴，排除汉臣，大兴文字狱，让康熙皇帝甚为不满。康熙八年（1669）五月，他十六岁时，设法罢黜了鳌拜，才真正掌握政权，此后励精图治，在位六十一年，开创了大清盛世。

康熙九年，他颁布"圣谕十六条"，以为化民成俗之根本，这十六条圣谕如下：

敦孝弟以重人伦，

笃宗族以昭雍穆，

和乡党以息争讼，

重农桑以足衣食，

尚节俭以惜财用，

隆学校以端士习，

黜异端以崇正学，

讲法律以儆愚顽，

明礼让以厚风俗，

务本业以定民志，

训子弟以禁非为，

息诬告以全良善，

诚窝逃以免株连，

完钱粮以省催科，

联保甲以弥盗贼，

解雠忿以重身命。（图 212）

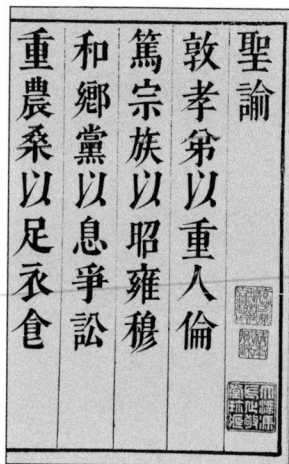

聖諭
敦孝弟以重人倫
篤宗族以昭雍穆
和鄉黨以息爭訟
重農桑以足衣食

212

这十六条圣谕虽然代表着封建帝王的牧民心态，但其内容与儒家思想中修身齐家的精神是相符合的，可见康熙知道，满人入主中原，要想长治久安，必须收拢汉人之心；而行儒家之道，就是笼络人心的主要方法。

圣谕颁发至各级官吏之后，谕令各级官吏定期宣讲加以阐扬，用以教化民心。同时朝廷也特别设置承宣布政使，负责各地的宣导任务，时任江南安徽等处承宣布政使龚佳育曾说："江左素称繁庶，予叨尘行省窃禄是邦，仰承两都御史台董率于上典，共百执事，宣布德化，以副圣天子爱养斯民至意。"当时太平府繁昌县知县梁延年觉得这十六条圣谕用词典雅，一般小民恐怕无法了解其深意，所以他逐条加以注释，希望家家户户都能传诵。他在"圣谕像解序"中说："承流宣化，邑令与有责焉……延年伏而读之，周情孔思灿然具在，独念铸辞典雅，小民未必周知，爰借加注释，急梓以行，俾合邑家传户诵焉。"

他这一作为，于康熙十五年（1676）经江南总督及安徽巡抚上奏康熙皇帝，得到康熙的赞赏与恩赐。康熙二十年他更进一步仿效《养正图解》及《人镜阳秋》，收集相关故事辑为《圣谕像解》一书，付之刊印（图 213）。他说："延年自揣凉薄，无以仰承风旨，

既而思之，曩者箋注之布，士民知書者能習之矣。若夫山童野豎目
不識丁，與婦人女子或未之悉也，于是仿養正圖解及人鏡陽秋諸
集，輯為聖諭像解一書，摹繪古人事迹于上諭之下，並將原文附載
其後，嘉言懿行各以類從，且粗為解說，使易通曉，編匯既成，付
之剞劂，凡六閱月而告竣。"龔佳育為他撰序也說："梁令以弁語為
請，予既嘉其有俾聖化，而又自幸得車輔之助，則題諸簡端所不能
辭也。"

梁延年編成這部《聖諭像解》，全書共二十卷，他根據十六條
聖諭選輯相關古人事迹，每則故事繪圖一幅，並加以解說，前圖後

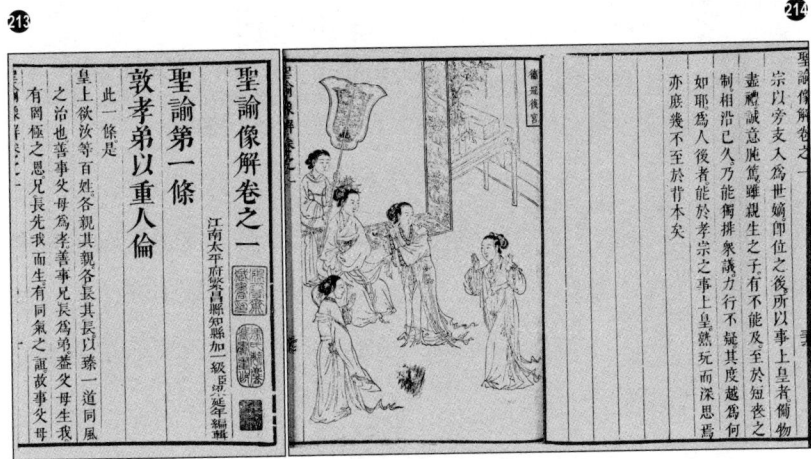

文，編輯成冊（圖214）。全書計有二百六十則，其中除聖諭第一條
"敦孝弟以重人倫"之"敦孝"部分選輯二十四則，以無異於舊本
有二十四孝之說外，其餘各條選輯故事多寡，各從其宜，並不強加
附益。

版心有"承宣堂"三字，是梁延年的堂號，在序文最後也鈐有
"承宣堂"印記（圖215、216）。但此堂號不是梁延年原用，他在

215

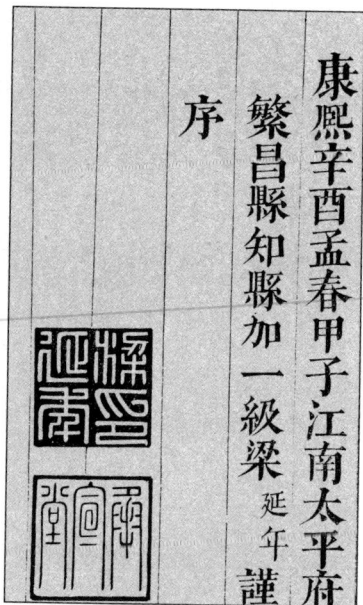

216

撰写序文时说："承流宣化，邑令与有责焉。"为表示对此圣谕之阐扬不遗余力，以启承流宣化之功，故命其堂名为"承宣"以刊印此书。他这部书另请"江南安徽等处承宣布政使司布政使龚佳育"作序，可见"承宣"之名，是当时秉承上意、戮力宣讲康熙圣谕时的一个"政治正确"的名称。

这部书共有二百六十幅图，份量颇重，但书中未见绘图及刻版者之姓名，不知出自何人之手。从图版看来，绘刻仍然非常精细，虽不及明代徽派版画般生动灵活，但仍保有明代版刻的余韵。郑振铎在《中国古代木刻画史略》中说："承宣堂刻的圣谕像解，卷帙甚巨，其人物形象十分典雅，大似丁南羽作的《养正图解》，恐怕也是有心要仿拟它的，但笔路过于精细，有些显得板涩，便没有《养正图解》那么明快可喜了。"

康熙颁布的这十六条圣谕，到了雍正二年（1724），世宗皇帝寻绎其义、推衍其文，创作十六篇短文，共得万言，赐名曰《圣谕广训》，颁发直省都抚学臣，转行各该地方府厅州县官员及教学衙门，晓谕军民生童人等，每月朔望进行宣讲，以期"俾服诵圣训者，咸得晓然于圣祖牖民觉世之旨，勿徒视为教条、号令之虚文"。为了让被统治者更能遵行康熙颁布的这些条文规约，也因为宣讲的需要，使其内容更加易懂，后来衍生了一些白话解释本，例如《圣谕广训衍》及《圣谕广训直解》等书。

咸丰六年（1856），广州味经堂书坊林勉之，得到康熙年间梁延年承宣堂刻《圣谕像解》一书，于是约集同志集资重新镌刻，并请两广总督叶志诜为之作序并题写书名页，书名页分三栏，中间书"圣谕像解"四大字，右栏书"咸丰丙辰初夏"，左栏书"恩封光禄大夫建威将军叶志诜题"，牌记则书"广州味经堂书坊重镌藏板装印"。

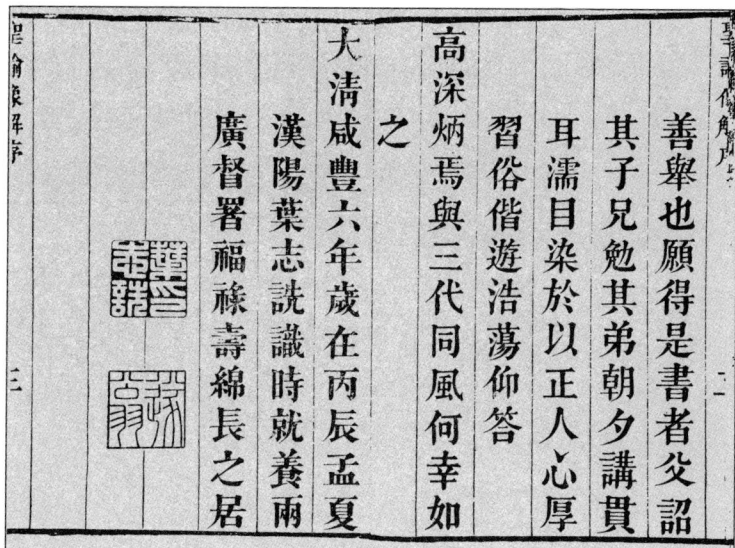

这部重刻本，首刊康熙圣谕十六条，次刊康熙辛酉年（1861）繁昌知县梁延年序，再刊叶志诜序，叶志诜于序末自署"大清咸丰六年岁在丙辰孟夏汉阳叶志诜识时就养两广都署福禄寿绵长之居"（图217），再次则刊梁延年凡例八则，其后则自卷一至卷二十依序刊刻，前图后文，仍从其旧。

这部咸丰重刻本，除增加书名页、牌记及叶志诜序之外，承宣堂刻本里承宣布政使龚佳育的序并未刻入，其余则悉依原刊本仿刻，其中卷四、五、十八、十九、二十等五卷，版心连"承宣堂"三字都一并刻出，可见这部书的重刻工作，非出自一人之手，刻工间没有取得共识，以至于版心是否照刻"承宣堂"字样，各卷并不一致，全书卷末最后一行刻有"马岗冯学镌堂刊"几个字。（图218）

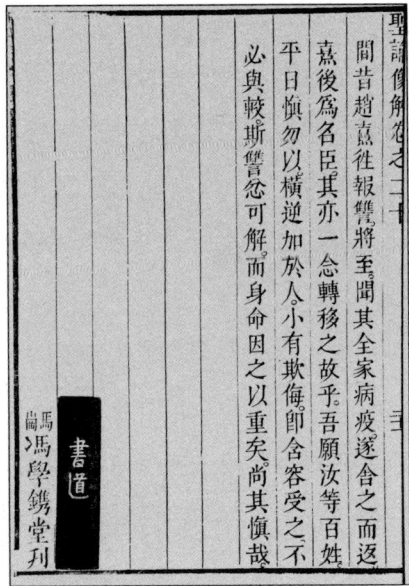

马岗是广东顺德的一个小村，以刻书有名，尤其女子刻工名闻遐迩。广东赤溪直隶厅同知金武祥，在他的《粟香随笔》书中说："书板之多，以江西、广东两省为最，江西刻工，在金溪县之许湾，广东刻工，在顺德县之马岗。"顺德县志也记载："今马岗镂刻书板，几遍艺林，刻书之事，马岗妇孺皆能为之，男子但依墨迹刻画界线，其余女工雕镂，故价廉而行远。"

除了这部咸丰年间味经堂书坊重镌《圣谕像解》是由马岗冯学镌堂所承刻之外，目前仍可见的马岗刻书有嘉庆年间刻《诗经小学》，序末有"顺德胡垣表写样，冯裕祥镌字"；清末佛山刻《声律启蒙》，卷首题有"顺邑马岗李应掌承刊"；宣统年间，广州幅艺楼书局刻《重校四书备补注附考》，也有"顺邑马岗冯积厚堂承刻"字样等。

我收藏一部味经堂重刻本《圣谕像解》，二十卷十册，字体端正疏朗，版画线条亦细致工整，持与康熙年承宣堂刻本相对比照，几无差异，展卷亦有华贵之感。如依顺德县志所说，雕镂工作多系女性刻工所为，实在应该对马岗冯学镌堂的女性刻工们致上崇高之敬意。

《康熙皇帝遗训》

日本昭和十八年（1943 年），鱼返善雄教授编辑中国《圣谕广训直解》《六谕衍义》等古籍内容而成《汉文华语康熙皇帝遗训》一书，由东京大阪屋号书店发行。（图 219、220）

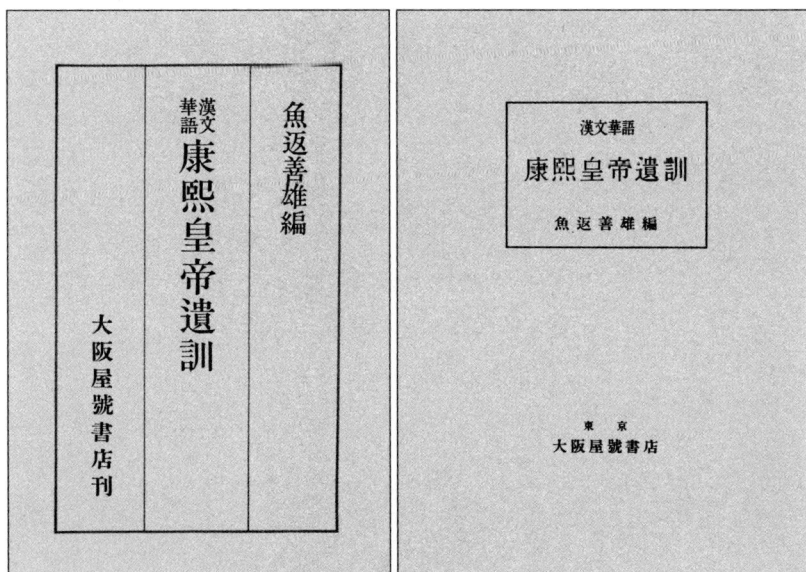

漢文
華語
康熙皇帝遺訓
魚返善雄編
大阪屋號書店刊

㉙

漢文華語
康熙皇帝遺訓
魚返善雄編

東 京
大阪屋號書店

㉒

此书虽经日人重编并在日本发行，但仍然以中文汉字印行，所谓"汉文"者即指雍正皇帝所衍绎出来的十六篇文言短文，所谓"华语"者即为宣讲需要而翻译的白话口语内容。

清圣祖玄烨八岁继帝位，康熙八年（1669）他设法铲除鳌拜后，才真正掌握政权。康熙九年，颁布圣谕十六条，以为化民成俗之根本，圣谕颁发之后，谕令各级官吏定期宣讲并加阐扬，用以教化民心。同时朝廷也特别设置承宣布政使，负责各地的宣导任务。

雍正二年（1724）二月，世宗皇帝捧读康熙圣谕，寻绎其义、推衍其文，依十六条圣谕创作十六篇短文，长者六百四十四字，短者五百九十字，合计万言，赐名曰《圣谕广训》（图 221），义取显

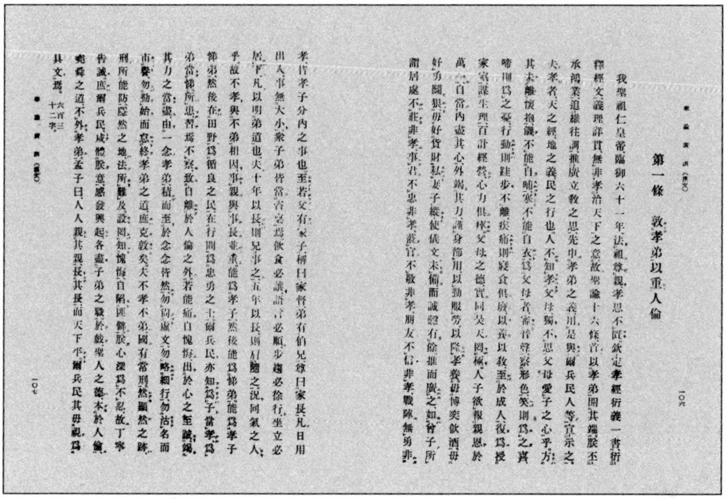

聖諭廣訓（卷一）

第一條　敦孝弟以重人倫

我聖祖仁皇帝臨御六十一年，法祖尊親，孝思不匱，欽定孝經衍義一書，衍
釋經文，義理詳貫，無非孝治天下之意。故聖諭十六條，首以孝弟開其端。朕丕
承鴻業，追維往訓，推廣立教之思，先申孝弟之義，用是與爾兵民人等宣示之。
夫孝者，天之經，地之義，民之行也。人不知孝父母，獨不思父母愛子之心乎？方
其未離懷抱，饑不能自哺，寒不能自衣，爲父母者，審音聲，察形色，笑則爲之喜，
啼則爲之憂，行動則跬步不離，疾痛則寢食俱廢，以養以教，至於成人，復爲授
家室，謀生理，百計經營，心力俱瘁，父母之德，實同昊天罔極。人子欲報親恩於
萬一，自當內盡其心，外竭其力，謹身節用，以勤服勞，以隆孝養，毋博奕飲酒，毋
好勇鬬狠，毋好貨財私妻子，縱使儀文未備，而誠慤有餘，推而廣之，如曾子所
謂居處不莊非孝，事君不忠非孝，蒞官不敬非孝，朋友不信非孝，戰陳無勇非

一〇六

孝，皆孝子分內之事也。至若父有冢子，稱曰家督；弟有伯兄，尊曰家長。凡日用
出入，事無大小，衆子弟皆當咨稟焉。飲食必讓，語言必順，步趨必徐行，坐立必
居下，凡以明弟道也。夫十年以長，則兄事之；五年以長，則肩隨之。況同氣之人
乎？故不孝與不弟相因，事親與事長並重。能爲孝子，然後能爲悌弟；能爲孝子
悌弟，然後在田野爲循良之民，在行間爲忠勇之士。爾兵民亦知爲子當孝，爲
弟當悌，所患者習焉不察，致自離於人倫之外。若能痛自愧悔，出於心之至誠，竭
其力之當盡，由一念孝弟積而至於念念皆然，勿尙虛文，勿略細行，勿沽名而
市譽，勿勤始而怠終。孝弟之道，庶克敦矣。夫不孝不弟，國有常刑，然顯然之跡，
刑所能防；隱然之地，法所難及。設罔知愧悔，自陷匪僻，朕心深爲不忍，故丁寧
告誡，庶爾兵民咸體朕意，感發興起，各盡子弟之職。於戲！聖人之德，本於人倫；
堯舜之道，不外孝弟。孟子曰：人人親其親，長其長，而天下平。爾兵民其毋視爲
具文焉。　六百三十二字。

聖諭廣訓（卷一）　一〇七

221

明，语多质朴，颁发直省都抚学臣，转行各该地方府厅州县官员及教学衙门，晓谕军民生童人等，每月朔望进行宣讲，以使黎民百姓，家喻而户晓。因为各地官员宣讲的需要，为使其内容更加通俗易懂，后来衍生了一些白话解释本，例如《圣谕广训直解》《讲解圣谕广训》及《圣谕广训衍》等书。

《圣谕广训直解》依据雍正皇帝的《圣谕广训》十六篇短文，逐条加以明快流畅的口语解说，使宣讲者得有参考依据，也使听讲者句句到耳、心领神会。

试摘一段广训直解内容来对照，即可清楚明白。

圣谕第一条"敦孝弟以重人伦",《圣谕广训》说:"人子欲报亲恩于万一,自当内尽其心,外竭其力,谨身节用,以勤服劳,以隆孝养。"

《圣谕广训直解》则翻成白话口语说:"古人说得好,养子方知父母恩,既然知道父母的恩了,为什么不孝顺呢。这个孝顺也不是做不来的事,只不过要安爹娘的心,养爹娘的身。怎么安爹娘的心,平日在家内,行好事做好人,读书的下苦读书,务农的勤种田地,或做买卖,或佣工做活,止安分守己。爹娘上面有爷有婆,要体爹娘的心,加意奉承。爹娘身边有小儿小女,要体爹娘的心,加意看待,教爹娘活一日,宽怀一日,这便是安爹娘的心。怎么养爹娘的身,随你的力量,尽你的家私,殷勤奉承两个老人家,宁可自己少吃少用,尽爹娘吃,尽爹娘用,替爹娘代些劳,有疾病,请医调治,这便是养爹娘的身。"

《六谕衍义》并非康熙皇帝颁发十六条圣谕的衍生著作,与《圣谕广训》也没有任何关联。"六谕"为明太祖朱元璋所颁发,作为教育民众的纲领准绳,包含:孝顺父母、尊敬长上、和睦乡里、教训子孙、各安生理及毋作非为等六项。明末清初时,蠡城范鋐加以注释而成《六谕衍义》一书,这部书的刊印最晚不迟于康熙二十三年(1684)。康熙二十二年时,琉球人程顺则随紫金大夫王明佐率领的琉球谢恩使团到达清国,在福州拜儒学家竺天植为师,潜心专研儒家经典。甲子(康熙二十三年)春,程顺则在竺天植处见到《六谕衍义》,以是书词简义深、言近旨远,认为可以挽颓风而归淳厚,教子弟而通正音,因而深深被吸引。康熙四十七年(1708),他花钱刻了这部书带回琉球,并辗转献给江户幕府将军德川吉宗,德川命人翻译成日文,称为《六谕衍义大意》,直到明治维新前，一直都是日本的教科书，其重要性可见一斑。就如范鋐在书后所写的一首总诗："圣人之道六言是，天下太平此一书；果能实实通行去，便是唐虞三代初。"

日本语言学家、汉学家鱼返善雄教授（1910—1966），出生于日本大分县日田町，十六岁时曾在上海的东亚同文书院学习，二十三岁时经日本文部省检试合格取得中文及英文教师资格，其后曾担任东京帝国大学及东京大学文学部讲师、东京高等师范学校教授。战后，担任东京女子大学及驹泽大学客座教授。他一生的著作有许多和推广中文相关，例如《华语基础读本》《汉文的世界》《汉文入门》，等等；也有许多是与研究或翻译中国古书小说相关，例如《论语新译》《物语水浒传》《物语西游记》《游仙窟》《菜根谭》《新中国小说集》，等等，不胜枚举。

他于昭和十八年（1943），将《圣谕广训直解》及《六谕衍义》重新编排成《汉文华语康熙皇帝遗训》一书，书前附有六幅书影，其后有东大教授高田真治"序"及鱼返善雄"编者序"，正文将《圣谕广训直解》分为"圣谕广训华语解"及"圣谕广训汉文"两部分，"华语解"是白话口语的解说，每一篇开始就说："万岁爷意思说……"（图222）。"汉文"则是雍正皇帝的十六篇文言短文。再其后是《六谕衍义》，最后有"编者跋"。

鱼返善雄之所以要编辑这部书，是由于他认为康熙统治中国四亿人民六十一年，深知民族的长处与短处，进此提出十六条圣谕，宣扬实践，进而造成国家兴隆与人民幸福。这十六条圣谕，有些是中国固有的道德纲领，如孝悌忠信（第一条）、礼义廉耻（第九条）、家族保全（第二条）、乡党亲和（第三条）等；有些则和当前世间所高倡的议题相符和，例如：生产增强（第四条）、消费节约（第五条）、纳税报国（第十四条）、邻组协力（第十五条）、职域奉公（第十条）、思想国防（第七条）、教学刷新（第六条）、青年錬成（第十一条）、防犯彻底（第八条）、造言取缔（第十二条）、兵役义务（第十三条）、生活自肃（第十六条），等等。虽然这些在三百年前的中国就已经推行了，不过《六谕衍义》一书一直在日本占有重要地位，所以他综合这两部中国古籍，编辑成《汉文华语康熙皇帝遗训》，应该是崇仰中国固有道德，并借重文化精髓，以作为日本上下学习之用。

鱼返善雄编成《汉文华语康熙皇帝遗训》一书，由东京的大阪屋号书店发行，于昭和十八年十月二十日印刷，二十五日发行，当时仅印刷一千部，版权页上有编者的"鱼"字钤印（图223）。当时台北市太平町的"日光堂书店"也有贩售（图224），"日光堂书店"是蒋渭川于1934

年所创办，原来取名"台北堂"，但因为已有同名者，所以改为株式会社"日光堂书店"。蒋渭川（1896—1975），台湾宜兰人，是台湾地区民族运动先驱蒋渭水之弟，早年曾追随其兄参

与运动。蒋渭川曾当选台湾省议会参议员，而后在相关部门任要职长达十年之久。

　　台北文海出版社于1974年编印《近代中国史料丛刊续编》时，曾经收录这部书，但重新编印后，书名已更改为《汉文华语康熙皇帝圣谕广训》。

《历代钟鼎彝器款识法帖》

　　《历代钟鼎彝器款识法帖》二十卷，宋朝薛尚功所著，成书于绍兴十四年（1144），是宋代金石著作中收录最丰富、编次最有条理的一部书。该书收入四库全书经部小学类，提要上说："尚功嗜古好奇，又深通篆籀之学，能集诸家所长，而比其同异，颇有订讹刊误之功，非钞撮蹈袭者比也。"

　　薛尚功，字用敏，钱塘人，生活在北宋末、南宋初年间，曾任官定江军节度判官厅事，善古篆，尤好钟鼎。他参据《宣和博古图录》、吕大临《考古图录》、李公麟《古器图录》、刘敞《先秦古器记》、欧阳修《集古录》及其他相关传本，汇集夏、商、周、秦、汉各朝代钟鼎石刻铭文款识共五百一十一件，取材非常丰富，并亲自摹写，非常谨严，厘为《历代钟鼎彝器款识法帖》二十卷。清嘉道年间金石学家朱为弼说："吾浙薛氏尚功款识搜罗既富，辨释亦博，皆自书上石，不特篆法浑成，隶法奇古，即楷书亦上逼颜柳，题为法帖，良不诬也。"

　　据曾宏父《石刻铺叙》记载："绍兴十四年甲子六月，郡守林师说为镌置公库，石以片计者，二十有四。"薛尚功曾任定江军节度判官厅事，所在地就在江州，因此江州郡首林师说将他的《历代钟鼎彝器款识法帖》刻勒石板，存放在江州公库，并且拓印流传。不过这一部款识法帖共二十卷，如何仅刻石二十四片，其说法颇令人不解。黄丕烈《荛圃藏书题识》里"历代钟鼎彝器款识法帖二十卷"一节说："余藏石刻残本，少一至六，又十七十八，共八卷。"
可见黄丕烈曾藏有石刻拓本十二卷，所以当时石刻应该是二十卷无
误，"石以片计者，二十有四"。当时所谓的"片"，与现代的认知
应该是有所差异的。

宋亡之后这些石刻均已无存，连拓本也不易得，拓本的原石，
据朱为弼说："入元代毁以累塔。"拓本，在明初已难得全璧，即使
有一二残编断简，也都被严密地收藏着，一般人无缘得见。中央研
究院历史语言研究所于 1929 年 9 月整理明清内阁大库档案时，发
现宋拓石本历代钟鼎彝器款识法帖残页三页，四周都已破损，经与
刻本核对，是属于卷十三及十四。其后又透过赵万里先生的介绍，
从民间购得石本残卷十六页，经核对与前述三页前后衔接。据推测
是当年内阁档案移至午门历史博物馆时，被监守人盗出而流落民
间。这十九页石本残卷，都是当年薛尚功手书上石刻板后拓印的，
虽然数量很少，但已弥足珍贵，中研院史语所曾于 1932 年将其影
印出版，以供研究参考。（图 225）

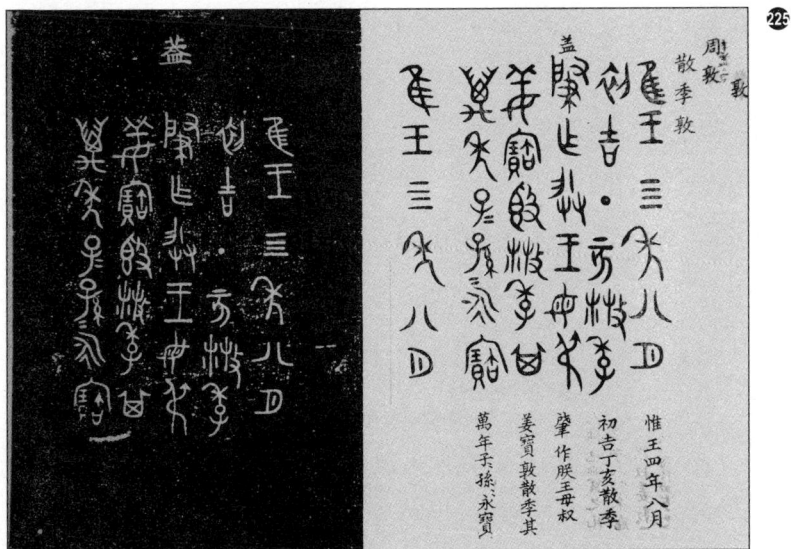

目前存世流传的都是抄本及刻本，中研院史语所徐中舒先生于1930年5月所撰"宋拓石本历代钟鼎彝器款识法帖残叶跋"一文中说："石本之外相传有薛氏手写本，崇祯六年朱谋垔刻本，光绪三十三年刘氏玉海堂刻本，均从此出。"据明朝都穆《寓意编》所说，这部手写本原为沈雄仲所藏，书后有宋嘉熙三年（1239）杨伯嵒的题词，以及嗣后的赵孟頫鉴定、周伯琦题名、张伯雨及柯九思的跋语。沈雄仲系元朝巨富沈万三的后人，后因老而贫，将这部手写本转售给史明古。

朱谋垔在他崇祯七年（1634）刻本的自序上说，崇祯三年庚午夏月，他重金买到薛尚功手书而被山阴钱德平秘藏的《历代钟鼎彝器款识法帖》，为了不藏私，所以加以刊刻行世，"愿为薛氏忠臣"。嘉庆年间孙星衍在山东为官时，也买到一部旧写本，书上多钤元明人印章，纸色旧而象文极工，题为"茧纸薛尚功手书"，他虽不敢定为薛氏手迹，但为宋写本无疑。如果徐中舒先生所说，朱谋垔刻本及刘世珩刻本均从薛尚功手写本抄出，则这部手写本流传有绪，都可得到明证，只不过这部薛氏手写本目前流落何方，无从查考。传世写本、钞本当然不只薛尚功手书一种而已，例如台北"国家图书馆"里就著录有康熙九年（1670）黄公禾手抄本、康熙间虞山陆氏精写本、嘉庆间乌程严可均手写本等。

另外，刊本方面著录有明万历十六年（1588）万岳山人刊本、崇祯七年（1634）南州朱谋垔刊本及嘉庆二年（1797）仪征阮氏刊本。其中朱谋垔刊本较其他刊本为佳，除了他得到薛氏手写本作为母本之外，文字的临摹、校勘都有专人从事，他自己也大力参与。他说："至于命意运指，不失古人遗法，自柔翰以至铁史，皆不佞垔一一指授。"《四库全书》收录的就是这个版本。

光绪丁未三十三年（1907），贵池刘世珩玉海堂也刊行一部刻本，书名页题为《景刊宋钞薛尚功历代钟鼎彝器款识法帖二十卷》，并有牌记曰："光绪癸卯嘉平月贵池刘氏玉海堂校刊于武昌"。（图226、227）

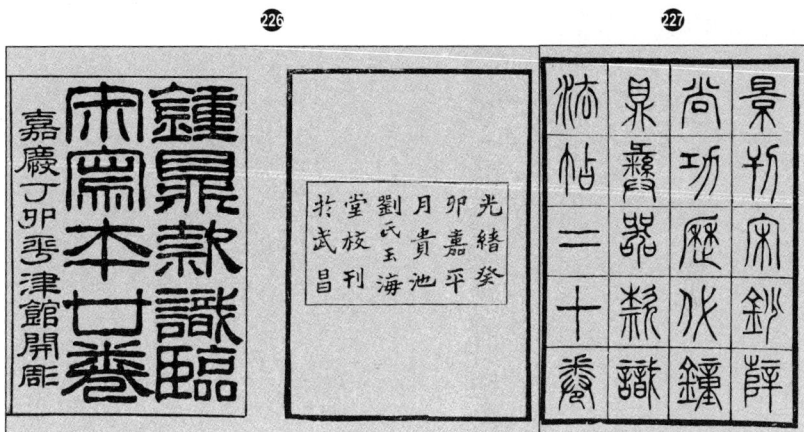

他另有一段题识说："严铁桥孝廉为五松老人临影是书，并作封面在嘉庆丁卯，当时未及开彫，今年锓版手，已在一百一年以后，五松老人其亦欢慰于九泉耶，仍用原题刻裹书首，是存旧观之意耳。"这段题识写于光绪丁未年，较其牌记所书癸卯年晚了四年，因此定此书刊行于光绪丁未，应较合理。

从这段题识可以知道，刘世珩刻本的母本就是严可均（1762—1843，字景文，号铁桥，浙江乌程人，嘉庆五年举人）的钞本，这部钞本原来是为了孙星衍（1753—1818，字伯渊，号季述，阳湖人，乾隆五十二年榜眼，清经史学家、金石学家）的平津馆准备开雕而抄写成的，古篆由严可均影临宋写本，释文则由蒋嗣曾书写。这部钞本也将元明人印章一一临摹，在目录卷第一下有"张氏仲友""沈氏雄仲""柯九思敬仲印"等印（图228），法帖卷第一下有

228

229

"贞白子"等印，卷第三下有"谢氏长原"等印，卷第十终有"钱氏德平"等印。由这些藏印来看，与明朝都穆《寓意编》所说沈雄仲所藏手写本，以及朱谋㙇购自钱德平秘藏的写本似为同一本。

后来孙星衍因故没有付之刊刻，这部钞本辗转由缪荃孙收藏，钤有缪的藏书印，再由刘世珩取得，予以刊行。刘刻本除了刻有孙星衍的序，还有缪荃孙的藏书印。这部钞本后来曾经张乃熊（芹圃）收藏，钤有"芷圃所藏"印记，尔后辗转收为"国有"，目前收藏在台北"国家图书馆"里，前述"嘉庆间乌程严可均手写本"即是。1972年，台北"国家图书馆"前身"国立中央图书馆"曾经将这部钞本借给广文书局影印出版，广文版在书前印有承其惠借珍藏善本书稿谨此致谢的字样。

刘世珩采用严可均钞本付之刊刻，在书后加列"札记"一篇，列出他取阮元刻本与严可均钞本相互校对，校出阮刻本有一百二十八处误脱。他在跋语中说："今取初印阮本细勘，举阮本误脱共一百二十八处，撮录附刻，以供后世之读是书者一证焉。"后署"光绪丁未九月贵池刘世珩识于京邸天禄西堂"。（图229）

但经取严可均钞本一观，书后也有一篇未署名的"临宋写本钟鼎款识札记跋"，与刘世珩跋比对，除举阮本误脱一百十处有所差异外，其余几乎完全一致，但较刘跋多出一段话语，跋中说："封面钟鼎款识临宋写本廿卷十字，嘉庆丁卯平津馆开雕，均隶书。丁卯，先生五十五岁，在山东粮道任，不知何以未刊，与所见朱子涵藏津逮秘书本金石录同，今金石录子涵已刊，此书为刘葱石世兄刊行，均补前人未竟之事，可谓同时二妙矣。"刘葱石即刘世珩，可见这一篇跋语原非刘世珩所撰，而是取自他人所写，但在校勘阮刻本上，他又花了一些心力，因此校出的误脱处从一百一十处增加为一百二十八处。

刘世珩刻本的每一页版框左下方，均刻有篆体字与正体字的字数，这在严可均钞本上原来就有，可以看出当时抄录的严谨，当然也是为了刻工雕版时易于计价所致。全书在第二十卷最后刻有"凡钟鼎款式二十卷并面叶叙目，都计贰佰卅叶，为篆隶壹万叁佰陆拾，正书肆万柒仟壹佰陆拾捌"。

篆体字在这部书上占有极重要的地位，因为铭文都是古篆字。但经辗转传抄，难免笔画失真，例如嘉庆年间阮元刻本，是以宋刻版本校梓行世，已较旧本精善，但仍被校出百余处误脱。而刘世珩刻本的母本，是孙星衍在山东为官时所得宋写本，嘱咐严可均临摹而来，所以这应该也是一部精钞本了，刘世珩据以刊刻，也应该算是精刻本，但事实上又并非如此。

清末民初文学艺术大家姚茫父，对于金石、碑版、古器也研究甚深，他曾收藏一部刘世珩刻本，并取端方所藏明影元钞砵字本及朱谋垔刻本，花了很大的工夫加以校订，朱笔细字校满全书，逐次翻阅，朱墨相间，在版框之上也偶有批注，全书批校共计数千字，

可见这部书之刊刻亦有其未周延之处。（图230）

姚茫父书法甚佳，具魏晋书风，兼长北碑，且越小越佳。他的批校十分精到，在古篆方面，一笔一画绝不苟且，有差异之处必于字旁重新摹写，并注明其出处，以存其真（图231）。释文部分也常添加自己的看法，注列字旁，以供后读者参酌。（图232）

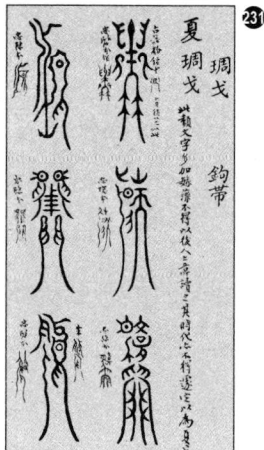

这部批校本，最令人激赏的就是姚茫父的朱笔细字，字虽小，但起承转合、抑扬顿挫，章法俱在。例如他在目录第一页版框之上的天头处，过录朱谋垔刻本的叙及名家题识多达七百余字（图233），但字字分明、笔笔到位，可以看出书法大家的功力与郑重其事的名家风范。

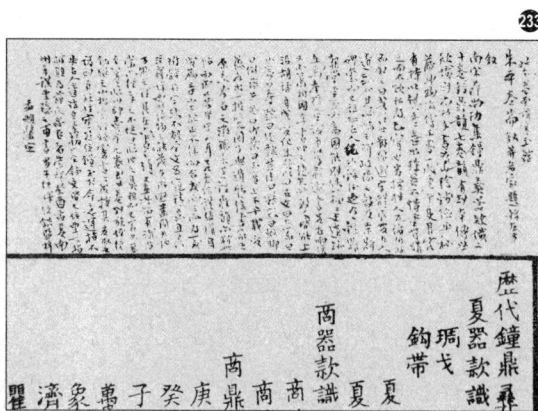

《圣武记》

魏源（1794—1857），原名远达，后改名源，字默深，一字墨生或汉士，湖南邵阳人。为晚清著名的经学家、史学家、诗人及思想先驱者，其经学承常州学派之余绪，与龚自珍齐名，著作甚多，有《皇朝经世文编》《古微堂内外集》《古微堂诗集》《诗古微》《书古微》《元史新编》《圣武记》及《海国图志》等，其中尤以后二书影响最为深远。包世臣看过《圣武记》后，在给魏源的信中说："国家武功之盛，官书卷帙浩繁，不可究诘。足下竭数年心力，提纲挈领，缕分瓦合，较原书才百一，而二百年事迹略备，其风行艺苑，流传后世，殆可必也。"梁启超也曾说："中国士大夫之稍有世界地理知识，实自魏氏之《海国图志》始。"

《圣武记》完成于道光二十二年（1842）七月（图234、235），而《海国图志》则完成于十二月，时值鸦片战争末期，英军长驱直入，清廷战败。魏源感慨万千，希望能为救亡图存找寻一条出路。他在"圣武记叙"中说："财用不

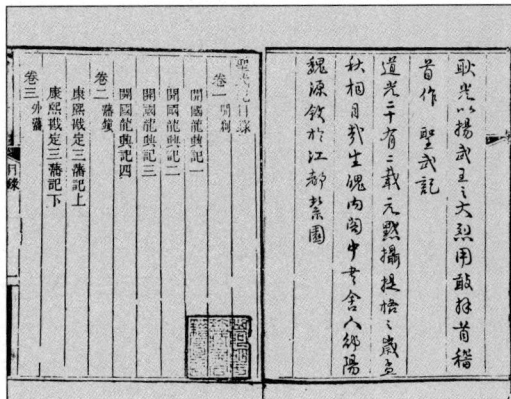

耿光以扬武烈之大烈用敞披首楷

首作 聖武記

道光二十有二載元黙攝提悟之歲在

秋柏月我生魂内阁中書舍人邵陽

魏源欽於江都絜園

聖武記目録

卷一 開制

開國龍興記一

開國龍興記二

開國龍興記三

開國龍興記四

卷二

剿撫

康熙戡定三藩記上

康熙戡定三藩記下

卷三 外疆

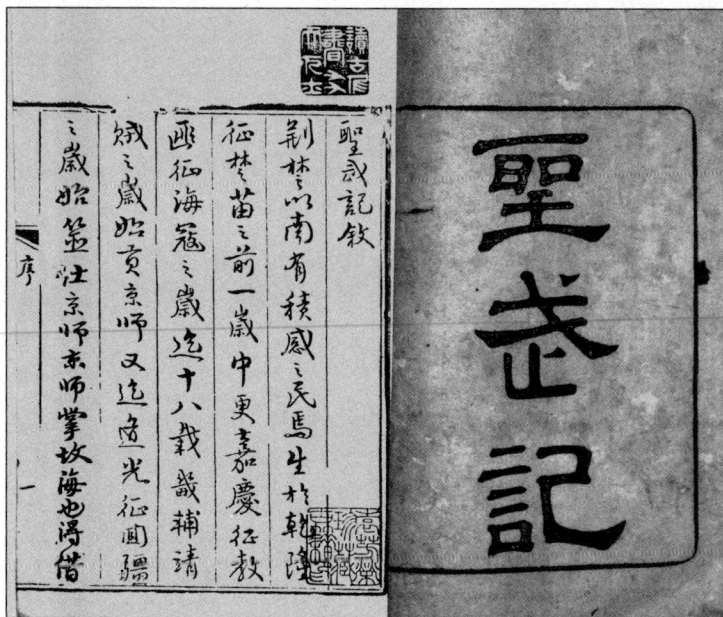

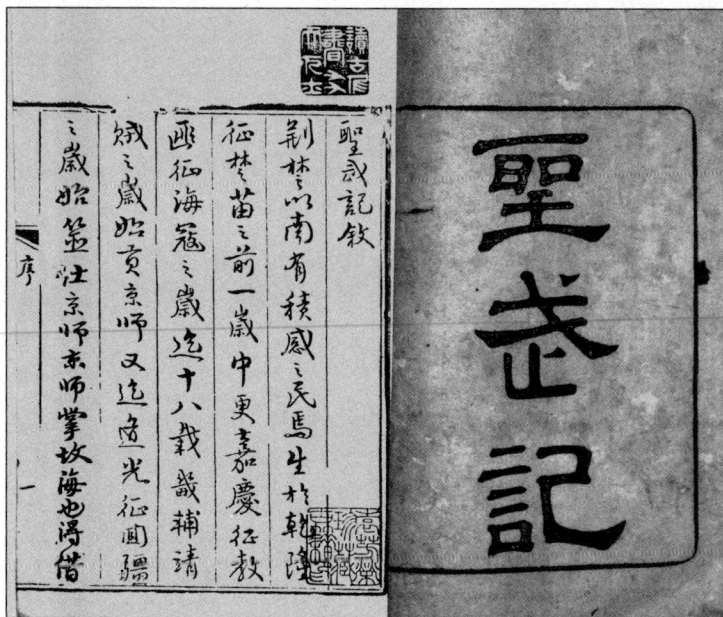

足国非贫，人才不竞之谓贫，令不行于海外国非羸，令不行于境内之谓羸。故先王不患财用而惟亟人才，不忧不逞志于四夷，而忧不逞志于四境。官无不材则国桢富，境无废令则国柄强，桢富柄强，则以之诘奸奸不处，以之治财财不蠹，以之搜器器不窳，以之练士士无虚伍。如是何患于四夷，何忧于御侮，斯之谓折冲于尊俎。"他认为人才的启用、军令的整饬，才是国家富强的根本。显然他对朝廷和战不定，主战派王鼎的主张未受道光皇帝重视，以及名将林则徐被治罪发配伊犁等情景，颇有感触。

他也认为战败之后须力图振作，效法先王励精图治，他在叙中继续说："物耻足以振之，国耻足以兴之，故昔帝王处蒙业久安之世，当涣汗大号之日，必皦然以军令饬天下之人心，皇然以军事军食延天下之人才，人才进则军政修，人心肃则国威遒，一喜四海春，一怒四海秋，五官强，五兵昌，禁止令行，四夷来王，是之谓战胜于庙堂。"他念念不忘的还是人才的延揽，以及军令的严厉推行，这是当时道光皇帝应该要承担的责任，但魏源也只能含蓄地说"是之谓战胜于庙堂"。

这部《圣武记》共有十四卷，前十卷叙述清朝开国以来康熙、雍正、乾隆、嘉庆、道光诸朝的丰功伟业，包括开国龙兴，勘定三藩，绥服蒙古、西藏、回疆，收复台湾，平定内部武昌、宁陕兵变，川湖陕靖寇，令朝鲜、缅甸纳贡，与俄罗斯结盟等共四十七篇（图 236）。后四卷则是武事余记，包含兵制兵饷、掌故考证、事功杂述及议武五篇（城守篇、水守篇、坊苗篇、军政篇、军储篇）。这是魏源总结

⑳

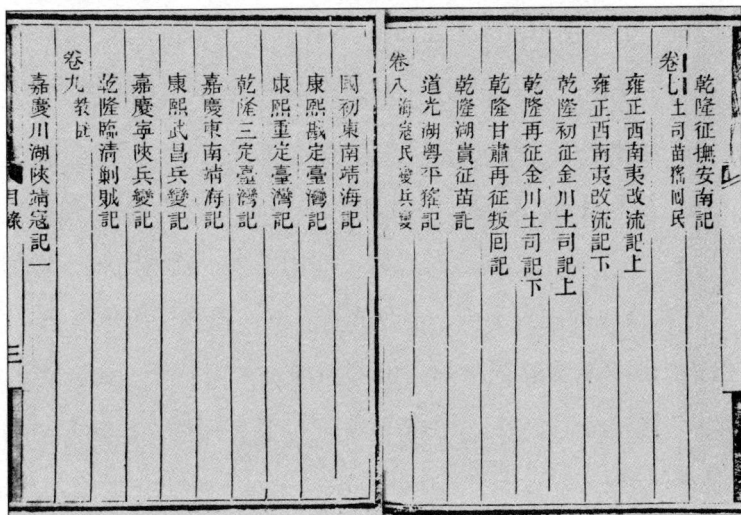

历史经验，针对鸦片战争所显露的腐败现象，而提出来的抵御外侮、兴利除弊的谋策，其中对于海防、战守、练兵、筹饷，议论尤其精到。该书出版之后，风行海内外，不仅国内索观者众，道光二十四年（1844），《圣武记》还第一次传入日本。当时，日人鹫津毅堂为了寻求"防英夷之术"，遍读中国历代兵书，当他读到《圣武记》时，

知道这是魏源在鸦片战争期间所撰写，对于清廷的军政得失，以及英军入侵的情状都是亲身经历，他便认为海防之策，莫善于是篇，于日本嘉永三年（清道光三十年，1850）摘要抄录而成《圣武记采要》三卷，以方便日人阅读。不久之后，又有《圣武记附录》、《圣武记附录武事余记补遗》及《圣武记拔粹》等书在日本发行。

《圣武记》的初版本于道光二十二年（1842）刊印，显然是受到鸦片战争清廷战败的影响，配合时势即时出刊，以激励民心，并为战败的清廷寻求振兴之道。但不可否认，因为时间匆促，致使一些文字及内容，仍需要调整修正。道光二十三年，魏源将《圣武记》寄给包世臣，请他审定。包世臣认为本书编排上有些需要调整之处，他在回信中提供了一些建议："仆则以为兵制武功之本，必宜列为卷首，次则军法、军赏，不必以地分类，唯宜挨顺前后，逐案编纂，借使事因时山，义随事见，得失之故，成败之机，了然心目。"

道光二十四年，魏源于苏州旅次中重订《圣武记》，他在目录之后附记说："是记付刊之后二载，阅历益多，疏舛时憾，重加厘订。"这次修改的内容不少，全改的有卷五"乾隆征廓尔喀记"、卷六"国初俄罗斯盟聘记"等，俄罗斯增加"附记"一篇。半改的有卷三"雍正征厄鲁特记"，其他各记也多有损益，例如卷一增加"开国龙兴记五"、卷十"嘉庆川湖陕靖寇记"原七记调整为八记，而后四卷武事余记更订尤多。他修订之后颇有感慨地说："本学问之境无穷，未审将来心目又复何似，灾梨之悔其有既乎。"

除了内容有所修订外，他的"圣武记叙"也做了一些文字上的修改，例如原刊本中"晚寓江淮"改为"晚侨江淮"，"以继禹之迹"改为"以陟禹之迹"，"用敢拜首稽首作圣武记"改为"用敢拜手稽首作圣武记"。另外有一些地方作了比较大幅度的修改，例如原刊本中"或涉兵事或不尽涉兵事，有得即书，未遑述作"重订本中改为"因以塑洄于民力物力之盛衰，人才风俗进退消息之本末"；原刊本中"先取其专涉兵事者四十有七篇，及尝所议论若干篇，为十有四卷"修改为"先取其涉兵事及所论议若干篇，为十有四卷"。因为此次修订增删之后，篇数已非四十七，故有此修正。另外，这一次的修订，重新刻版印行，其版框尺幅也比原刊本大，经量测原刊本，版框高13.3厘米，宽10厘米；重订本高17.9厘米，宽13.6厘米；两种版本皆为半页十行，行二十一字。

到了道光二十六年（1846），魏源又于扬州旅次中为《圣武记》再做一次修订，他说："是记当海疆不靖时，索观者众，随作随刊，未遑精审。阅二载，重订于苏州，又二载，复重订于扬州。"这次修订主要在卷四"道光重定回疆记"之外，增加"道光回疆善后记"一篇；卷六"乾隆征缅记"，原只一篇，增为上下两篇；卷七"乾隆湖贵征苗记"之外，另增"嘉庆湖贵征苗记"一篇；原卷十二、十三武事余记，因多冗沓，因此移其琐事散附于各记之末，而更正其体例。另外，道光二十四年修订时将"嘉庆川湖陕靖寇记"由七篇调整为八篇，道光二十六年修订时又调回七篇，但另增"嘉庆川湖陕乡兵记"一篇。

《圣武记》一书在探究清朝盛衰之缘由及除弊兴利之方法，在国力日衰的晚清时期，确实受到重视，认为有较强的实用性。晚清重臣曾国藩也曾数次阅读，在其《求阙斋日记》中曾有记载。这部书因为受人重视，也因此它的刊印版本甚多。光绪四年（1878），上海《申报》馆在该书第十卷里增加"道光洋艘征抚记"上下两篇，有些版本甚至增加插图数十幅，一时各种刊本、石印本、铅印本等纷纷出现在市面，时人争购，莫之能御。

《南唐书》

汉、唐并列中国二盛世，但终难避免由强趋弱、朝代更迭的宿命。汉之后，三国鼎立；唐之后，五代十国群起。盛世时期，疆域辽阔，为了统治幅员广大的王国，统治者派任藩镇各领一方。后来朝廷日趋衰弱，藩镇形成割据，各拥重兵，群雄并起，相互倾轧，造成战乱频仍、民不聊生的局面，这种情况似乎成为历史定律。期间几十年的混乱，犹如历史长流中偶然出现的火花，虽然很快消失，但那一抹余光却长留在历史的轨迹里。

从 907 年唐哀帝李柷逊位，到 960 年宋太祖赵匡胤建立北宋，这期间短短的五十四年，中原相继出现了后梁、后唐、后晋、后汉、后周等五个朝代。在这五个朝代更迭的同时，还相继出现了前蜀、后蜀、吴、南唐、吴越、闽、楚、南汉、南平和北汉十个割据政权，史称"五代十国"。

这其中，"南唐"的国祚虽仅历三主，共三十九年，但北宋马令撰有《南唐书》三十卷，南宋陆游也撰著《南唐书》十八卷，可见历史上有其不可轻忽之处。南唐后主李煜的诗词艺术成就以及南唐画家顾闳中的《韩熙载夜宴图》等，都是众人耳熟能详之事，是历史文化中的一页璀璨史实。此外，当时外邦视"南唐"为唐朝之遗绪，如契丹、高丽仍然岁贡不止，诚异数也。

元朝集贤大学士赵世延在"南唐书序"里说："虽为国褊小，观其文物，当时诸国莫与之并，其贤才硕辅，不逮蜀汉武侯，而张延翰、刘仁赡、潘佑、韩熙载、孙忌、徐锴之徒，文武才业，忠节声华，炳耀一时，有不可掩矧……唐末契丹雄盛，虎视中原，晋汉之君以臣子事之惟谨，顾乃独拳拳于江淮小国，聘使不绝，尝献橐驰并羊马千计。高丽亦岁贡方物，意者久服唐之恩信，尊唐余风，以唐为犹未亡也。"

"南唐"原奠基于吴国的权臣徐温，徐温独掌吴国大权，温死后，由其养子徐知诰续掌吴国军政。937年，吴王杨溥让位于徐知诰，徐知诰篡吴称帝，国号"齐"，年号"升元"。

徐知诰本姓李，为唐宪宗第八子建王李恪之玄孙，六岁时遭遇父死及战乱，其伯父李球带他们母子投靠淮南节度使杨行密。杨行密本欲收李知诰为养子，但因其长子杨渥不喜，于是转介给他的大将徐温，徐温遂将其收为养子，改姓名为徐知诰。

升元三年（940），徐知诰恢复本姓"李"，以示自己是唐室后裔，初欲更名为"昂"，但因犯唐文宗讳，乃改为"晃"。后又因"晃"为后梁太祖朱全忠名，又更为"坦"。御史王鹄说其中"旦"字犯唐睿宗讳，最后才改为"昇"，并改国号为"唐"，史称"南唐"。

934年，李昇去世，其子李璟继位。数年后，后周世宗南征南唐，李璟割长江以北十四州给后周，并去帝号，改称国主。961年李璟去世，太子李煜继位，即是历史上有名的词人李后主。975年宋太祖赵匡胤攻陷金陵，李煜被俘，南唐于焉灭亡。

李煜，初名从嘉，字重光，南唐元宗李璟第六子，后被立为太子。961年李璟逝于南巡途中，太子继位于金陵，并更名为煜。他的艺术才华极高，书法、绘画、音律、诗词无一不精，尤其在词坛上，可谓集大成之人物。王国维曾言："词至李后主而眼界始大，感慨遂深，遂变伶工之词，而为士大夫之词。"

他前期的词风绮丽柔靡，亡国后变得凄切悲壮，正所谓"国家不幸诗家幸，话到沧桑语始工"。当邓丽君口中娓娓唱出"无言独上西楼，月如钩，寂寞梧桐深院锁清秋。剪不断，理还乱，是离愁，别有一番滋味在心头"，多少人被那充满哀怨愁思的歌词所感动，这首词正是出自李后主之手。另外，他的"春花秋月何时了，往事知多少，小楼昨夜又东风，故国不堪回首月明中。雕栏玉砌应犹在，只是朱颜改，问君能有几多愁，恰是一江春水向东流"多么脍炙人口。据说宋太宗就是因为无法忍受这句"故国不堪回首月明中"，在李煜四十二岁生日这一天下令毒死了他。

宋代撰著《南唐书》者有三，胡恢、马令及陆游，但胡恢书久已不传。马令著《南唐书》三十卷，在序文中说他的祖父马元康世居金陵，对南唐故事所知甚多，除了旁搜相关旧史遗文，并采集朝野见闻，搜罗甚伙，但来不及编辑即骤然而逝。马令继承遗志，于宋徽宗崇宁四年（1106）成书三十卷。陆游撰《南唐书》十八卷，成书于南宋时期，元代天历初年（1328）戚光访得此书并加以音释，明末汲古阁为之重刊，因此陆书流传较广。

这二部《南唐书》均被采入《四库全书》中，《四库提要》说陆书简核有法，马书芜杂琐碎，省不当省，繁不当繁，不及陆游重修之本。陆游《南唐书》较为人所熟知，乃得力于汲古阁重刊。但张元济在商务印书馆辑印《四部丛刊》时，认为毛晋汲古阁重刊《南唐书》，并没有选取最佳版本。毛晋在其刊本后跋中说，陆书十八卷仅见于盐官胡孝辕秘册中，但半数焚于火，他以家藏明代钱叔宝手录王西室吏部钞本加以订正后付梓重刊。王西室钞本出自陆子虚家所藏宋刻本纪三卷列传十五卷，毛晋不选王氏钞本，而选胡孝辕所藏，是舍甲而取乙。他说："昔人谓汲古阁刊多非精本，非

虚言也。"话虽如此，不过现在要能取得一部汲古阁刊《南唐书》，已属不易，是甲是乙，就不必太过计较了。（图237）

汲古阁本《南唐书》首刊元代集贤大学士奎章阁大学士光禄大夫知经筵事赵世延序，次刊目录共十八卷，卷一烈祖本纪、卷二元宗本纪、卷三后主本纪（图238）、卷四至卷十五各姓大臣列传、卷十六后妃诸王列传、卷十七杂艺方士节义列传、卷十八浮屠契丹高丽列传，本文之后有毛晋跋语（图239），最后附刊戚光的南唐书音释。（图240）

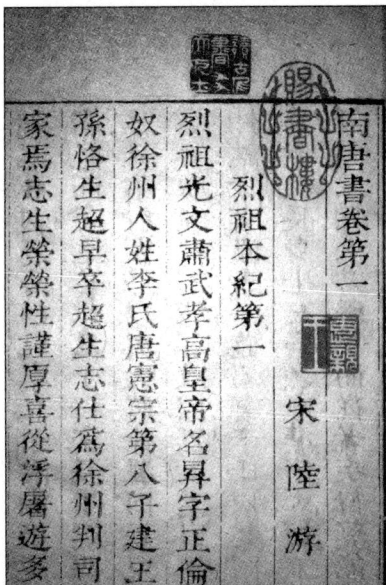

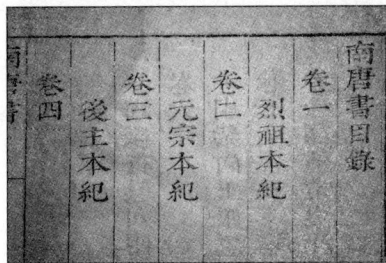

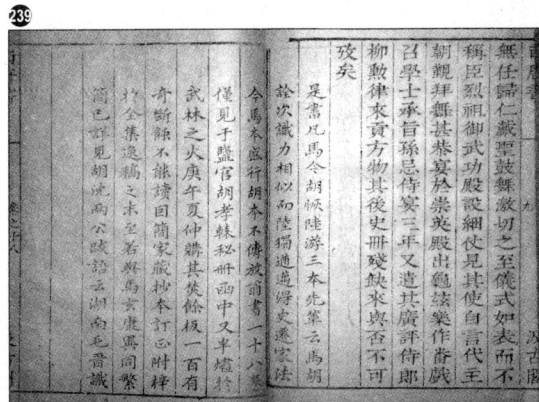

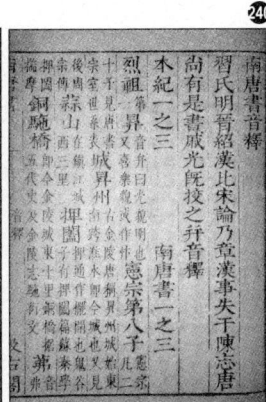

　　《四库提要》虽然说陆游的《南唐书》简核有法，但对于体例编排也有一些批评。首先陆游记述南唐烈祖、元宗及后主，皆称"本纪"。按"本纪"是纪传体史书中天子传记的专用名词，但南唐元宗于 958 年已归顺后周，去帝号，改称"江南国主"，因此不宜称"本纪"。虽然陆游举《史记》中项羽及吕雉皆无皇帝之实，亦称"本纪"以自圆其说。《四库提要》说："司马迁之失，前人已深排之，而游乃引以借口，谬矣。"认为这是陆游身处宋朝南渡偏安之时，与南唐事势相近，所以有所偏祖。马令《南唐书》成书于北宋时期，记述南唐三主则用"先主书"、"嗣主书"及"后主书"，不称帝号也不用本纪，与陆书有明显差异。另外，陆游将后妃诸王列传置于群臣列传之后，杂艺方士列传置于忠义之前，也被认为不合体例。提要最后说："揆以体例亦为未允，观其书者，取其叙述之简严可也。"

　　附带一提韩熙载（902—970），字叔言，潍州北海人，原为后唐同光进士，因其父韩光嗣被后唐明宗皇帝李嗣源所杀，于是投奔吴国。徐知诰篡吴称帝，建立南唐后，任韩熙载为秘书郎。元宗继位，升任为户部侍郎、兵部尚书等要职。

　　韩熙载早负才名，博学善文，《南唐书》说他："书命典雅，有元和之风，与徐铉齐名，时号韩徐。"但他生性放荡，性忽细谨，老而益甚，蓄有艺妓四十名。后主李煜本想重用他，又听说他生活荒纵，于是派顾闳中夜入韩宅，偷窥其纵情声色的场面，目识心记，画成《韩熙载夜宴图》长卷。《五代史补》上说，因为韩熙载晚年生活荒纵，"伪主知之，虽怒，以其大臣，不欲直指其过，因命待诏画为图以赐之，使其自愧，而熙载自知安然"。《南唐书》上则说："熙载密语所亲曰，吾为此以自污，避入相尔，老矣，不能为千古笑。"他死后，后主李煜感叹说："吾竟不得相熙载。"并追赠右仆射、同平章事，谥"文靖"。看来他纵情声色是因为不愿担任宰相，而故意荒诞的。

这幅《韩熙载夜宴图》，长335.5厘米，宽28.7厘米，全画分为五段，共有人物四十六人，以屏风相隔。第一段"听乐"（图241）、第二段"观舞"、第三段"歇息"、第四段"清吹"、第五段

㉛

"散宴"。顾闳中的原画早已佚失，目前藏于北京故宫博物院的是宋人临摹本，至今也有千年历史。

荣宝斋曾于1979年以木版水印技术复制《韩熙载夜宴图》，全画由陈林斋临摹勾描，张延洲镌刻制版，孙连旺妙手精印，共刻版一千六百六十七块，前后费时八年才复制完成三十五幅。无论是丝绢材料、色彩笔画，与原画几无轩轾。此画见证了荣宝斋艺师们的高超技艺，无论摹画、雕版、印刷等，技术精湛无双，木版水印艺术已达历史之高峰。

《西湖志》

西湖位于浙江省杭州市区西方，面积 6.39 平方公里。目前是中国首批国家重点风景名胜区及中国十大风景名胜之一，2011 年被正式列入世界文化遗产名录。

《西湖志》里说："西湖在浙江会城之西方，广三十里，受武林诸山之水，下有渊泉百道，潴而为湖。"其幅员在中国诸多湖泊中，虽未能名列前茅，但在中国历史文化及风景名胜中，却具有重要地位。

西湖的景致，经常被历代文人诗家纳为写作吟咏的题材，见诸唐宋以来诸多著作之中。而西湖之有《志》，则始于明代田汝成撰《西湖游览志》一书。田汝成在"叙"里说，因为五岳山人黄勉之曾经对他说："西湖无志，犹西子不写照，霓裳不按谱也，子盍图之。"所以他广搜史料轶闻，撰《西湖游览志》，以游览为名多记湖山之胜，实则书中亦多有史事，尤其对于人物历史掌故，记载颇为详尽。《四库全书总目》评说："汝成此书，因名胜而附以事迹，鸿纤巨细，一一兼该，非惟可广见闻，并可以考文献。"惟其撰述体例与一般志书并不相符。

田汝成（1503—1557），字叔禾，浙江钱塘人，嘉靖五年（1526）进士，曾官广西右参议及福建提学副使。辞官归田后，遍游浙西诸名胜，著有《西湖游览志》《西湖游览志余》《炎徼纪闻》《龙凭纪略》《田叔禾集》《辽记》等书。

清雍正五年（1727），朝廷拨款四万两千余两，饬令浙江巡抚李卫开濬西湖湖道，大规模整治。西湖虽代有疏濬，但能谈及水利之资者，仅宋代苏轼及明代杨孟瑛二次整濬。唯此两次整治规模并不大，"资用少则功力薄，历岁渐远，复致湮淤"。清廷则不惜重帑整治，以致湖面深广，支流畅达。雍正九年，疏濬完成，此后"浙西年穀顺成，人文蔚起，舟航辐凑，居民利赖无穷；而湖山景色亦复灿然改观，成亿万年太平之象"。

这样的功绩，当然必须予以登载史册，以昭来兹而垂永久。遂由李卫主持修纂《西湖志》（图 242），由傅王露担任总修，参与修志者共四十七人，全仿通志体例，至雍正十三年（1735）完成（图

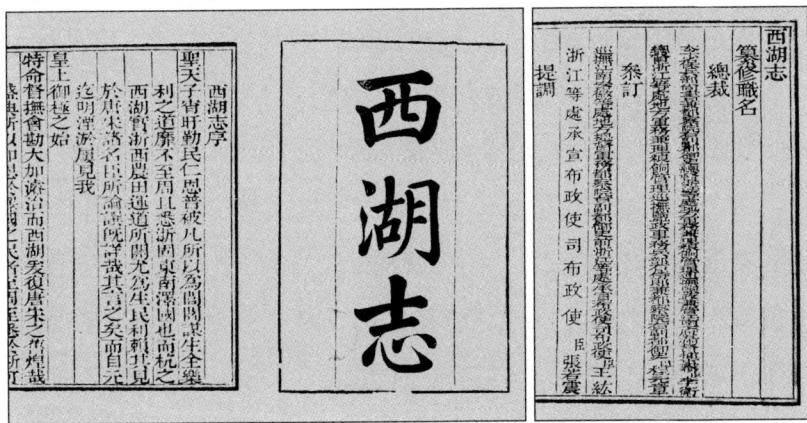

242

243

243、244）。全书共四十八卷，分门记载，列目二十，依次为：水利、名胜、山水、堤塘、桥梁、园亭、寺观、祠宇、古迹、名贤、方外、物产、冢墓、碑碣、撰述、书画、艺文、诗话、志余、外纪。

李卫在《西湖志》中，特别将"水利"一节放在前二卷，以昭示朝廷勤政爱民的恩泽（图 245）。他在"序"里说："今钦奉恩纶

②④⑤

②④④

动帑疏濬，功力既什伯于前贤，而不有专志，天下后世夫孰知圣天子宵旰勤民，仁恩溥被如是，其至周且悉也欤。岁甲寅臣重膺简命提督全浙水陆军务，再至西湖，适前督臣因纂通志之余，别辑西湖志一编……臣惟西湖名胜见于前人记载不可殚述，顾于农田水利之事，往往略而不书。是编首纪历代开濬始末，而圣朝兴复修举诸大政，特加详焉，洵足以昭示圣恩垂宪万世。"

　　西湖名胜本天作地成，再经历代不断修整，山川光气日异岁新。李卫奉旨疏濬之后："湖山效灵，献奇呈秀，佳丽日增，西湖名胜至今日而大备。"因此《西湖志》"名胜"卷内，共绘制名胜图四十一幅，以志其胜。

　　这四十一幅图包括《西湖全图》《圣因寺图》《康熙皇帝御题十景图》(苏堤春晓、双峰插云、柳浪闻莺、花港观鱼、曲院风荷、平湖秋月、南屏晚钟 [图

②④⑥

246〕、三潭映月、雷峰夕照〔图247〕、断桥残雪)《钱塘八景图》(六桥烟柳、九里云松、灵石樵歌、冷泉猿啸、葛岭朝暾、孤山

雯雪、北关夜市、浙江秋涛)《御题云峰四照图》《关帝祠图》《惠献贝子祠图》《增修西湖十八景图》(湖山春社、功德崇坊、玉带晴虹、海霞西爽、梅林归鹤、鱼沼秋蓉、莲池松舍、宝石凤亭、亭湾骑射、蕉石鸣琴、玉泉鱼跃、凤岭松涛、湖心平眺、吴山大观、天竺香市、云栖梵径、韬光观海、西溪探梅)。图画采双页连式,无论山水、林树、屋宇,还是舟马、人物,等等,绘图无不简练,雕刻亦甚精到。

李卫(1687—1738),字又玠,江南铜山人,识字不多,但操守廉洁,勇于任事。雍正三年(1725)任浙江巡抚,四年兼理两浙盐政,七年加封兵部尚书、太子太傅,十年任刑部尚书,寻授直隶总督。他在任内改革盐政税赋、治理海塘、剿匪、整饬吏治各方面都有功绩。他死后,乾隆皇帝深为悼念,谕曰:"李卫才猷干练,实心办事,宣吏封疆,无少瞻顾,畿辅重地,正资料理……今闻溘逝,深为悼念。"谥号"敏达"。

傅王露,字良木,号玉笥,会稽人,康熙乙未进士,官翰林院编修,晚年退居乡里,筑"信天书屋",自号信天翁,著有《玉笥山房集》。他是实际纂修《西湖志》之人,他在"后序"里说:"皇上御极之四年,勅直省盐臣纂修盐法治,浙江抚臣李卫兼理盐政,

开局编纂，属臣露董其事。"

乾隆初年，浙江宁波府同知吴家龙取李卫所纂《西湖志》，重刊为巾箱本，他在"跋"中说："臣家龙佐纂甬东，未及半载旋归里门，愧涓埃之未报，幸山水之有缘，因取前督臣李卫所纂《西湖志》原本，重刊为袖珍小册，以志明圣恩波，非仅取便藏巾笥，披图以当卧游也。"此巾箱本版式一如雍正本，半页九行，大字单行，小字双行，行十九字，字体刊刻一丝不苟，图版虽小，图画仍然精致。

乾隆十七年（1736），礼部右侍郎沈德潜与翰林院编修傅王露，因念李卫监修之四十八卷《西湖志》卷帙繁多，披览不易，乃思事存文省、予以删繁就简，编为《西湖志纂》十卷，编竣缮写上呈乾隆御览（图248）。傅王露原系《西湖志》之总修，沈德潜当时是苏州府学廪生，也担任分修任务。事隔几近二十年而

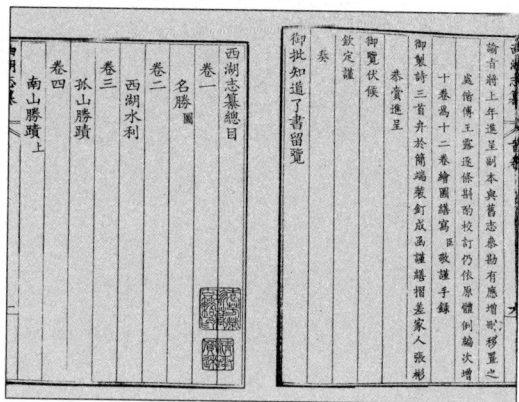

有新修之意，乃因乾隆十六年（1735），高宗省方幸浙，驻跸西湖，为宣扬皇帝勤恤民隐，德洋恩溥之隆恩，且自有西湖以来，未有太平全盛如今日者，所以才有沈德潜与傅王露修纂《西湖志纂》之举。

同一时间，经筵讲官太子少师协办大学士梁诗正也有重葺《西湖志》之奏议，因此高宗除御制三首绝句供《西湖志纂》恭题简

端以代弁言外，并且谕令梁诗正并此稿合成一志。乾隆十八年（1753），梁诗正遂偕同傅王露酌办，就沈德潜所进呈之《西湖志纂》，与旧志参勘，再予增删移置，增十卷为十二卷，装订成函，进呈御览，此即现今得见之《西湖志纂》一书。（图249）

《西湖志纂》卷一为名胜图，附图三十五幅，与《西湖志》相比对，有部分相同，如《西湖全图》《圣因寺图》（图250）《西湖十

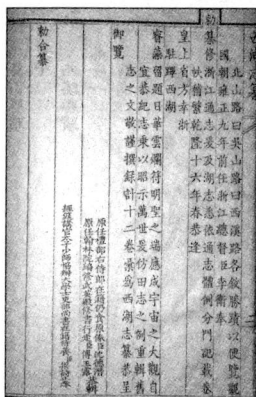

249

250

景图》；有部分重新编排，如《增修十八景图》，系将原来的《增修西湖十八景图》与《钱塘八景图》并合，重新选取十八处名胜予以绘刻成图。有较原书增加者，如《圣因行宫图》《御题行宫八景图》（图251）《御题小有天园图》，等等。其图画雕刻亦采双页连式，均较《西湖志》细腻

251

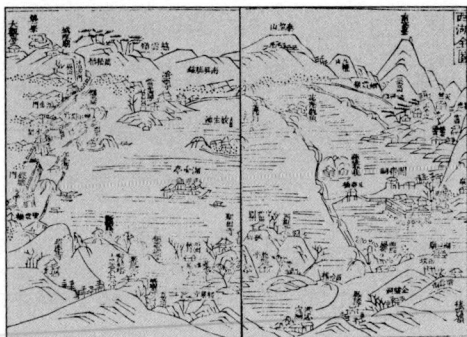

②252

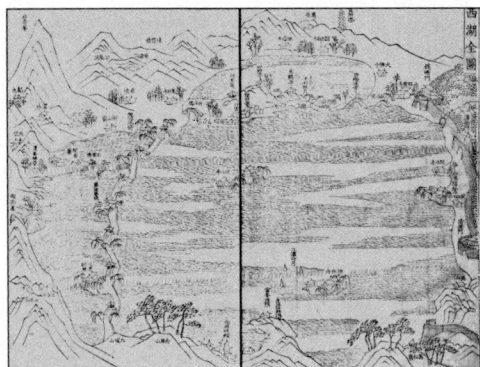

②253

精致。

有趣的是其中"西湖全图"一幅，《西湖志》与《西湖志纂》绘图的方位是南北互异的。《西湖志》是从北方着眼，因此圣因寺在图幅的下方，南屏山在上方，而杭州城在左方，苏堤在右方（图252）。《西湖志纂》则是从南方着眼，因此南屏山在图幅的下方，圣因寺在上方，苏堤在左方，杭州城在右方（图253）。西湖之名为"西湖"，乃因其位于浙江会城之西方而得名，因此《西湖志纂》所绘"西湖全图"，与地理方位较为相符。其余各图，两书绘制方位大致相同，但取景远近宽狭又各有差异，相互比对寻其异同，也是一种翻书乐趣。

明代田汝成的《西湖游览志》，非以通志体例撰著，而是仿水经注之例，以水道所经之孤山、南山、北山、南山分脉、北山分脉各路胜迹依序叙述。清雍正年间李卫纂修《西湖志》，虽亦参酌《西湖游览志》，但其悉依通志体例分门记载，共列二十目，卷帙稍繁，但内容详尽。乾隆十八年（1753），沈德潜、傅王露、梁诗正合纂《西湖志纂》，虽是依《西湖志》增删移置而来，除第一卷名胜图、第二卷西湖水利、最后两卷艺文之外，其余各卷悉仿田汝成《西湖游览志》之例，分为孤山胜迹、南山胜迹、北山胜迹、吴山胜迹及西溪胜迹，体例又与通志相违。

　　明清两代西湖地方志的沿革，从《西湖游览志》《西湖志》以至《西湖志纂》，体例各不相同，端看其编纂之目的而定，将此三书并列研读，亦能从中寻觅纂辑差异之趣。

《师旷禽经》

偶得《师旷禽经》一册，仅十三页，前无序，后无跋，无牌记，亦无刊刻堂号。初不知其出自何处，经取台北"国家图书馆"善本书室所藏一版本书影相比对，发觉二者系同一版本，版式字体完全一致，乃明弘治年间无锡华珵刊《百川学海》丛书癸集之一册。上下单栏，左右双栏，半页十二行，行二十字，标题刻"师旷禽经"四字，次行刻"晋太傅张华注"字样，版心无鱼尾，仅有"禽经"二字。（图254）

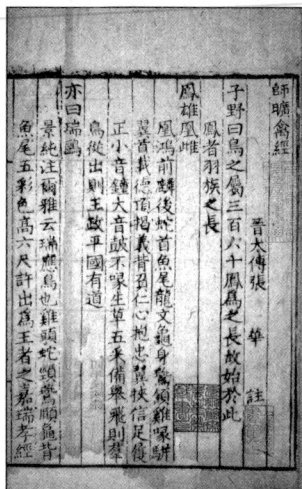

师旷，名旷，字子野，今山西洪洞县人，为晋国主乐大师，约生活于春秋晚期晋悼公、平公年间。师旷生而无目，自称盲臣，为晋国大夫，亦称晋野，是当时著名的音乐家，音律精深，以"师旷之聪"闻名于后世。他的著作也多，《拾遗记》说他："撰兵书万篇，述宝符百卷。"《神奇秘谱》记载师旷作《阳春》《白雪》《玄默》等篇。

《禽经》一书亦相传为师旷所作，但经后世考证，应是假师旷之名的后世伪作。

宋朝王楙（1151—1213）著《野客丛书》，说道："《禽经》止一卷，不载所著人名，自《汉·七略》《隋·经籍志》《唐·艺文志》、本朝《崇文总目》皆不载……仆考《古今群书类目》，并无《禽经》。又观《三国志》，陈长文引《牛经》《马经》《鹰经》及诸《相印》《相笏》等经，谓皆出于汉世，独不闻《禽经》之说。今《崇文书目》载《马经》《鹤经》《驼经》《鹰经》《龟经》，亦无《禽经》，疑后人所作。"

《四库全书》子部谱录类收有《禽经》一书，《提要》里也写道："禽经一卷，旧本题师旷撰，晋张华注。"汉、隋、唐诸志及宋《崇文总目》皆不著录，其引用自陆佃《埤雅》始，其称师旷亦自佃始。其称张华注，则见于左圭《百川学海》所刻。考书中"鹧鸪"一条称："晋安曰怀南，江左曰逐隐"，春秋时安有是地名，其伪不待辨。张华，晋人，而注引顾野王《瑞应图》（实为《符瑞图》）、任昉《述异记》，乃及见梁代之书，则注之伪亦不待辨。

《禽经》中有段话说："随杨越雉，鹧鸪也，飞必南翥，晋安曰怀南，江左曰逐隐。"（图255）"晋安"在今福建省境内，其设"晋安郡"始于南朝宋明帝泰始七年（471）。"江左"者指长江下游南岸地区，西晋亡国后，司马睿在南京即位，史称"东晋"，此为其统治地区，因此江左也成为东晋的代称。"晋安""江左"地名的出现，最早可能是在东晋、南北朝时

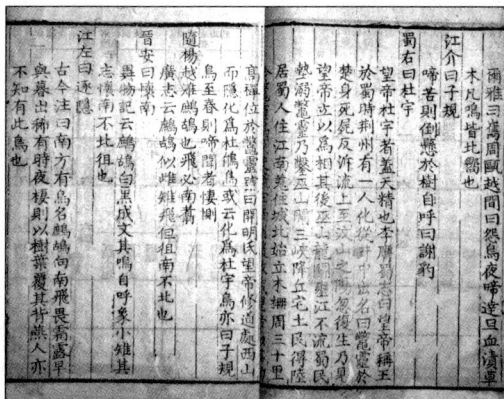

代，所以《提要》说，"春秋安有是地名"，其伪可知。

顾野王，字希冯，南朝梁、陈时代人，在梁朝时担任过太学博士，在陈朝时担任过许多官职，如黄门侍郎、光禄卿等，其逝世后，诏赠秘书监、右卫将军。顾野王著作甚多，其中有《符瑞图》十卷。《禽经》里说："羽族之君长也，鸾瑞鸟，一曰鸡趣。"张华注曰："顾野王《符瑞图》曰鸡趣，王者有德则见。"

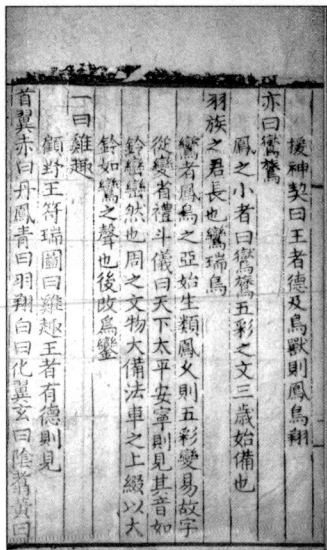

（图256）张华乃西晋人，其注引用晚其二百余年之南朝顾野王著作，其作伪明显之至。

《四库全书》总纂官纪昀、陆锡熊、孙士毅等人既然知道《禽经》一书非师旷所撰，也不是张华所注，其伪不待辨，但仍将其收入《四库全书》之内，可见其内容仍有可观之处。《提要》最后说："观雕以周之诸语，全类字说，疑即传王氏之学者所伪，故陆佃取之此本为左圭《百川学海》所载，则其伪当在南宋之末，流传已数百年，文士往往引用，姑存备考固亦无不可也。"

流传至今的《禽经》应该不是全本，王楙《野客丛书》里就提道，陆佃《埤雅》及诸书所引述之《禽经》内容，不见于今之《禽经》者有数十条之多，例如"鹤以怨望，鸥以贪顾，鸡以睨视，鸭以怒视。雀以猜惧，燕以狂眄，莺以喜啭，乌以悲啼，鸢以饥鸣，鸽以洁唉，枭以凶叫，鸥以愁啸。鹅飞则蜮沉，鹃鸣则蚓结。鹳俯鸣则阴，仰鸣则晴。陆生之鸟咮多锐而善啄，水生之鸟咮多圆而善唉。短脚者则伏，长脚者多立"，等等。

《四库全书提要》里也说，马骕《驿史》除录《禽经》之外，别取《埤雅》《尔雅翼》所引今本不载者，附录于末，谓之《古禽经》，亦有数十条。诸如"青凤谓之鹢，赤凤谓之鹑，黄凤谓之鵁，紫凤谓之鷟。鹤爱阴而恶阳，雁爱阳而恶阴。鹤老则声下而不能高，近而不能寮旅"，等等，可见现今之《禽经》一书，内容已非全书。

张华在注前说："子野曰，鸟之属，三百六十，凤为之长，故始于此。"所以这册《禽经》如果内容完整，可能有三百六十条之多，不过现今之本仅存一百又二条，再加上马骕《古禽经》及陆佃《埤雅》等书所登载，恐怕也不超过二百条。欲求其全，应该是难如登天的事情了。

《禽经》一书之刊本，首见于宋朝左圭《百川学海》，此《百川学海》是中国最早刻印的丛书，由左圭于宋咸淳九年（1273）所辑刊，分甲至癸共十集，收书一百种。所收多为唐宋人野史杂说、掌故琐记、朝廷故事、轶闻杂事、典章制度等，也有一部分是两晋南北朝之著作，尤以宋人谱录、诗话和书法专著为多。

1927年，武进陶湘得宋版《百川学海》一部，乃交北京文楷斋据以影刊，由饶星舫摹刻，扉页刻有牌记"岁在丁卯武进陶氏涉园开版"。陶湘这部宋版书得自其友人张鸿卿，而张鸿卿此书，则是当时盘山行宫旧藏宋版书流落厂肆，以高价购得。陶湘初见此书时说："其楮墨之古茂，字画之精严，锋铓如新，气息醇穆，实使人不忍释手。"但此书仅余九十一种，陶湘则以明代弘治年间（1488—1505）华理刊本予以补足，另外所缺原刊序目，则请傅增湘东游日本时，拍摄宫内省图书寮所藏宋刊原版序目，予以摹写补入，终成完帙。陶刊本即今通称"咸淳本"，流传较广。文楷斋所刻书版于 20 世纪 50 年代，辗转移归中国书店，中国书店出版社在整理出版《中国书店藏版古籍丛刊》第五批时，收入了这部陶氏涉园版《百川学海》。

据陶湘说，宋代以后，《百川学海》翻刻有三：

> 一为明代弘治年间无锡华氏刊本，虽更动目次，但行格未改；
>
> 二为嘉靖年间蒲田郑氏刊本，并十集为二十卷，目次行格亦均不同；
>
> 三为坊本，坊本擅易原书，不足讨论。

我收得之《禽经》，即是弘治年间华理刊本之一，华理刊本《百川学海》，1921 年上海博古斋曾据以影印流通，通称"华氏本"。

经查台北"国家图书馆"藏《百川学海》部数甚多，大多为明代弘治年间无锡华氏刊本，另有一部为嘉靖年间（1522—1566）蒲阳书林郑氏刊本，确实将原书十集改编为二十卷，《禽经》一书列于第十九卷。此外，另有数部明人重编本，其中一部注明为"明末叶坊刊本"，或许即是陶湘所说之坊本。书前刊有《百川学海序》，署名"时昭阳作噩岁柔兆执徐月古鄣山人左圭禹锡叙"，"昭阳作噩岁"即癸酉年（咸淳九年，1273），"柔兆执徐月"即丙辰月（三月），就是这部宋代《百川学海》的刊刻年月。再查其目次，各集内容更改甚多，确实与左圭原编差异极大，但《禽经》一书仍列于癸集之中，书后并附刊"宋王槱补禽经说"，只是此书将著者定为"张华"，可见坊本之不精审，读之不可不查。

《白雪遗音》

郑振铎先生于 1925 年选编《白雪遗音选》时，在序中说："本书是根据了百年前（道光八年，1828）所刻的一部《白雪遗音》而选录的，据编辑者的自序，此书的告成，乃在嘉庆甲子（1804），初仅为钞本，大约后来因为传写者过多，便刻了出来。也许因为原书中有些猥亵的情歌，被什么官府禁止发卖或劈版之故，故此书现在绝不能得到，我们很有幸，乃能见到仅存（？）的一部。"

这部百年前刊印的《白雪遗音》，因为采集的民间俗曲甚为多样，其中有很大一部分是有关男女情词或妓院情事，内容猥亵而露骨（图 257）。大清律令对于刊刻贩售淫词小说的坊肆以及买看者都有一定的禁令和处罚，所以此书流传不广，几乎不为人知。直到民

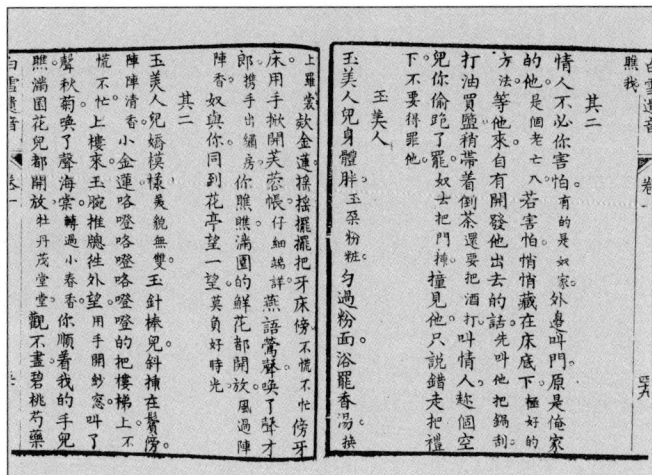

国之后，因为郑氏的发觉和推介，才再度为世人所认知。他在编印《白雪遗音选》之前，就在《鉴赏周刊》上介绍过书里的一些俗曲，引起许多人的兴趣，所以才会有编印《白雪遗音选》之举，此书于1926年12月由上海开明书店出版。

郑氏选编《白雪遗音选》时，虽然已经不受大清律令的限制，但是仍然受到道德的约束，并没有全书重印，只选印了其中一百三十四首。他说："我们现在不能印全书，只能将我的选本付印者，第一，原书中猥亵的情歌，我们没有勇气去印。第二，许多故事诗，许多滑稽诗，在考证上尽有许多用处，然却没有什么文艺的价值。所以，为了欲此书流行的广远，只能就这样的选本的式样付印了。"他认为将来也许有全书重印的机会，但现在是谈不到的。

《白雪遗音》是清代嘉庆、道光年间辑录出版的一部俗曲总集，由华广生多方搜罗而成，共收录俗曲八百三十九首，书分四卷，按曲调归类，计分马头调带把、岭儿调、马头调、满江红、银纽丝、九连环、小郎儿、剪靛花、七香车、起字呀呀哟、八角鼓、南词、玉蜻蜓等十三类。

俗曲在中国明清时代极为盛行，清代初期，经济繁荣，社会升平，民间各种喜庆欢宴、迎神赛会等热闹场合，都有俗曲的演唱。即使在民间底层，无论叙说故事、抒发情爱、感怀时事，都可编成俗曲传唱，尤其街巷里弄的情歌，更是居俗曲之冠。东吴大学研究生黄志良先生的硕士论文《白雪遗音研究》曾经统计过，在八百三十九首俗曲中，有关妓院情事及男女情词就占了五百六十八首，将近七成，比例之高，可以想见俗曲的质性，以及《白雪遗音》一书未能广泛流传的原因了。

华广生，字春田，平陵（今山东历城）人，生平事迹无可查考，仅能从他辑印的这部《白雪遗音》里的几篇朋友序言及他自己的自序中找到一些蛛丝马迹。《白雪遗音》共有五篇序言，分别为高文德（嘉庆四年，1799）、常瑞泉（未注岁次）、陈燕（嘉庆十一年，1806）、吴淳（道光九年，1829）、华广生（嘉庆九年，1804）。

首先从有年代记载嘉庆四年到道光九年来推断华广生生于乾隆年间，卒于道光之后，应无大误。而此书从编辑到刊印，横跨三十余年的岁月，也可见华广生的用力之勤及搜罗之精。他在书中说："曲谱四本，乃多方搜罗，旷日持久，积少成多，费尽心力而后成者。"高文德的序里也说华广生曾经告诉他："初意手录数曲，亦自作永日消遣之法，迨后各同人皆问新觅奇，简封函递，大有集腋成裘之举，且暮握管，凡一年有余始成大略。"

华广生自序写于嘉庆九年，但书中收录一首"李毓昌案"（图258），系发生在嘉庆十三、十四年的一场官场命案，可见华广生直到此书付梓之前，都在随时网罗补充，以成其大，真是用尽一生最精华的岁月在这一部俗曲的搜集整理。难怪郑振铎在选印《白雪遗音选》时说："此书的编辑者是华广生，这个编辑者原是一个不大知名之人，然在百年之前，即知这些民歌之价值与重要，虽未见有别

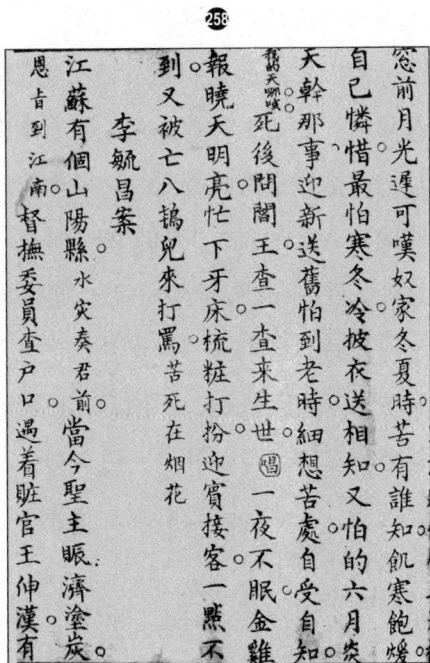

的大著作，他的见解的高明，却已很可使人佩服了。"

"李毓昌案"与"杨乃武与小白菜"、"杨三姐告状"、"张文祥刺马"并称清代四大奇案。李毓昌（1772—1808），字皋言，号荣轩，山东即墨人，嘉庆十三年（1808）进士，以候补知县分发任用。那一年江苏山阳县发生洪灾，朝廷拨款九万九千两赈济，江苏抚署派李毓昌等人为查账大员前往查账。知县王伸汉大肆克扣赈款，中饱私囊，贿赂李毓昌不成，乃于十一月初设计收买他的仆人李祥下毒谋害，并将他的尸体悬于房梁之上，佯称自缢身亡。王又在其面容及指尖涂以石灰，以掩饰因毒发变黑的皮肤。后来李毓昌的家人发觉有异，乃向李毓昌的恩师安徽巡抚初彭龄伸冤，经嘉庆皇帝下旨严查。此一命案，于嘉庆十四年五月至九月历经五个月的审理之后，终于真相大白，民间将此案编成小曲传唱，被华广生收入《白雪遗音》之中。

华广生搜录编辑这部《白雪遗音》，费尽极大心力，他自己极为珍视。在还未付梓之前，常有朋友前来借阅，他恐怕借阅者不加珍惜，造成书籍的损毁，所以他自己作了一曲"借书人"来提醒借阅的友人。他说："恐借书诸君子，不加爱惜，致有揉措扯裂玷污之处，因成一曲，附之本首，愿诸友留览者，少加意焉。"

该曲"借书人"以马头调吟唱，文曰："小小曲本是心爱，也费工夫，也破钱财，不怕看，总别给俺揉措坏，给俺沾污了，当面得罪你莫怪，且莫外借，更莫传开，君子人，拿着人家的东西当自己的爱，虽然不是值钱宝，万两黄金也不卖。"这首曲除了善意提醒借书人注意之外，"且莫外借，更莫传开"，更可视为版权的宣告。也许就是因为想借阅的人太多了，他不胜其烦，才于道光八年（1828）将此书付梓刊印。（图259）

《白雪遗音》刊刻于道光八年（1828），玉庆堂藏版。但书中吴淳的序写于"己丑燕九大雪盈庭"之时，"己丑"则为道光九年，因此有些研究《白雪遗音》的人认为是华广生将道光八年刻印的本子寄给吴淳，吴淳于道光九年才写序回复华广生，有吴淳序的本子是再版本。

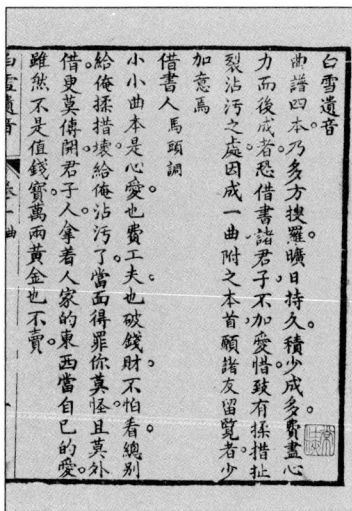

259

　　吴淳的序上说："平陵华君春田颜所著传奇一部，曰《白雪遗音》，邮以见示，命余序之。"此处用"颜"字，有题写的意思，所以他收到的可能是华广生抄写的本子，而不是刻本。再则，通常古籍书名页上刊刻的岁次年月，都是记载开雕的时间，而古籍的刻版，流程繁复，颇费时日，有时一书刻印完成需要花费几年的工夫。观玉庆堂所刊《白雪遗音》，写刻本，字体端正，刀工谨慎，绝非粗制滥造之物，从刊刻到完成，费时多久，虽无可查考，但绝非很短时间可以竣工。

　　吴淳的序写于"己丑燕九大雪盈庭"之时，"燕九"者，农历正月十九日也。《帝京景物略·白云观》说："真人名处机，字通密，金皇统戊辰正月十九日生……今都人正月十九日，致浆祠下，游冶纷沓，走马蒲博，谓之燕九节。"可见《白雪遗音》于道光八年开雕与吴淳于道光九年正月写序的时间相隔并不久。华广生请吴淳写序的当中将书付梓，等吴淳的序言写就，纳入书中一并刊刻，这种说法应该是可以被接受的。所以我认为有吴淳写序的本子就是道光八年开始刻印的初版本，何况以此书流传之不广，少为人知的情况下，它曾否再版，都是令人怀疑的。

《白雪遗音》流传稀少确是事实，郑振铎说："我们很有幸，乃能见到仅存的（？）一部。"虽然他不能确定这是否仅存的孤本，但以他藏书之丰富，认为这是一部难得之书，那肯定就是难得之书了。1927年，汪静之看到郑振铎《白雪遗音选》的序里说："原书中猥亵的情歌，我们没有勇气去印。"这让他产生了兴趣，想找全本《白雪遗音》来读，"可是随便甚么图书馆，什么旧书店都找不着"。他最后只得去找郑振铎借书，用了两天工夫从头到尾朗诵了两遍，选取了二百零七首"郑先生没有勇气去印的猥亵的情歌及其他肉的气息很浓的恋歌"，于1930年交由上海北新书局出版，名为《白雪遗音续选》，贡献给爱好文艺的人。现在市面上能见到的《白雪遗音》，就是他们二位所选印的《白雪遗音选》和《白雪遗音续选》共计三百四十一首俗曲了（图260）。

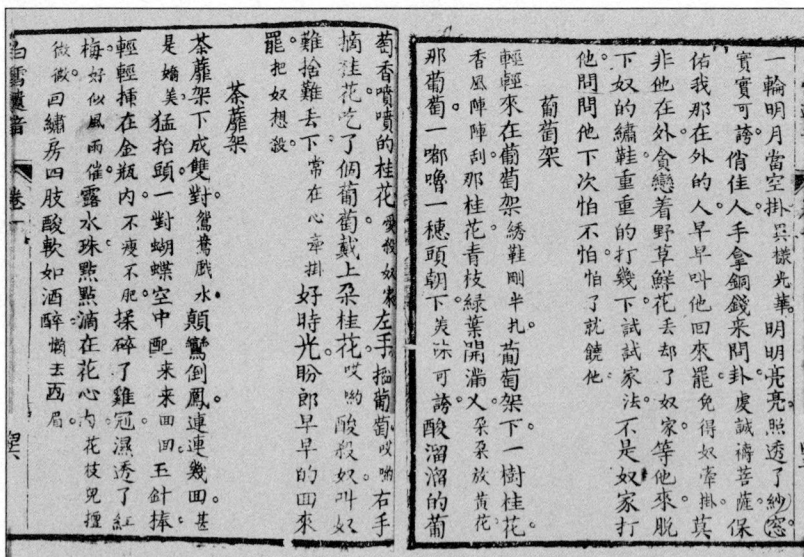

我藏有一部刻本《白雪遗音》，仅存一至三卷（图261），第一卷并缺书名页及高文德序，当初并不觉得有什么特殊之处。因缺书名页，不知其刊刻年代，就想查个明白，经查各图书馆藏书，都找不到道光八年（1828）玉庆堂刻本可以核对比较，终能体会郑振铎所说有幸可以见到仅存的一部的心情了。后来找到北京图书馆编著《中国版刻图录》，其中图版五七四刊有一页《白雪遗音》，注明清道光八年玉庆堂刻本，经与我所收藏相比对，丝毫不差。其后又找到上海古籍出版社出版的《续修四库全书》，其中集部曲类收录了《白雪遗音》一书，是依据北京图书馆所藏清道光八年玉庆堂刻本影印，全书完整，经与我的残本相互比对，确系同一版本。至此才觉得这部残本并非寻常书籍，虽不完整，却也是难得之书。

这部藏书曾经常任侠先生收藏，常任侠（1904—1996）是东方艺术史与艺术考古学家，曾任国务院古籍整理出版规划小组顾问及国家文物鉴定委员会委员，书中钤有"常任侠"印，并粘贴一张红格笺纸，上书"读才人福散曲一套"，署有姓名及月日，当是常先生亲笔书写。

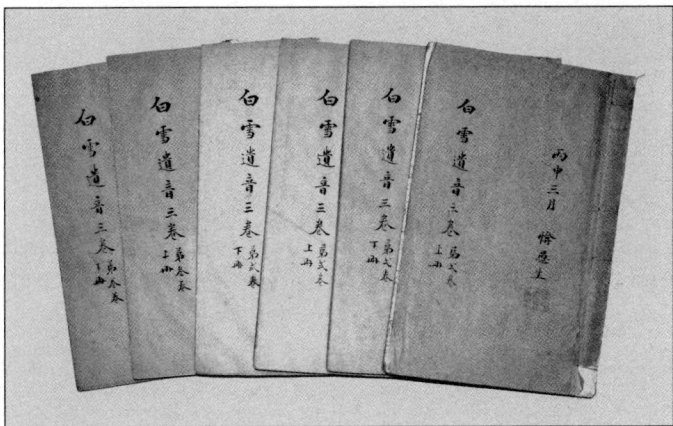

《霓裳续谱》

我曾经在百城堂寻得一册《霓裳续谱》，虽仅第八卷残本（图262），且系巾箱小册，但其字体刻画工整，内容皆为清中期以前的民间俗曲，市面甚为罕见，和以前收藏之《白雪遗音》可同归一类，因此将其纳入收藏。

《霓裳续谱》共分内文八卷及首一卷，是一部记录清代中叶以前民间俗曲的总集，刊刻于乾隆六十年（1795）。该书是天津"三和堂"老曲师颜自德传唱的曲目，特别请人记录下来，并请举人王廷绍加以点订而成书。全书包含书名页、王廷绍序、盛安序、葛霖跋、目录、首一卷万寿庆典、卷一西调七十九曲及黄沥调一曲、卷二西调七十七曲及黄沥调一曲、卷三西调五十八曲、卷四杂曲一百四十二曲、卷五杂曲二十八曲、卷六杂曲八十六曲、卷七杂曲六十七曲、卷八杂曲八十二曲。

依据静宜大学张继光教授的研究，前三卷西调所收曲词较文人化，即如盛安"序"里所说："今以情词兼丽者列之于前，可以供骚人文士之娱。"卷四杂有多种曲牌，绝大部分为各类"寄生草"，而演出时带角色之曲牌，皆集中于卷五。前五卷皆可看出有刻意辑

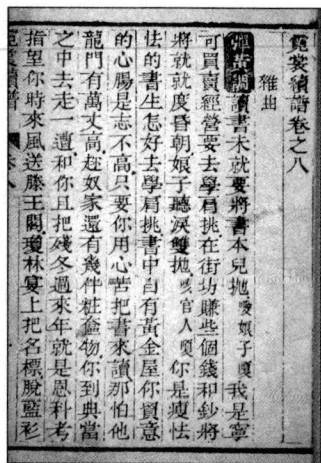

纂，后三卷较无特性，乃杂纂而成。

颜自德的生平无详细资料可考，仅见王廷绍在"序"里说："三和堂颜曲师者，津门人也，幼工音律，彊记博闻，凡其所习俱觅人写入本头，今年已七十余。"另外，在首一卷"万寿庆典"之末，刻有"留词人天津颜自德"字样而已。因为颜自德为天津人，他生活及从事曲艺工作，大致不离这个地区，所以《霓裳续谱》所收录的都是当时流行于天津、北京、直隶等地之时调小曲。

王廷绍（1763—1820），字善述，号楷堂，又称澹香斋主人，直隶顺天府大兴县人，乾隆五十七年（1792）举人，嘉庆四年（1799）进士，曾任刑部主事、刑部员外郎。嘉庆二十五年（1820）卒，得年五十八岁，著有《澹香斋咏史诗》及《澹香斋试帖》。观其一生，宦途似乎并不顺遂，为官二十一载，仅终于"员外郎"一职。这可能与其性格有关，他的挚友鲍桂星总结他的一生说："贫而负气，傲睨一切。"此当是最妥切的写照。

他为《霓裳续谱》写序时署"乾隆六十年岁次乙卯春二月上浣秣陵楷堂王廷绍撰"，当时仍是举人身份。因曲师颜自德欲将积累数本之俗曲唱词公之同好，但考虑其中写手记录多有舛误，因此请他加以点订。不过他却谦虚地说："虽强从友人之命，不过正其亥豕之讹，至鄙俚纰缪之处，固未尝改订，题签以后心甚不安，然词由彼制，美不能增我之妍，恶亦不能盖吾之丑，骚坛诸友想有以谅之矣。"

王廷绍对于词曲想必甚有研究，所以曲师颜自德才会请他点订《霓裳续谱》，只是他自己在这方面的著述并未公诸于世。他的友人盛安在"序"里说："先生以雕龙绣虎之才，平居著述，几于等身。制艺诗歌而外，偶寄闲情，撰为雅曲，缠绵幽艳，追步花间，竟秘之箧中，抑又何也？"或许是他科举功名的身份而有所顾忌，对于这些被一般人鄙视的俗曲小调，虽情有独钟，亦仅供自娱，而不欲其外露。

《霓裳续谱》一书坊间少见，目前可见之本多为"集贤堂"刊本。但依据蒲泉、群明所编《明清民歌选甲集》所说："霓裳续谱，清颜自德辑，王廷绍订。有清乾隆六十年（1795）北京文茂斋原刻初印本，又集贤堂重刻本。"因此可知《霓裳续谱》早期版本有二，"文茂斋"及"集贤堂"均曾出版过。"文茂斋"刊本书名页上刻有"乾隆六十年新镌"字样，下分三行，中间大字刻《霓裳续谱》，右行刻"秣陵王楷堂点订"，左行刻"板存前门外杨梅竹斜街中间路南文茂斋刻字铺"。"集贤堂"刊本书名页亦分三行，中间大字刻《霓裳续谱》，右行刻"秣陵王楷堂订"，左行刻"集贤堂梓"，未见刻书时间纪年，一般仍以王廷绍撰序署年时间为依据，定为乾隆六十年刊本。

如果两种版本都是乾隆六十年所刊，为何会在短短一年内刊行两次，原因费人猜疑。张继光教授认为，《霓裳续谱》所收皆为当时被卫道人士视为"淫词"的俗曲曲词，王氏出面点订，但心中仍有顾忌，因其中举不久，恐遭非议，影响功名仕途。故虽付剞劂，仍不欲多示于人，所刊数量极少。但刊行后大受曲部欢迎，所遭受之非议也未如王氏所顾忌般严重，因此再作第二次大量刊梓，并产生"集贤堂"刊本。不过张教授也强调，因文献阙乏，已难加以考知，上述仅是他所怀疑之可能。

因文献缺乏，确实很难明白所以，但以王廷绍"贫而负气，傲睨一切"的性格，是否会顾忌仕途而有所退缩？再者王廷绍仅是点订，并非此书之所有人，是否有权决定刊印数量的多寡？如果初印之后大受欢迎，大可就原版再加刷印，又何须重新刻板，大费周章？种种可能，确实令人费解。如能寻得"文茂斋"版本来与市面通行的"集贤堂"版本核对，比较其异同之处，或许可以找到蛛丝马迹。

出版史上不乏后来者得到前刻书板之后，将其稍加改订，更改出版商号或人名后据为己有之事。例如万历年间石林居士本《牡丹亭还魂记》之书板，后为歙县朱元镇所得，去石林居士序，并于标题下加刊"歙县玉亭朱元镇较"数字，重加刷印，让人误认系朱氏重刊本。《霓裳续谱》在无法取得两种版本相互比对之前，这也只是个人臆测而已。

集贤堂本《霓裳续谱》在刊刻上有一些异常之处。一般刻书，每卷刻完之后，在该板片最后一行会刻上"（书名）卷之〇终"字样，以示该卷刊刻完毕。集贤堂本《霓裳续谱》卷一、三、八诸卷，在该"终"字行之后，又另刻有一段曲词，例如卷之一终行之后刻"黄沥调娇娇滴玉人儿形容……"卷之三终行之后刻"苏秦魏邦身荣贵……"卷之八终行之后刻"边关调一更里天……"（图263）这种情形在其他古籍里未曾见过，显然是在板刻完成之后另加上去的。如系原刻者所为，当会加以挖补，使其不着痕迹，以求完整。如系后得板片者，则有可能求其快速上市而不及调整，

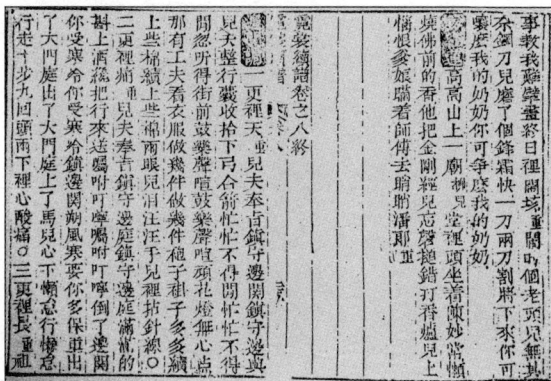

不过这也仅属臆测而已也。

　　这部书自乾隆之后似乎未再出版过，直到1931年，学者章衣萍才重新校点出版。他认为《霓裳续谱》中多数小曲之价值，不亚于《诗经》中的"国风"和《乐府》中之"子夜歌"等。他在北京旧书铺寻找这部书，但久久不获，最后从友人王品青处获得一部，再辗转从上海日本友人处借得良版来校正勘误。不过在这部点校书稿中，章衣萍用了岂明（即周作人）与刘半农的"序"及他自己的"校点后记"，而去掉了原书里的王廷绍"序"、盛安"序"及葛霖"跋"，这真是美中不足的一件事情。他将校点完成的书稿售予大东书局，以老宋铅字排版。尚待出版时，此事为上海中央书局获悉，乃与大东书局磋商，转由中央书局出版，收入《国学珍本文库》第一集。当时可能印制不多，图书馆里也甚少见藏，目前可以看到的都是影印自《国学珍本文库》的影印本，例如《国立北京大学中国民俗学会民俗丛书》及1978年台北新文丰出版公司《零玉碎金集刊》所收均是。（图264）

　　由于想从这册残本来了解这部《霓裳续谱》，翻寻一些资料后才明白，这部俗曲集在市面上并不多见，尤其是乾隆六十年间的初版本。为何当时"文茂斋"及"集贤堂"都出版此书，其中似乎仍有一些玄机未解。读书的乐趣就在这研读过程当中，从中发掘问题，追寻答案，即使无法拨云见日，也乐在其中。

264

《列女传》

《汉书·艺文志》儒家类记载刘向所序六十七篇，注曰："新序、说苑、世说、列女传颂图也。"

刘向（前77—前6），本名更生，字子政，汉高祖少弟楚元王刘交四世孙，是西汉有名的经学家、文学家、目录学家。历官汉宣帝、元帝、成帝三朝。元帝时他因反对宦官弘恭、石显弄权，被下狱，免为庶人。成帝时始复进用，任光禄大夫，改"更生"之名为"向"。刘向为人简易，不交接世俗，致力于经术，曾奉诏令校经传、诸子、诗赋，每校毕一书，条其篇目，撮其旨意，录而奏之。他不仅深研经学文辞，对神仙方术、五行阴阳诸事也甚有兴趣。撰《别录》一书，堪称目录学之始祖。其著作大多已亡佚，今尚存者有《新序》《说苑》《列女传》等书。

刘向《列女传》成书于汉成帝时，因为当时"赵氏乱内，外戚擅朝"。赵飞燕、赵合德姊妹受成帝宠幸，成帝废黜许皇后，继而杀之，立赵飞燕为后，此后后宫混乱，母仪败坏。刘向有感于朝纲将倾，遂择上古至西汉之贤妃贞妇可为模范以及孽嬖乱亡可做鉴戒者，分类分传，计分母仪、贤明、仁智、贞顺、节义、辩通及孽嬖等七篇，共一百零四人（黄嘉育刊本，节义篇多"上谷魏母"一人，共一百零五人）。有颂有图。

刘向撰辑此书，原是针对赵飞燕姊妹及卫婕妤等人溷乱内廷、嫉杀后宫的种种恶行而借题发挥。其中"孽嬖"一篇，取夏桀末喜、殷纣妲己以至赵悼倡后等十五人，乃历朝败亡之祸乱根源，用以警惕赵氏姊妹，并以之讽谏天子。另书中选取众多美德妇女，以与"孽嬖"起对比作用。《汉书·刘向传》记载："向睹俗弥奢淫，而赵卫之属起微贱，逾礼制。向以为王教由内及外，自近者始。故采取诗书所载贤妃贞妇，兴国显家可法则，及孽嬖乱亡者，序次为《列女传》，凡八篇，以诫天子。"曾巩撰"古列女传目录序"中说："初汉承秦之敝，风俗已大坏矣，而成帝后宫赵卫之属尤自放，向以谓王政必自内始，故列古女善恶所以致兴亡者，以诫天子，此向述作之大意也。"

　　书中所列美德妇女人数较多，善恶因果分明，因能发挥教化效果，后世则以此作为闺训之典籍，累世传抄，增删重编，已与刘向原编差异甚大。《隋书·经籍志》说，《列女传》屡经传写，至宋代已非古本面目，所以古本已不可考。汪远孙于汪氏振绮堂刊《列女传》时所撰"序"中说："宋苏颂、王回遂各以己意更定篇次，蔡骥复散颂入传，而刘氏之旧久不可考见矣。"明代汪道昆甚至删除"孽嬖"一编，卢文弨"序"中说："删其所为孽嬖乱亡者，而后传授之间不至赧赧然难以形于口。"

　　《汉书·艺文志》所记刘向《列女传》当为九编，包含传七编、颂一编、图一编。《汉书·本传》则说是八编，则图不计也。《隋书·经籍志》及《崇文总目》则称十五编，乃曹大家注《列女传》，分其七编为十四编，与颂义合为十五编。南宋建安余氏刊《新编古列女传》八卷，含刘向原编七卷一百零四人及续列女传一卷二十人。明代黄鲁曾刊本及黄嘉育刊本也都是八卷，但黄嘉育刊本较余氏刊本多出一人。明代汪道昆辑刊《列女传》则已扩编为十六卷。可见这部书经过历代传写编纂，已在原有基础上加入新的事例，使其规模越加庞大。

王回"古列女传序"中说:"故有母仪、贤明、仁智、贞顺、节义、辩通、孽嬖等篇,而各颂其义,图其状,惣为卒篇。传如太史公记,颂如诗之四言,而图为屏风云。"可见《列女传》自古即有图,可惜的是刘向时期所编版本流传至宋代已非古本面目,更遑论图版的流传。

至今可以见到图文并茂的《列女传》刊本,都是后人重编补绘,计有:

一、南宋建安余氏刊《新编古列女传》八卷,有曾巩序、王回序,目录下题"汉护左都水使者光禄大夫刘向编撰晋大司马参军顾凯(恺)之图画"。清阮元藏有此书,交其子阮福于道光五年(1825)摹刊于扬州(图265、266)。商务印书馆辑印《丛书集成》,收录《古列女传》,即据阮福文选楼丛书本影印。

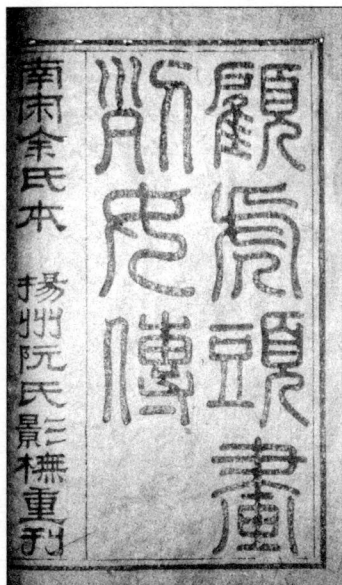

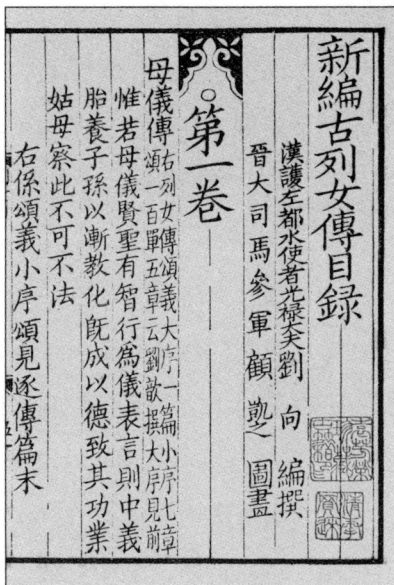

此书版式上图下文，图文刻画均甚古朴稚拙，线条粗犷，建安版画风格明显，人物均标注名称（图267）。无行格，每半页行数不一，十四至十六行均有，每传之后有颂，内文中有刻"靖庵余氏模刻""余氏勤有堂刊""建安余氏模刊"等牌记字样。（图268）

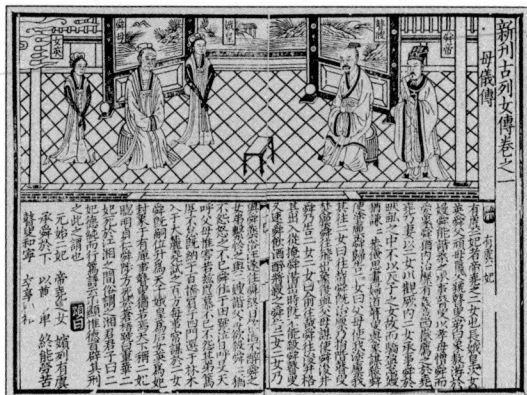

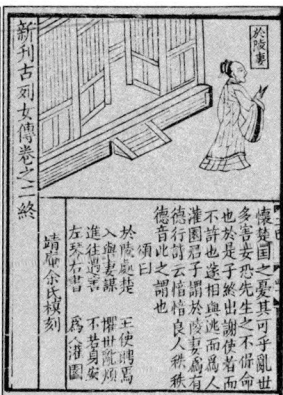

嘉庆庚辰年（1820），此宋刻本历经钱遵王、顾抱冲转为阮元收藏，江藩阅过此书，证明其图为顾恺之所画。他在题跋里说："后于宋丈芝山处见赵文敏临恺之列女传仁智图，如苏子容之言，各题颂于像侧，其画像佩服与刻本一一吻合，始悟此图乃顾画之缩本。"阮福在"摹刊宋本列女传跋"中也说："余尝见唐宋人临顾凯（恺）之列女传图长卷，其中衣冠人物与此图皆同。若卫灵公所坐之矮屏，漆室女所倚之木柱，皆与顾图中相似而微有所减……至于人物镫扇之类，亦绝似虎头画洛神赋图。"

阮福摹刻本之后又有复刻本出现，版框相同，但开本较小，其图版镌刻又较摹刻本粗略，且将阮福及江藩的题跋改置于全卷之前。

二、明万历丙午年（1606）黄嘉育刊本《刘向古列女传》，有曾巩序、黄嘉育序，小序七编，目录八卷。长沙叶德辉观古堂藏有此书，民国初年上海涵芬楼编印《四部丛刊》时借叶氏藏本缩印，今商务印书馆之《四部丛刊》收录亦即此本。日本大正十三年（1924）六月，东京图本丛刊会出版大村西崖校辑的《图本丛刊》，其中收录此书，由上海美术工艺制版社重新刻印。（图269）

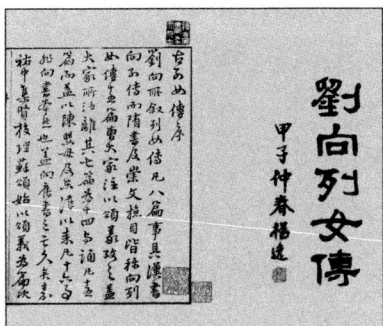

此书版式已与余氏刊本上图下文不同，采右图左文，文则半页十行，行二十字，文字部分与余氏本同，每传之后有颂。版心高营造尺六寸四分，宽四寸五分，图版扩大，线条精细，图画文字绘刻均较庄重，其为徽派黄镐所刻。（图270、271）

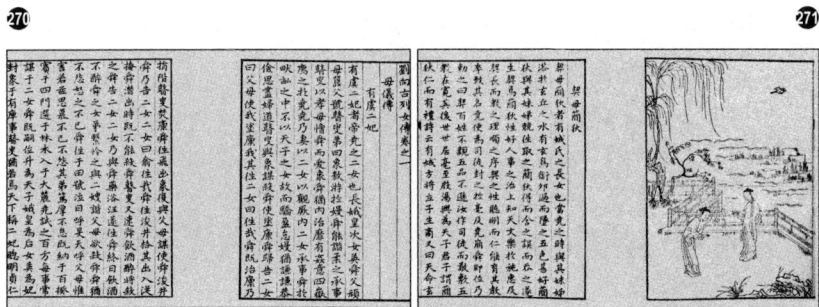

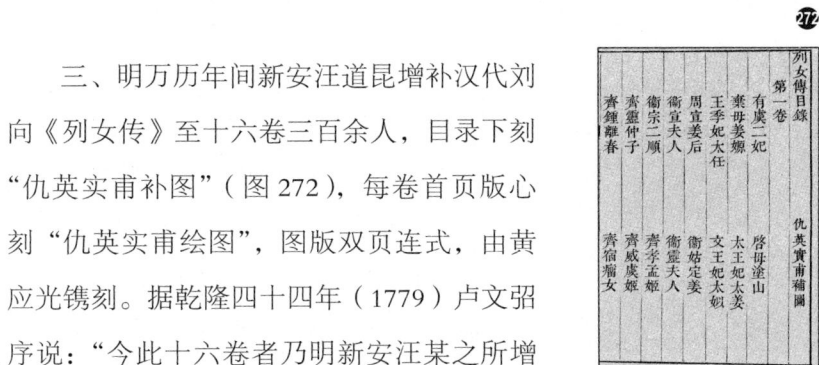

三、明万历年间新安汪道昆增补汉代刘向《列女传》至十六卷三百余人，目录下刻"仇英实甫补图"（图272），每卷首页版心刻"仇英实甫绘图"，图版双页连式，由黄应光镌刻。据乾隆四十四年（1779）卢文弨序说："今此十六卷者乃明新安汪某之所增

辑……剞劂既备，未及印行，距今几二百年，无知之者。"不过据周心慧先生著《中国古版画通史》所记，此书有万历年间真诚堂刊本，似刻于徽州。至清乾隆年间鲍廷博"知不足斋"得此板片，重为

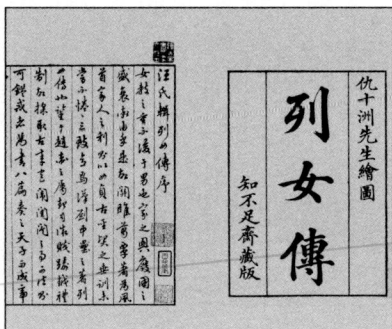

印行，在书名页改刻"仇十洲先生绘图知不足斋藏版"。日本大正十二年（1923）东京图本丛刊会印行大村西崖校辑的《图本丛刊》，其中十六卷十六册刊本《列女传》，完全复刻知不足斋本，也是由上海美术工艺制版社重新刻印，丝毫不苟。（图273）

　　汪道昆辑《列女传》，人数增至三百余人，据卢文弨序说："其纪年至明之神庙而止，其纪述近事则歙郡居多，而一郡之中又汪氏程氏为独多。"可见汪道昆增辑此书，包含较多当代时人事迹，并有兼及表彰其故里先人之意图。汪道昆重辑此书时，除了删去"孽嬖"一卷，并去除每传之后刘向之原颂，改加自己的解说。版心虽刻"仇英实甫绘图"，但后世对此仇英绘图一事，存有疑，其图绘笔致与汪廷讷《人镜阳秋》近似，都充满徽派版画艺术风格。（图274、275）

有文而无图的刊本，有一种：

嘉靖三十一年（1552）吴郡黄鲁曾刊本《刘向古列女传》八卷，与南宋建安余氏刊《新编古列女传》八卷一样，含刘向原编七卷一百零四轮人及"续列女传"一卷二十人。正文前有黄鲁曾序、王回序、曾巩序，卷后有朱衍的后叙。

卷一标题下刻有"吴郡黄鲁曾赞，吴郡朱景固校正"字样。黄鲁曾在卷一至六每位贤妃贞妇传颂之后，仿"颂"之格式各题"赞"一首，卷七"孽嬖"及卷八"续列女传"则无。他在"刘向古贤列女传序"里说："有参军朱君继甫曰，子既歆此，奚不求其善本，以观其略，进而扬其美，无乃益于风化耶。予于华卿黄君假之以览，而心遂欲翼赞之，盖以见其人之难遘于斯世，德之罕著于斯名也。"

另外，较著名的有注而无图的注释本，有三种：

一、清道光年间汪远孙振绮堂刊《列女传》校注本，每卷下有"钱塘梁端无非校注"字样，此书为汪远孙正室梁端所校注。梁端字无非，幼年时即从其大父清白翁受是书，其读书埙明义例，渊源有自。她校注此书引用古籍甚多，诸如前后《汉书》、《史记》《左传》《国语》《尚书》《诸子》《楚辞》《礼记》，等等，然因心力耗损、过于劳累，乙酉年生子曾撰后亡故。汪远孙不忍其毕生心血埋没，于道光癸巳年（1833）将其付梓。振绮堂刊本后来因太平军起义，战乱造成书板损佚，因此流传不广。光绪元年（1871），汪远孙从子汪曾唯筹资予以补刊。中华书局编辑《四部备要》时，即收录此光绪年补刊本。

二、王照圆《列女传补注》，王氏（1763—1851），字瑞玉，清末女诗人及训诂学家，是清代大儒郝懿行的妻室。常以"平生要做校书女，不负乌衣巷里人"的诗句自勉，遵母遗志，为《列女传》补注，完稿后，经其夫订正，成书《列女传补注》八卷，其考证无不精审，博识之至。

三、萧道管《列女传集解》，萧氏（1855—1907），字君佩，一字道安，侯官人，是同县举人陈衍的妻室。善诗文，工小楷，好考据之学，著有《列女传集解》十卷。

刘向所作《列女传》，包含贤妃贞妇与孽嬖乱亡之属，贤与不肖，有事迹可考者均予收入，其称"列"者，"多数"也，"列女"即"诸女"，其书名并无褒贬含意。而一般弹词小说中则常称作《烈女传》，选取贞节烈妇可资教化者，用以宣导妇道妇德，扬善隐恶，用意甚明。汪道昆甚至删除原书中"孽嬖"一编，以免讲授事例时难以启齿，则传统道学之刻板，于此可知。

《闺范》

　　《闺范》又称《闺范图说》，是明代吕坤辑自历代有关女教之先哲嘉言及诸贤善行而成的一部图书，采集足以为人女、为人妇、为人母之典范事迹，不但绘之图像，并且为之音释，每传之后，各赞数言，以示激励。在提倡传统礼教之年代，尤其对家庭女子教育方面，是一部极富影响力的著作。

　　吕坤（1536—1618），初字叔顺，后改叔简，别号新吾、心吾，晚号抱独居士，河南宁陵人。嘉靖三十四年（1555）举人，万历二年（1574）进士，初官山西潞安府襄垣县知县，后累升至刑部左侍郎。万历二十五年（1597）上《忧危疏》痛陈时弊，触怒神宗而辞官乞归，万历四十六年（1618）卒，天启元年追赠刑部尚书。生平著作有《呻吟语》《去伪斋文集》《实政录》《四礼疑》《四礼翼》《交泰韵》《黄帝阴符经注》《闺范》《无如》《疹科》《小儿语》《守约歌》《闺戒》等。

　　吕坤为官刚介峭直、立朝持正、勤政爱民。但身处晚明时代，朝政混乱、社会多元、思想开放。他有感于传统礼教逐渐丧失，尤其女教不兴，影响社会风气甚深说："自世教衰，而闺门中人竟弃之礼法之外矣，生闾阎内，惯听鄙俚之言，在富贵家，恣长娇奢之性。首满金珠，体遍縠罗，态学轻浮，语习倩巧。而口无良言，身无善行。舅姑娣娌，不传贤孝之名；乡党亲戚，但闻顽悍之恶，则不教之故。"

女训诸书虽然自古已有，但吕坤认为不是艰奥难懂就是淡而无味，无法达到教育目的。所以他仿汉代刘向《列女传》："辑先哲嘉言，诸贤善行，绘之图像，其奇文奥义，则间为音释。又于每类之前，各题大指，每传之后，各赞数言，以示激劝。"因而《闺范》一书于焉辑成，共收录一百五十三人，其中有一半以上出自《列女传》。

《闺范》一书之版本甚多，初刊于万历十八年（1590），其时吕坤任官山西按察使。该书采上图下文二截式刊印，图像虽小，但画幅紧凑、画风浑厚、姿态生动、古拙质朴，极富当时北派版画风格。文字部分半页十行，行十三字。此初刊本刊行之后，流传渐广。吕坤晚年在其《去伪斋文集》中说："余乃刻之署中，其传渐广，既而有嘉兴版、苏州版、南京版、徽州版，缙绅相寄赠，书商辄四鬻，而此书遂为闺门至宝矣。初不意书之见重于世至此也，既而内臣购诸市以进。"

万历四十年（1612）左右，泊如斋重刊《闺范》，书前有吕坤"闺范序"、新安吴允清"刻闺范引"、新安佘永宁"书刻闺范缘起"。其图版改为半页式，图像宽大，以右图左文方式呈现，由徽派名家黄应澄绘图，黄一彬、黄应瑞、黄旸谷等黄氏一族二十余人刻版，这是一部典型的徽派风格版画典籍。

《四库全书》收有《吕新吾先生闺范图说》，该收录版本是吕坤的曾孙吕应菊重刊本，采右图左文版式，观其构图悉仿万历十八年二截式刊本之图画，但精致度稍有差异。本书未见刊刻时间纪年，吕应菊系吕坤之曾孙，因此推测其重刊年代应于明末甚或清初之时。本书是浙江巡抚采进本，提要说："坤有四礼疑，已著录。此编乃其为山西按察使时所作，前一卷为嘉言，皆采六经及女诫女训诸文，为之训释。后三卷为善行，分女子、妇人、母道各一卷，叙其本事而绘图上方，并附以赞，文颇浅近，取易通俗也。"叙其本事而绘图上方"，可见撰写提要的大臣曾经见过万历十八年的《闺范》二截式初刊本，始知其绘图上方。但此进呈本乃吕应菊重刊，采右图左文而非上图下文，提要最后却说，"此本无郑贵妃序，当为坤之原本也"，又不知其据为何。

有郑贵妃序的《闺范》，牵涉到晚明"立储之争"所引发的"妖书案"。吕坤的《闺范》刊行后大受欢迎，宦官陈矩购得一部进呈神宗皇帝，神宗将它送给受宠的郑贵妃。郑贵妃觉得此书"嘉言善行，照耀简编，清风高节，争光日月，真所谓扶持纲常，砥砺名节，羽翼王化者是已……事核言直，理明词约，真闺壸之箴鉴也"，于是出资命官重梓，颁布中外，并且自撰序言一篇附之书前，刊行之后，官民争购。沈德符《万历野获编》里说："吕新吾司寇刻《闺范》一书，行京师未久，而皇贵妃重刻之，且为之序，光艳照一时，朝士争购置案头。"

明神宗的第一个儿子朱常洛是恭妃所出，不得神宗喜爱，迟迟未立为太子。而神宗宠爱的郑妃在生了朱常洵后，立即被晋封为贵妃。朝中大臣担心将来恐怕会有废长立幼之事，因此纷纷上疏请及早册立东宫，神宗却一再拖延，引发所谓"立储之争"。郑贵妃备受神宗宠爱，朝中大臣颇有不满，她刊印《闺范》，原想借机抬升自己的地位，却让吏科给事中戴士衡得以大做文章，上疏弹劾吕坤，说他："潜进《闺范图说》，结纳宫闱。"又有名为朱东吉者撰"闺鉴图说跋"，故意将《闺范》易名《闺鉴》，说吕坤在书中纳入

"明德马后"一节（图 276），叙述马后初为贵人，后正位中宫之事，是在讨好郑贵妃，希望她将来也能晋升皇后。而郑贵妃刊印此书，是想为自己的儿子夺取太子地位做准备。文中批评吕坤说："吕先生为此书也，虽无易储之谋，不幸有其迹矣。"此事因涉及神宗宠爱的郑贵妃，最后不了了之，吕坤却因此事不断被卷入政争、党争之中，他上呈"忧危疏"，痛陈时弊，也饱受攻击，最后辞官归隐。

《闺范》一书本来是为重振传统女教而作，却无端被卷入政争之中，对吕坤来说，真可谓"本来无一物，何处惹尘埃"。而此一有郑贵妃序的版本，如果真有刊印，其年代应该只稍晚于万历十八年，但可能是因为政争的缘故，此一版本并没有流传下来，郑序仅见于沈德符的《万历野获编》。

清末民初，云南图书馆重校刊《吕子全书》，《全书》之十七即是《闺范》四卷（图 277、278）。正文之前仅有吕坤"闺范序"及"闺范凡例"，而无他序，文字图版刻画则显粗糙。

我收藏一部云图校刊本《闺范》，因此可常取出摩挲一番，并

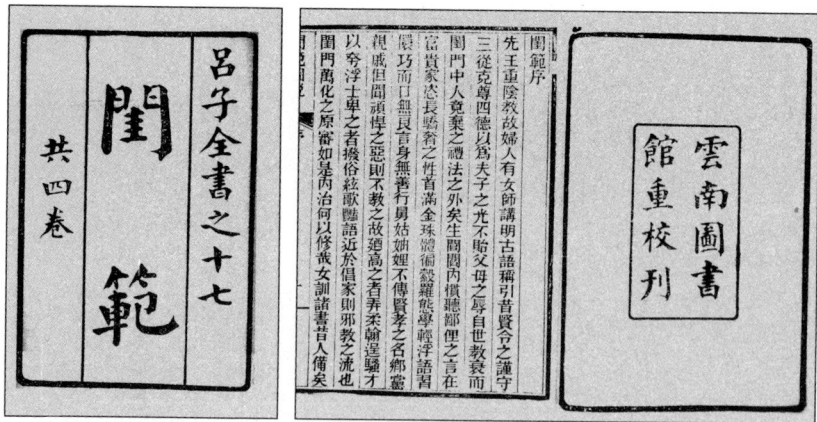

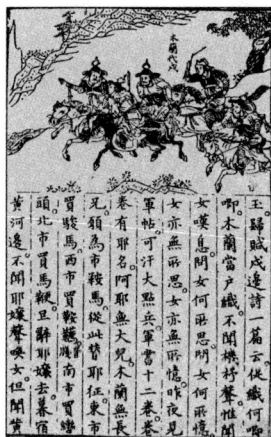

279

取与其他版本相互比对，发现《闺范》的图版有两种系统。万历十八年，吕坤原刻本，绘图雕版者均未具名但富饶北派版画风格的图版是第一种（图279）。明末刻印的吕应菊重刊本，其版画构图也是这个系统，但将原刊本上图下文的版式改为右图左文，构图大同小异，仿刻痕迹非常明显，但版画风格差异甚大（图280）。清末民初云南图书馆校刊本

280

也是右图左文，其图版与吕应菊重刊本一致，应是仿刻自吕应菊本，但刻画技术显然又略逊一筹（图281）。

另外，万历四十年左右泊如斋刊本，黄应澄

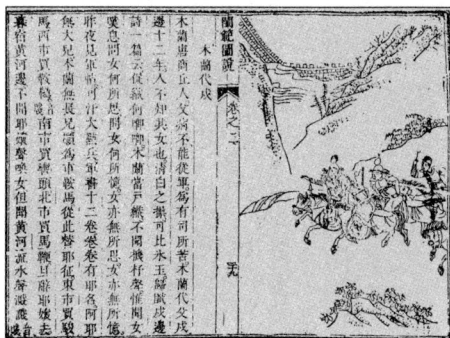

281

282

绘图，黄氏一族雕版的徽派版画风格的图版是第二种（图282）。民国十六年（1927）由释印光作序、魏梅荪石印本《闺范》，

则以泊如斋本为母本，线条疏朗、人物生动，有如徽派版画重现。1994 年上海古籍出版社《中国古代版画丛刊二编》收录的《闺范》也是影印自泊如斋本。

再其后，许多印本则只刊文字，而无附图，例如 1995 年田光烈译注本及 2008 年中华书局《吕坤全集》等均是。

田光烈译注《闺范》时提道，或许有人会问，时至今日，妇女早已解放，男女早已平等，而宣传此类三从四德、男尊女卑、封建礼教以束缚妇女之书，是否不合时宜。他说："盈天地之间者，不外理与事而已。理原于人心之所同然，事据于社会之所适应，理有不变之经，而事有通变之义……三从四德，男尊女卑之礼，事也，施之于远古之世则宜，行之于当今之世则不适……《闺范》之价值，所以亘万古而不磨者，不在乎男尊女卑、三从四德等等之繁文缛礼；而在乎揄扬因果报应之道，揭橥人心本具之理，所谓忠孝节义之德，仁义礼智之性，恻隐、羞恶、辞让、是非之情而已。"

"揄扬因果报应之道"是后来许多宗教团体或善心人士刊印《闺范》的用意之一，田光烈如是观，释印光在"石印闺范缘起序"里也说："近来世道人心陷溺已极，一班无知之民，被外界邪说之所蛊惑，竞倡废经废伦，直欲使举世之人，与禽兽了无有异而后已。其祸之烈，可谓极已！推原其故，皆由家庭失教，并不知因果报应之所致也。"

吕坤当初编印此书，是担心世教衰落，闺门中人失之礼法，内治不修，所以采辑先哲嘉言及诸贤善行，作为女教学习之典范，其中并未强调因果报应。但后世如果以因果报应作为警惕，鼓励人性向善，而让此书得以广为流传，吕坤地下有知，定当欣然而同意也。

此类书籍在民间常被当作善书看待，尤其宗教界将刊印此类善

书当作积功德，借由宗教力量亦有助于此类书籍的流通。我另收一部光绪四年（1878）钱塘俞增光敬义堂刊印的《闺训图说》（图

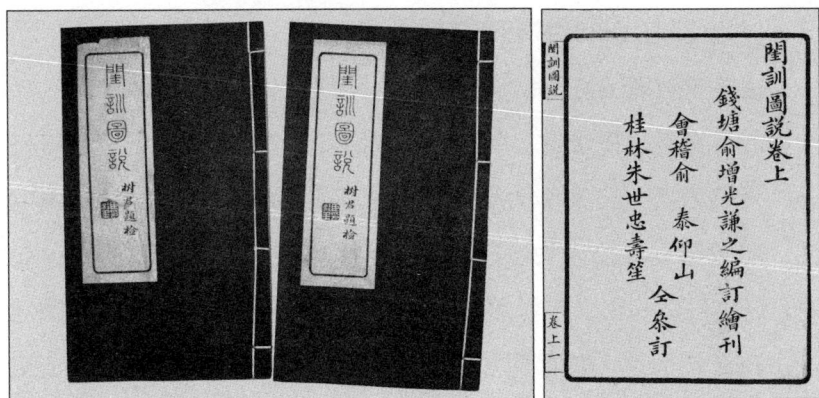

283、284），书前即先录一则"吕纯阳仙师乩撰"，说："闺训不明，图说不著，教不从三，德难明四……岂无闺秀百媚千娇，丹心不保，青史难标。岂无才女弄辩逞刁，厉阶忽起，长舌难饶。凡此等辈，总属轻佻，鬼神不祐，草木同凋。"（图285）借由神祇说教，或许更能收到教化之功效。

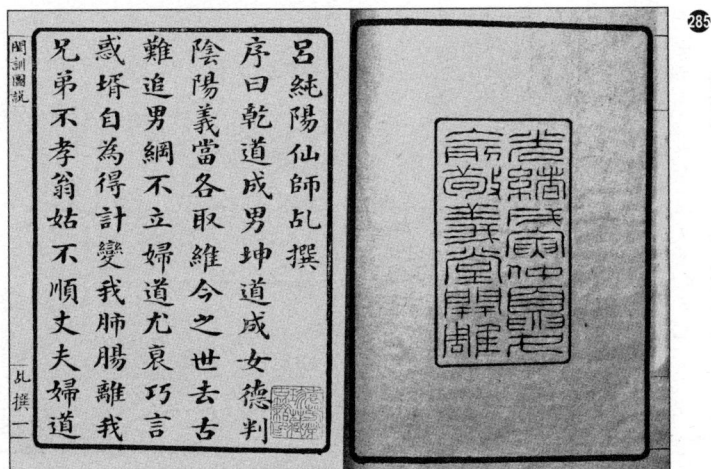

俞增光在序里说："丙子春仰山偶于朱厚存处得陆博埜太守闺训图咏，取以相示……惟是其书，绘图粗略，歌词亦嫌鄙俚，且原版不知何存，因与友人朱寿笙大令商榷去取，删其咏歌，复倩何君云梯改绘成图，仅得百幅。"

这部《闺训图说》收录古来一百位妇女事迹，分为孝女类、烈女类、贞女类、贤女类、孝妇类、烈妇类、节妇类、贤妇类、贤母类、贤姑嫂类、贤嫡妾类（婢女附）等，每人一图一文，右图左文，图画与文字叙述均各以半页为之，字体大小依其叙述长短而定，以书写体刊刻，字体端正，字数较多者，行格亦仍疏朗。图画均由何云梯为之，每幅图版右下书耳刻有"何云梯绘"四字（图286）。图画绘制，与事迹情节相符，刊刻亦甚精细，视其为一部图画典籍，则可供欣赏翻玩；视其为一部女训教材，则图文并茂，明快简洁，亦足以发挥教育点化之功。

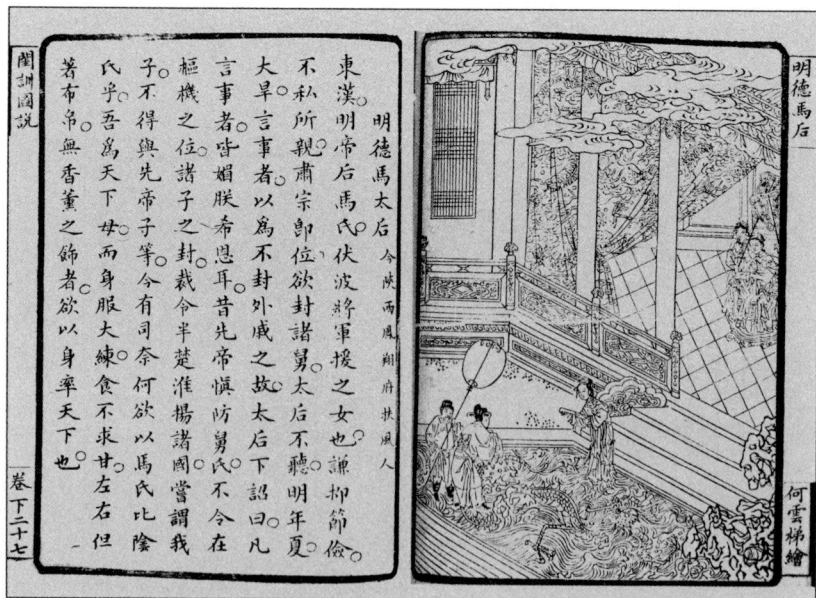

286

旧书·犀烛

《清代学者著述表》

有"清史研究第一人"之称的萧一山先生，1921 年考入北京大学政治系，受教于明清史专家朱希祖、孟森等人，即开始撰写《清代通史》一书。1923 年，他还是个大学生时就已经出版《清代通史》上卷，1925 年再出版中卷，他在"叙例"中说："鼎革至今，倏逾十年，清史之作，阒焉无人。史馆虽开，而国运飘摇，几等虚设；讲述虽伙，而事实简陋，每病枯塞。余以研究所得，著为斯编，菅蒯之作，抑何敢滥附史乘？锓之，聊备学者之参考云尔。"当时颇受梁启超及正在北京作客的日本京都帝国大学教授今西龙的赞赏，他们乃亲自为这本书写序。

梁启超在序上说："萧子之于史，非直识力精越，乃其技术，亦罕见也……非志毅而力勤，心果而才敏者，其孰能与于斯？……遵斯志也，岂惟清史？渔仲实斋所怀抱而未就之通史，吾将于萧子焉有望也！"他对萧一山不但赞赏有加，还对他抱持着很大的期望。

今西龙在序上也对萧一山表示赞叹之意，他说："可惊的，是这书比起诸大家费掉多少岁月所著述的都好，可算现实第一的佳著。而著者萧先生乃是一个年纪还不到二十二岁的青年学者，他既有天赋的聪明，又富于春秋，只须好学不倦，将来造诣，实为可限量，必有成为世界的大史家之一日。"

不过他对于萧一山在书中直书清帝名讳并不认同，他说："不过把帝讳改成直书，在东洋文化的精神上，是我所不敢苟同。"萧一山在最后修订"清代通史叙例"时做了如下的说明:"本书原采一名之例,于历代帝王略庙谥而改直书,如明之思宗桂王,则称由检由榔,清之世祖圣祖,则称福临玄晔,原欲省记忆之烦,并非有褒贬之见,日人今西龙序中曾以东洋文化之精神为言,两国国体不同,持论不妨互异也。"

萧一山(1902—1978),原名桂森,字一山,号非宇,江苏铜山人。出生于书香世家,幼年即对历史产生浓厚兴趣,熟读四书五经,尤爱《资治通鉴》。他读中学时,就认为日本人稻叶君山所写的《清朝全史》,"观点纰缪,疏舛颇多",因此发愤要撰写一部《清代通史》。他北大毕业后,曾应清华大学、北京大学、北平师范大学及中央大学等校聘请教授史学。后来留学英国剑桥大学研究历史及国际政治,返国后除任教各大学外,还致力编纂太平天国史料,如《太平天国丛书第一辑》《太平天国诏谕》《太平天国书翰》,等等。他和郭廷以、简又文并称为当代研究太平天国史专家。

对日抗战时期,萧一山被选为国民参政会参政员,抗战胜利后担任北平行辕秘书长,行宪后当选监察委员。1948年冬天携眷抵台,1960年完成修订《清代通史》,1961年担任逢甲大学创办人及第一届董事会董事长,1978年7月4日因心肌梗塞逝世于台北,享年七十七岁。

萧一山于1960年完成修订《清代通史》上、中、下卷及附表共五巨册,计四百余万字。此书距他第一次出版已相隔近四十年,期间因为战乱连连迄未修订。而在这期间,又发现许多新史料,有助于增补这部《清代通史》的内容。例如军机处及内阁大库档案之整理、夷务始末及外交史料的出版、太平天国遗书文物的研究、各国秘档私藏的公开展览,等等,遂将原书一一加以删正,原来篇章有短缺之处也加以充实，较原书又增加数十万字，于1963年交由台湾"商务印书馆"发行。

这部《清代通史》附有七表，依序为"清代大事年表""清帝爱新觉罗氏世系表""清代宰辅表""清代军机大臣表""清代督抚表""清代学者著述表"及"清代外交约章表"。图表在史学研究上的重要性，历代都极重视。南宋郑樵说："图谱日亡，书籍日冗，足以困后学而隳良材者，其道由此。"明末万斯同也说："史之有表，所以通纪传之穷，表立而纪传之文可省，读史而不读表，非深于史者。"萧一山治史，对附表极其重视，他说："吾国史家，首推子长，而史记一书，功在十表……今依其义作清代通史七表，以为本书详略之则焉。"

萧一山在"清代通史七表叙例"的最后说："按七表稿原创于民国十五年（1926），继复修订，于民国二十六年（1937）付上海商务印书馆排印。商务仅刊行《清代学者著述表》一种，即值抗战军兴，余稿迄今不知下落。兹再就原稿加以整理付梓，或与上海版小有异同耳。……一山附记于台北板桥。"

由这段叙述可知，萧一山的《清代通史》诸附表中，仅有《清代学者著述表》出版过单行本，而我刚好收藏一本民国三十二年（1943）八月由国立编译馆出版、商务印书馆印行的初版《清代学者著述表》。萧一山说附表于1937年就已交付上海印书馆排印，但当时正处于抗日战争期间，国事纷乱，此书并未即时出版。后来国民政府迁移至重庆大后方，这本书也直到三十二年（1943）才交由座落在重庆白象街的商务印书馆重庆分馆印刷厂印制，采用的纸张特别标明"渝版手工纸"，而版权页上注明"初版"，可知这是《清代学者著述表》的最初版本，也是唯一的单行本。（图287、288）

经检视这本渝初版《清代学者著述表》，发觉与 1963 年台初版的《清代通史》附表存在着些许差异。

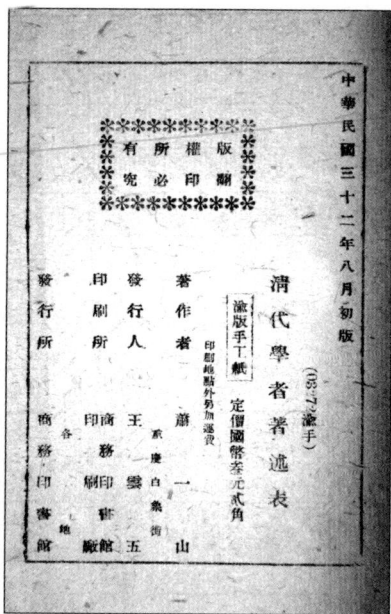

首先是附表多寡不同。渝版书前刊有"清代通史六表叙例"，比台版的"清代通史七表叙例"少了"清帝爱新觉罗氏世系表"，这一附表应该是萧一山后来修订增补进去的。他在"叙例"里说："清史稿有皇子世表、公主表、外戚表、诸臣封爵世表，独无清帝世系表，虽以本纪之系统分明，而于授受之际，承祧之源，颇难一目了然，兹依通史例，列爱新觉罗氏世系表第二。"

其次是清代学者列次的不同，渝版的学者次序悉按"卒年"排列，因此排列最前的是陈洪绶，卒于清顺治九年。排列最后的是罗振玉，表上写着"今存年七十五，1940"，而罗振玉是在这一年的 5 月过世，可见萧一山当时修订这份附表最晚的时间应该是在 1940

年 5 月之前。台版的学者次序则是按"生年"排列，因此排列最前者为沈国模，生于明万历三年（1575）。排列最后的是刘师培，生于清光绪十年。这一项排序的改变，工程不可谓不大，萧一山为何这么做，并未见他有任何说明，无论是以"卒年"或"生年"排序，他都说是"借以明其时代之先后"。

再其次是两版的清代学者人数不一样。渝版单行本的人数达一千三百九十三人，而台版《清代通史》附表六所罗列的清代学者人数仅九百六十九人，其间相差达四百二十四人，差异度颇大。若以史料论，资料搜罗愈齐全，其使用价值就愈高，后面修订的版本理应比之前的更加完整才是。但这两版《清代学者著述表》却适得其反，其间是否有不同的取舍标准？若是迁移来台时，所携带资料不足所致，也未见萧一山有任何注记说明。这一学者人数不同的事件，如果是因取舍标准不同，则可以作为研究的主题，厘清这四百二十四人的资格条件，或许可以归纳出萧一山后来修订时予以排除的可能原因。

另外，表中每一位学者生卒之年，都附注西历。但中西历法不同，西历的年初通常是在中历的前一年年尾，多者相差五十余日，少者相差二十余日。若依中西历法计算年龄，常常会有一岁之差。他在渝版中举雍正元年出生的戴震为例，在台版中却改举万历四十六年（1618）出生的施闰章为例，他们都出生于中历的年尾，若换做西历则属次年年初。因此，若要精确推算年龄，自非对照生卒月日不可，实际上却有其困难。他说，"本表为年表，故不能详也"，只是两版所举案例情况相同，为何要改变案例，也找不出什么理由。

萧一山在编订《清代学者著述表》草稿时，曾经得到顾颉刚的帮助，顾颉刚将他所著的《清籍考》借给萧一山参考。付印前，他的学生曹埶居及王俊杰二人就北平图书馆及国立编译馆藏书加以校对，颇有增补。他在渝版的书上特别题记，对他们表示感谢。但是在台版书中，却只感谢顾颉刚借书，只字未提两位学生协助校对。

这本《清代学者著述表》，类似一本工具书，但对于研究清代文人的学术成就，颇有助益。他在书中说："本表所列，重在著述，凡著述有名称可循者，无论已刊未刊，概行甄录。"虽然清代学者人数累千，遗著綦繁，搜求不易，势难尽窥，但能花费如许功夫将有清一代学者著述名录汇集一册，对后世学术研究而言，其功大矣。

《藏园东游别录》

傅增湘在他的《藏园居士六十自述》里说道："己巳之秋，逸兴乍举，挈子东游，航轨兼驰，涉冬返驾。凡两京盛景如日光、箱根、叶山、热海、奈良、岚山、高野、比叡、镰仓诸地，略事周览……海源阁僻在海隅，皕宋楼流于外域，当世以不得一见为恨，然余则东渡扶桑而观静嘉文库之储，尚岿然无恙……东邦异籍，皕宋之外，又纵观图书寮内阁之书，其间中土之佚篇，唐代之卷子，亦得探奇研秘，尤海外之琅嬛，可以广异闻供遐讨矣。"

1929 年秋天，傅增湘带着儿子傅忠谟东游日本，虽说是游览两京风光，但他心中最想做的事情，当然是去搜访浏览流落在外的中国古籍。他回国后，就东渡所见，撰写《藏园东游别录》四卷，其一为《日本帝室图书寮观书记》，二为《内阁文库观书记》，三为《静嘉堂文库观书记》，四为《东西京诸家观书记》。

他在"藏园东游别录序"上说："昔邻苏老人随轺江户，究心经籍，由是访书之志、留真之谱作焉。其后涩江、岛田嗣有撰述，博辨广搜，咸矜创获，流传中国，咸得寓观。因知沧瀛咫尺，古籍多存，目想神游三十年于兹矣。近以萧辰清暇，乘兴东游，碧嶂丹林，致饶胜赏。更于其间荷雅故之招延，窥琳琅之珍异，自秘阁、官邸，以逮世家、儒门、僧寮、冷肆，俱获讨寻，疏于短册，虽蓬莱道山未遑遍及，而坠编散简幸得网罗，尝鼎饮河差为餍足。"（图 289）

邻苏老人杨守敬（1839—1915），字惺吾，于光绪六年（1880）随何如璋出使日本。当时日本正值维新之际，提倡新学，屏弃旧籍，许多中国古籍都被抛弃市上。杨守敬大量搜购，遇有佳本，也常以他从中国带去的汉魏六朝碑板相互交换，因此收获颇丰，多达三万余卷。他每得一书，就加以题识，而后将这些题识选录补订，撰成《日本访书志》十六卷，并且也将所搜购的宋元秘本书页作为样张，版刻行世，名曰《留真谱》。杨守敬此举，将许多在中国久已失传的古籍重新带回中国，影响极为深远，傅增湘东游日本，显然受到他的影响甚深。

此外，日本许多汉学家对于中国古籍的研究也非常精深，所以傅增湘说："其后涩江、岛田嗣有撰述，博辨广搜……"涩江道纯本是一位医生，也是一位考证学者，他和同为医生的森立之合著《经籍访古志》，岛田翰也著有《古文旧书考》及《皕宋楼藏书源流考》等。这些著作里都呈现了日本收藏中国古籍的丰盛情况，而这些古籍就像是一块大磁铁，强力吸引着傅增湘前去一览究竟。

《藏园居士六十自述》里说这四卷《藏园东游别录》已经刊行，但查诸图书馆藏，却无此一全书，只能分别在北平及天津的报刊上查询到这四卷观书记。其中《日本帝室图书寮观书记》及《内阁文库观书记》两卷于民国十九年（1930）发表在《北平图书馆馆刊》上（图 290）。《静嘉堂文库观书记》于民国十九年（1930）由

290

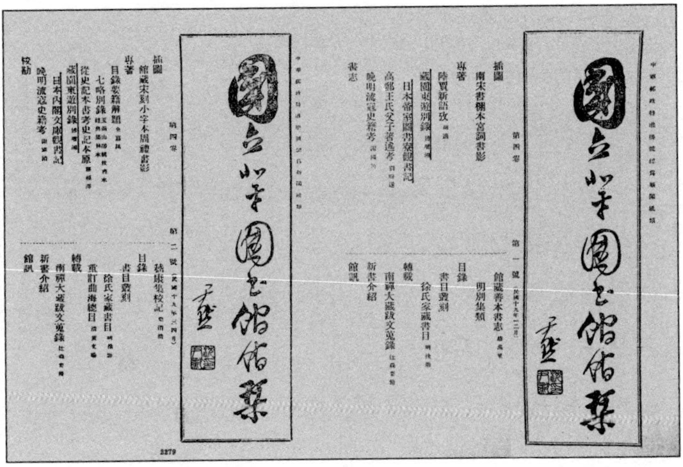

天津《大公报》发行排印本。《东西京诸家观书记》曾于民国十九年（1930）六月，分五期发表在《国闻周报》第七卷，而后《国闻周报》将其印行单行本，用以馈赠读者。这两种单行本都由傅增湘亲自题写书名。我收藏一本《东西京诸家观书记》，书名旁有“书潜自署”字样，书后盖有“国闻周报社印赠”章戳（图 291、292）。《国闻周报》是《大公报》的附属刊物，是一本集时事、评论、文

291

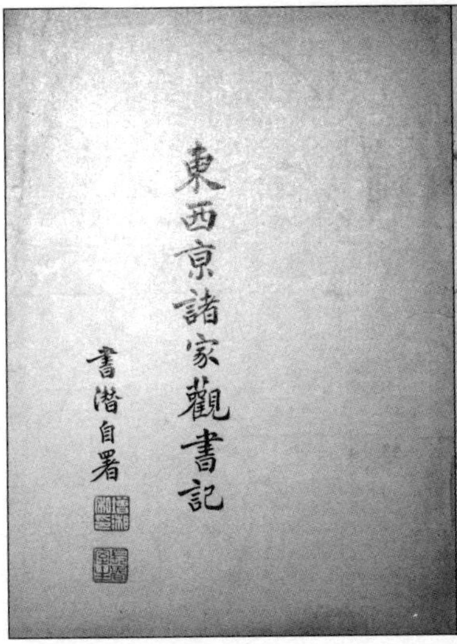

292

艺、史料于一体的综合性周刊，有较广泛的阅读群众。

《东西京诸家观书记》一卷记载傅增湘此行在日本各地较为零散的几家观书情形，包含前田侯爵尊经阁藏书、内藤湖南博士藏书、狩野直喜博士藏书、东洋文库石田干之助藏书、内野五郎三藏书以及西京东福寺藏书。（图293）

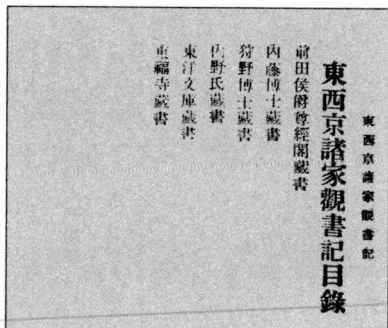

東西京諸家觀書記目錄　前田侯爵尊經閣藏書　内藤博士藏書　狩野博士藏書　内野氏藏書　東洋文庫藏書　重福寺藏書

㉚

综观傅增湘此次东渡日本，总计观览古籍二百四十种，从版本上看，其中以宋刊本（含北宋）一百四十两种为最多，而宋金元三朝古本合计一百八十八种，几乎占其所观古籍百分之八十，可见日本收藏中国古籍之质量均甚可观。

卷次版本	卷一日本帝室图书寮观书记	卷二内阁文库观书记	卷三静嘉堂文库观书记	卷四东西京诸家观书记
唐写本	1			1
北宋本	5	1	10	3
宋刊本	26	8	72	17
金刊本			1	
元刊本	9	11	18	7
古钞本		1	1	
明刊本		10	5	2
明活字本			1	
明钞本			2	1
清刊本		2		
清钞本			2	2
日本刊本	3	2		4
日本活字本				1
日本钞本	1	3		2

卷次版本	卷一日本帝室图书寮观书记	卷二内阁文库观书记	卷三静嘉堂文库观书记	卷四东西京诸家观书记
高丽刊本	2			1
高丽活字本	2			
合计	49	38	112	41

傅增湘此行收获颇为丰硕，有许多他在中国未曾见过的古籍，在日本见到了。有许多古籍，虽然中国也有，但是在日本见到更为完整周全的版本，让他大开眼界。例如他在内藤湖南博士家见到了《唐写说文》（图 294）。唐朝人写《说文解字》只六纸九十四行，清末时曾经被莫友芝、端方等人收藏，民国以后转为景朴孙所得，傅增湘曾多次前往景家求看一眼都不可得，没

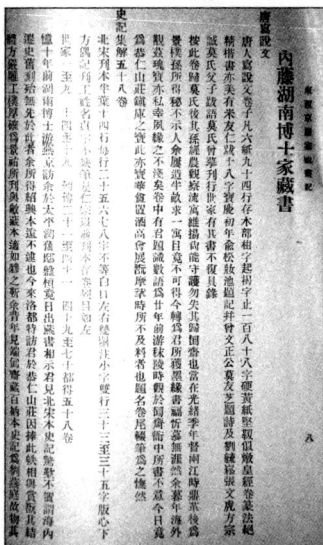

294

想到此卷古籍最后却被内藤湖南购藏，而让傅增湘得以在异国亲眼目睹。难怪他说："余暮年海外觏兹瑰宝，亦私幸夙缘之不浅矣。"

又例如他在日本帝室图书寮看到宋刊本《百川学海》，首册序目完好如故，他自己也收藏一部宋刊本，但序目是以抄本配补，他核对之下发觉该抄本完全错误。宋刊《百川学海》自甲集至癸集，每集十种，而且每集中如杂记、诗话、小说、谱录等都具备，不像通行本每集书种多寡不一，而且以类相从，性质相似者归于一集。所以他感慨地说："前因未见宋本，因袭华本而为之，不知其讹谬以至此也。"对一位藏书大家而言，能发现资料以纠正通行流传的

版本误谬，不啻南面百城，所以他引此为东游快慰事。

　　凡此种种傅增湘观书所记，不但显示他版本知识的渊博，更能看出他治学方式的严谨。这些撰述足以使读者对于宋元古籍的版刻特色更加了解，增广见识，并且知道如何更精确地辨别版本。傅增湘在书里面就纠正了岛田翰的错误，岛田翰在《古文旧书考》里认为帝室图书寮收藏的《通典》是高丽翻刻本，他看过之后则评定为北宋刊本。他说："夫不谙风气，不识刀法，横逞脑臆，强词武断，其能免于不知妄作之讥乎！"

　　在这四卷观书记里，傅增湘多次提到还有许多珍稀古籍未能得见而抱憾不已。在《日本帝室图书寮观书记》里，他说："按寮中藏古钞卷子本最富，然余竭一日之力，凡阅书四十九部，仅留意于中国已佚之古书及生平未见之善本而已，即震耀一世之古写春秋经传集解三十卷、群书治要四十七卷，皆未得寓目，迄今思之，殊为怅惋。"

　　在《内阁文库观书记》里，傅增湘也说还有数百部明人诗文集及边防地志，是中国所罕见者，却无瑕检寻。"静嘉堂文库"他观览最多，但其中还有日本古刻、活字及高丽活字本不下百十种，"为时忽遽，不及披寻"。"前田侯爵尊经阁藏书"还有宋刊春秋左氏音义及宾退录，因移到新府邸而未能遍观。"内藤湖南博士藏书"旧钞古刻目不暇接，其中与明季清初史事有关者尤多秘本，"惜晷短目眵，未及撮记"。

　　这些记载确实留给后世无限惋惜，如果当时他在日本多停留一些时间，遍览未见之珍稀古籍，必能留给后世更多研究古籍版本的有用资料。傅增湘的著作甚多，其如《藏园群书经眼录》、《藏园群书题记》等出版重印甚为常见，唯独这四卷《藏园东游别录》并不易见，殊为可惜。

《遐庵汇稿》

《遐庵汇稿》是叶恭绰先生留下来比较特别的一部书，有别于其他诗词艺文相关著作，这是他从政生涯的一部兴国利民功绩史。这部书对于国家经

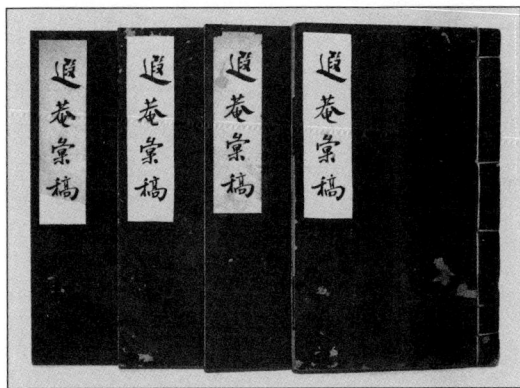

济建设，尤其是交通邮电及实业发展方面的筹划着墨甚深，与他较常被提及的文化、艺术方面的事迹，有绝然不同的贡献。（图295）

叶恭绰（1881—1968），字裕甫，又作玉甫、玉父、玉虎、誉虎，晚年自号遐庵、遐翁，广东番禺人。他的祖父就是清末闻名的金石书画名家叶衍兰，父亲叶佩含诗书文均佳，他本身则擅长诗文、书画、考古及鉴赏，是当代著名词学家、书画家及收藏家，这方面的声誉远远超越了他在政坛的贡献。

叶恭绰年二十一，入京师大学堂仕学科，后曾任教于湖北农业学堂及两胡师范学堂。光绪三十二年（1906）邮传部成立，他入邮传部任职，曾任路政司郎中，并奉派前往欧洲游学，回国后代理铁路总局局长，时当宣统三年（1911）。

民国元年（1912），他担任交通部路政司司长兼铁路总局局长。

三年，任交通部次长兼邮政总局局长。九年至十三年间历任北洋政府劝办实业专使及靳云鹏内阁、梁士诒内阁、段祺瑞临时执政时的交通总长。二十年孙科任行政院长时他担任铁道部长。从他所担任的职务来看，自清末至民初，叶恭绰直接参与了中国铁路交通及邮电实业的筹划与建设，他对于这方面的发展极具影响力。

此外，叶恭绰在文化建设的推动上也是不遗余力，民国十八年（1929），他和朱启钤等人创组"中国营造学社"，和朱祖谋、冒广生等人创办"词社"，和龙榆生创刊《词学季刊》，创建"上海市博物馆"，成立"中国画会"，在香港发起组织"中国文化协进会"，举办"广东文物展览会"，发起编印《广东文献丛编》，辑刊《广东丛书》，等等。他的著作有《遐庵词》《遐庵清秘录》《遐庵谈艺录》《遐庵汇稿》《矩园余墨》，等等。

《遐庵汇稿》计分三编，上编"公牍"，收录他自光绪三十年（1904）至民国十六年（1927）间有关各项铁路交通建设的方案计划与呈文、条陈、公函。中编"诗文"，除了收入他的诗作四百九十三首之外，还有与交通相关论述以及序跋、墓记、杂文。下编"演讲"，收录他于民国元年至十九年（1930）与交通相关的讲词，以及他到几所大学演说的内容。这些收录仅及叶恭绰平日所写文字十之六七而已，有一些事关机密未便发表者，有一些旧档则是民国十六年（1927）政府南迁后无法再寻得，有一些历年演讲由各团体学校记录者，本刊编录无多，都无法搜集齐全。

这部《遐庵汇稿》并不是叶恭绰先生自己编辑而成的，而是由他的故旧从僚帮忙编辑校定并刊印。闽侯人樊守执自民国十四年（1925）就开始纂辑《遐庵汇稿》初稿，历时六年而成，初稿计三十五万余字，经叶恭绰的从僚为之校定，发凡起例、分部别居，辑成二十余万字。门人俞诚之也参与校定，并撰写"例言"（图296），其中有详细记载。民国十九年（1930），叶恭绰五十岁生日时，友人郑洪年为他印行出版。郑洪年所写的"叙"里说："谨于先生悬弧之辰，本朋僚千人之意，为刊平生著述为《遐庵汇稿》一书，凡二十八万言，亦稍以见先生平日言论行迹之一斑云尔。"

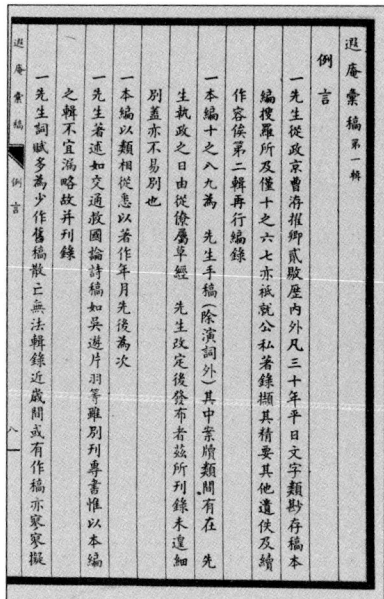

296

郑洪年对于叶恭绰数十年来对于国家经济建设的贡献赞誉有加。他说："苟有人焉如是斤斤然以国家社会之改造为事，数十载如一日，其为社会进展之动力皦然甚明，吾国于此得一人焉，孙中山先生是也。至于经济的文化企业之建设，能本中山先生之意，在不绝的抵抗与反对之旧社会中戮力奋斗，终期其由不断的改造与创造以底于成者，国中虽不乏其人，而三十年来声闻烂然者，尚有一人焉，番禺叶玉甫先生是也。"

此一赞誉洵不诬也，中山先生听闻叶恭绰的交通救国论述后说："此吾之空谷足音也，民国交通建设事业之有今日，玉甫之功不可没也。"民国十三年（1924），叶恭绰南下广东，中山先生大喜曰："吾恨与玉甫共事之晚，玉甫来，大事济矣。"可见中山先生对他推崇有加。

民国十四年（1925），叶恭绰在"执政府会议筹拨增收关税实行铁路交通建设计划提案"里，要求增收关税支配用途应以补助铁路建设为最优先。他说："交通为一切事业之先驱，尤以铁路为最能补助其他建设之成功，故亦惟铁路应予以最先之补助。现在铁路建设筹划之难点，在于建筑之始，收入不敷支出，应有创始基金以促成其发动之初步。"

他提出了"铁路交通建设计划大纲"，包含六项铁路建设工程，共需经费六万三千万元，这六项工程分别为：

一、完成并改良南北第一干路工程

1. 完成粤汉路自株洲起接通广东之路工程

2. 改良粤汉已成路

3. 修筑武汉大桥

4. 修筑汉口江埠

5. 改良京汉设备

二、完成南北第一干路工程

1. 朝阳经赤峰至林西路工程

2. 葫芦岛海港工程

3. 宁浦间联络设备

4. 沪杭甬路钱塘江至曹娥江东路工程

三、展长南北第一干路及完成东西第一干路工程

1. 包头至宁夏路工程

2. 平地泉至滂江路工程

3. 京绥本路改良关沟段路线及全路设备工程

四、完成东西第二干路工程

1. 海州筑港工程

五、修筑东西第三干路工程

1. 修筑川汉路线

六、修筑东西第四干路工程

1. 东西第四干路甯湘或杭湘与株钦线

以上这些铁路建设计划都详细说明工程内容及所需经费若干，并附有一张总图及各项工程简图，是叶恭绰最完整具体的铁路蓝图，也是《遐庵汇稿》里最主要的部分（图297、298、299）。郑洪

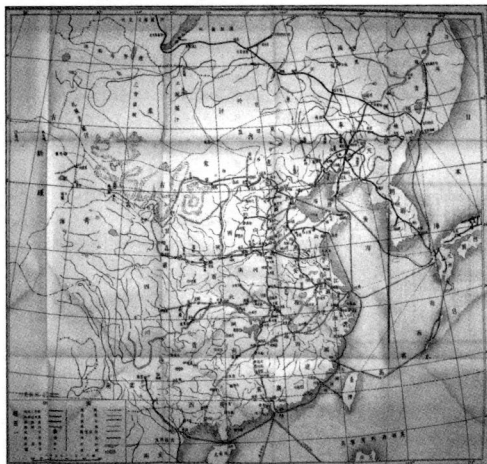

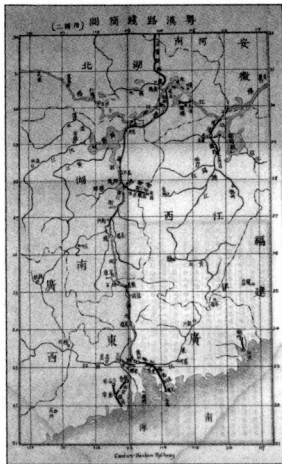

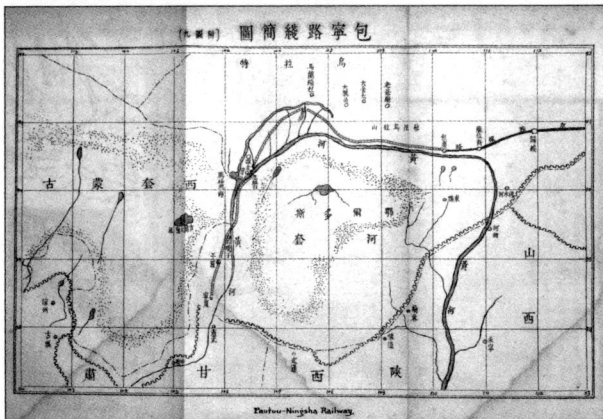

年说："十三年冬，先生三长交通，复倡关款筑路计画，草铁路交通建设计画大纲凡数万言，图十数种，先生历年铁路建设计画纲领悉具于是，如完成陇海接通粤汉，兴筑沪杭甬桥工，筹筑库恰线连接西比利亚铁路等一切措施计画亦悉准于是。"[1]

叶恭绰的贡献不仅仅在于硬件建设，对于交通管理事权的统一、交通教育的推动及交通人才的培育方面也有很具体的计划方案。尤其在推动交通教育与交通人才培育方面，更是不遗余力。民国七年（1918），他倡办铁路同人教育，设立中小学六十四所，学生六千人。民国九年（1920），开办铁路职工教育，设学校十一所，学工五千余人。民国十年（1921），创办交通大学，统一京沪唐四校组织，叶恭绰被选任为校长，学生九百余人。他推动这些措施，希望足以适应新时代之需要，使交通事业更接近于近代文化，奠定近代交通营运之基石。

中编收录的诗文，第一首是叶恭绰十五岁时的诗作"蚕"："衣被满天下，谁能识其恩；一朝功成去，飘然遗蜕存。做茧忘躯命，辛劳冀少功；丝丝虽自缚，未是可怜虫。"或许是家学渊源，也或许是天资聪慧，叶恭绰的文学才华，年少即已显露。除了四百九十三首诗做之外，还收录他为其他著作所写的序跋，或为他人所写的祭文墓记，等等。书中收录他于民国十五年（1926）为邓之诚《骨董琐记》所写的序，序中说："吾友文如邓子，嵚崎磊落人也，嗜酒工诗，富藏书又好搜罗古器物之殊异者，不相晤一年，兹访余天津，知其穷困中不废著述，为骨董琐记数巨册，将刊以行

---

[1] 编注：这段引文中的计画未改为现代汉语通行的"计划"，西比利亚亦保留，即西伯利亚。

世，问序于余。"《骨董琐记》一书，嗣后所出版者，无论是中国书堂本，或是北京出版社邓珂点校本，都不见这一篇序文，则《遐庵汇稿》收入此序，就显得珍贵许多。

叶恭绰于民国十年（1921）创办交通大学，并担任首任校长。他在大学成立后的首次开学典礼上对学生的演说中提道："我国革新事业惟交通最盛，然多为外人经营，揆诸国民自治之义相去尚远，鄙人筹划交通事业十有余载，虽有略著成效为国人所共见者，而欲发展怀抱有所设施，每因人才缺乏事半而废，抚念国事阽危，重寄无托，培育人才之思非一日矣，今者交通大学完全成立，往者教育之事结晶于此，交通前途诚堪庆贺。"

叶恭绰将交通事业前景之发展，寄托于这一批高级交通管理人才之培育养成上，所以他期望学生修学以三件事为准衡：

第一、研究学术当以学术本身为前提，不受外力支配，以达于学术独立境界；

第二、人类生存世界，贵有贡献，必能尽力致用，方不负一生岁月；

第三、学术独立斯不难应用，学术愈精运用愈广。

虽然学校成立较晚，他希望所有职员、教员、学生互相谅解，同德一心，以大学利害为前提，以社会服务为原则，行动一致，心同一理，他日必能与欧美先进大学同趋一轨。

文坛的叶恭绰较为人所熟知，《遐庵词》《遐庵清秘录》《遐庵谈艺录》《矩园余墨》诸书展现他在文学艺术方面的专擅与才华。政坛的叶恭绰对于国家经济建设发展卓有贡献，《遐庵汇稿》一书可见其大概。除此之外，民国初肇，国事纷乱，叶恭绰更发挥其调和鼎鼐之长，周旋期间，以期消弭纷争。他的妻舅无锡孙保圻在《遐庵汇稿》跋中说："……中更辛亥革命、洪宪复辟、南北义和，以及各军帅之互相雄长，称兵雠斗，连岁不绝，玉甫皆晓音瘏口，谋所以沟通消弭之术，虽丛怨讟，危身毁家而无所于惜，人称为仁者之勇。"叶恭绰的生平事迹，面向多方，必须从各方面都加以深入了解，始能建构这一位仁者、能者的完整图像。

《林献堂先生纪念集》

《林献堂先生纪念集》一函三册，线装，包括年谱、遗著及追思录（图300）。由"林献堂先生纪念集编纂委员会"发行，印制于1960年12月，其时逾先生去世已四年。

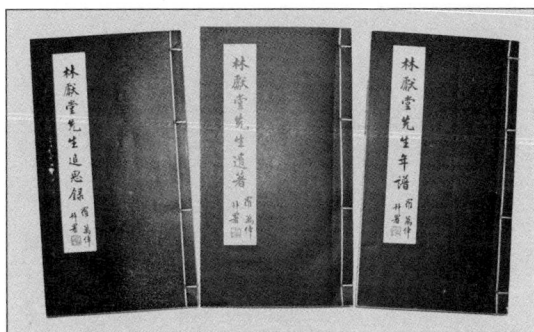

编纂委员会主任委员罗万俥在序言里说："今先生逝矣，友好同志为纪念其功绩，爰有编纂先生纪念集之议……经从事搜集资料，编纂经年，辑成纪念集一部，内分年谱、遗著、追思录三卷，共为一函，虽吉光片羽，未足彰先生盛德于万一，然雪泥鸿爪，亦以示后人励来兹云尔。"

林献堂先生（1881—1956），名朝琛，字献堂，号灌园，以字行，台湾府彰化县阿罩雾庄（今台中市

雾峰区）人。（图 301）是日据时期台湾地区民族运动的先驱、争取台湾地区人民自由平等权益的领袖人物。哥伦比亚大学东亚研究中心学者 Meskill, Johanna M. 在其著作《一个中国的先驱家族：1729 1895 台湾雾峰林家》（*A Chinese Pioneer Family: The Lins of Wu-feng, Taiwan, 1729-1895*），对他大加称赞，认为他是一位领袖，也是台湾地区文化的保姆。

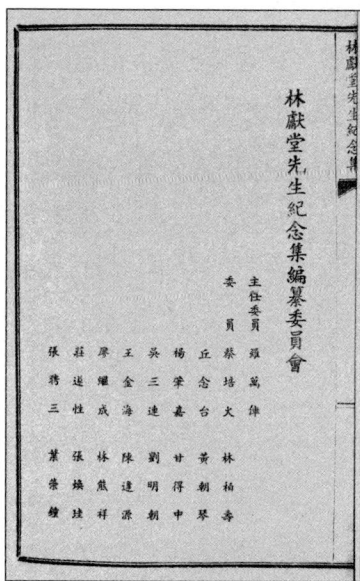

302

这部《林献堂先生纪念集》的编纂委员都是当时致力民族运动的同志及其交情深厚的友人，可谓一时之选。除主任委员罗万俥之外，委员包括蔡培火、林柏寿、丘念台、黄朝琴、杨肇嘉、甘得中、吴三连、刘明朝、王金海、陈逢源、廖继成、林熊祥、庄遂性、张焕珪、张聘三及叶荣钟等人，而其中出力最多的应属叶荣钟。（图 302）

叶荣钟（1900—1978），字少奇，号凡夫，彰化鹿港人。民国七年（1918），他得到献堂先生的资助赴日求学，民国十年（1921）返乡后，先在林本源制糖会社溪州糖厂当了几个月的职员，因参加"台湾议会运动"被辞退，于是转投到献堂先生幕下当他的通译兼秘书。民国二十四年（1935）他曾有短暂时间转入台湾新民报社工作，但仍然追随献堂先生左右。后来更随献堂先生进入彰化银行服务，历任秘书室主任等职近二十年。他在追思录里写了一篇长文"杖履追随四十年",详述他们之间的相识相知、追随服侍的经过,以他对献堂先生的熟知,与林氏一家的情谊,来执行编纂这一部纪念集,最为适当。

《年谱》的格式分上下二栏,上栏是"纪年与时事",下栏则是"林献堂先生事迹"(图303)。"纪年"采中式纪元与西历并列,以方便和"时事"相对照,"先生事迹"的撰写,大事简明,注解详尽,都出自叶荣钟之手笔。他在"编纂后记"里说:"编者追随杖履者达四十年,于先生生活起居,思想言行,即非及躬亲见,要亦耳熟能详。然以当时既乏有系统之纪录,时过境迁,日久渐遗忘,故目前所据以编纂先生年谱之资料来源,仅下列四种:一、根据先生日记所载者;二、前承灌园先生暨水心夫人以及林幼春先生生前所告者;三、现承蔡培火、甘得中、林坤山诸先生所告者(按蔡、甘二先生为灌园先生童年老友,而林先生司林氏账房者垂五十年);四、编者亲闻亲见,凭记忆所及者。"

这本《年谱》所列者都是献堂先生一生之大事件,主要还是他奔走各地从事当时台湾地区民族自治运动的历程。叶荣钟说:"夫年谱之作,以传其人之功业事迹也,故仅举其荦荦大者,而不及琐屑,盖循传统之先例也。如先生平日排难解纷、周贫济急,视属常事,曾不以此而沾沾有得色,所谓行而宜之之谓义者,抑亦不克缕

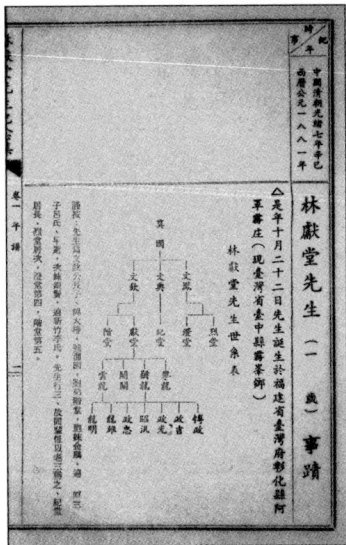

303

记也。至潜德幽光，散见于诸家追思录中，以补年谱不足可也。”

《遗著》中收入献堂先生的遗诗和游记（图 304），遗诗包括《海上唱和集》一百二十九首和《东游吟草》一百一十五首二部专集，以及叶荣钟抄自《栎社》第一集及收存在其他献堂先生友人处的零散诗作而辑成的《轶诗》二百零五首。游记则是献堂先生偕同次子林犹龙自民国十六年（1927）五月十五日从基隆港出发至十七年（1928）四月十五日到达日本横滨登陆，前后将近一年期间，游历英、美、德、法、意大利、西班牙、比利时、瑞士、荷兰、丹麦等十国所见所闻撰写而成的《环球游记》。这些游历见闻自 1928 年 8 月 28 日开始在台湾新民报连载，一直到 1931 年 10 月 3 日为止，为期三年有余。这一本《环球游记》是台湾地区的第一本世界游记，在当时民风保守闭塞的社会环境下，令人得以放眼天下、增广见闻，对于民智之开启影响甚深。

304

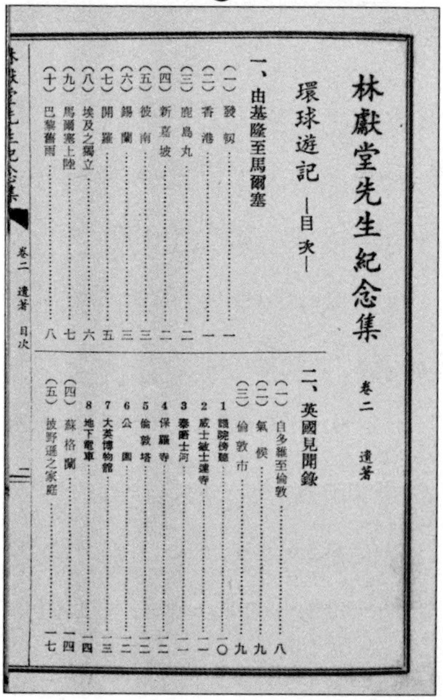

林獻堂先生紀念集 卷二 遺著

環球遊記 —目次—

一、由基隆至馬爾塞
(一)發軔……一
(二)香港……一
(三)鹿島丸……二
(四)新嘉坡……二
(五)彼南……三
(六)錫蘭……三
(七)開羅……五
(八)埃及之獨立……六
(九)馬爾塞上陸……七
(十)巴黎舊雨……八

二、英國見聞錄
(一)自多維至倫敦……八
(二)氣候……九
(三)倫敦市……九
1 議院傍聽……一〇
2 威士敏士達寺……一一
3 泰晤士河……一一
4 保羅寺……一二
5 倫敦塔……一二
6 公園……一二
7 大英博物館……一三
8 地下電車……一四
(四)蘇格蘭……一四
(五)拔野遜之家庭……一七

林獻堂先生紀念集 卷二 遺著 目次 二

305

林獻堂先生紀念集 卷三

追思錄

憶灌園先生

嚴家淦

緩急人所時有，故朋友之道尚矣。當其變故斯須之際，推腹心，披肝膽，以身相恤於患難者，非必皆有宿昔投分之契，而被髮纓冠，慷慨一諾，或且過於骨肉之親，此伐木之詩所以求友聲，史遷之記所以傳遊俠也。

余於本省光復之初，奉命來臺，始識灌園先生。先生時以耆德負桑梓之重望，而謙德之光，誠中形外，秉心塞淵，口不及私，觀人論世，一本恕道，聞其言，醰醰然如飲醇醪，余固已儀之。三十六年春，彰化銀行創立於臺中，余往蒞其事。適遇事變，地方騷然。余應邀止先生家，相與盤桓，時促膝縱談，先生熱心

林獻堂先生紀念集 卷三 追思錄 二

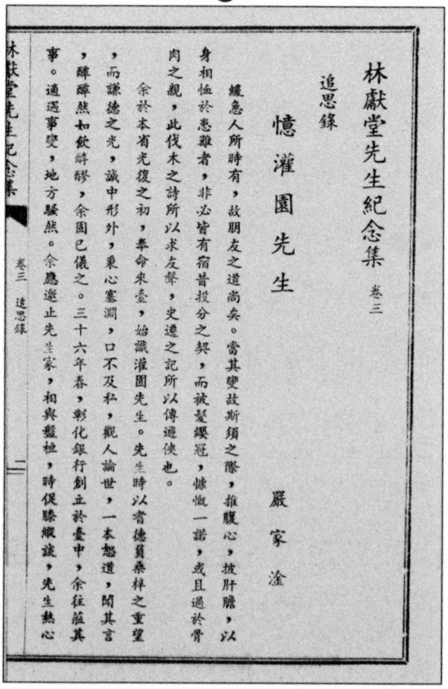

《追思录》则收集献堂先生中日友人共二十二人的追忆怀念文章（图305），其中有因"二·二八"事件波及台中时，正在台中参加彰化银行成立大会而受到献堂先生掩护的财政处长严家淦，有献堂先生的日本友人矢内原忠雄、神田正雄、吉市米太郎，有其故旧、诗友蔡培火、林柏寿、黄朝琴、丘念台、甘得中、罗万俥、杜聪明、刘明朝、吴三连、林熊祥、黄纯青、张聂生、王金海、林忠、魏清德、林汤盘、张文环及叶荣钟等人。每一篇追思文章，各从不同角度叙述与献堂先生之相交情谊，以及对他奉献一生心力于台湾地区民族运动的感念，都写得至情至性。叶荣钟在编纂年谱时说："至潜德幽光，散见于诸家追思录中。"诚然此言，这本《追思录》让读者对献堂先生一生爱国爱民情操有了更深刻的认识与景仰。

叶荣钟将《年谱》编纂完成之后，曾先送给蔡培火先生及丘念台先生校阅过。丘念台认为这部年谱就是献堂先生的长篇传记，可作为近代台湾地区文化运动史及政治运动史来读，也可作为台湾地区近代民族斗争史来读。蔡培火则对献堂先生于1949年赴日直到过世的最后这一段留日期间，认为不能仅以医病为由来看待。时值转折之际，以林献堂曾经是台湾社会最中坚的人物，却滞留日本，曾经引起一些人对他忠诚的质疑。在蔡培火的眼中，献堂先生是一个忠诚的民族主义者，是一个标准的中国人，他并非无条件支持一切，他对当时的政治有诚恳的批评与主张，但因得不到信任共谋改革而灰心，这就是他晚年甘愿漂泊在外的原因。

蔡培火曾经在1955年9月东渡日本与献堂先生见面，劝其返乡，献堂先生对他说："你先回去，依照你所信的计划先试试看，果能实现几分你的所信，明年你再来，我一定跟你回去一起干。"

他还托蔡培火带一封信给张群，表达他的爱国之心，这封信后来刊登在《新生报》上，人们心中的质疑才豁然冰释。但不幸的是隔年9月8日，献堂先生就客死异乡了，最终没能返回家乡，共谋兴革大业。

蔡培火认为献堂先生是一个忠诚的民族主义者，是一个标准的中国人，不洋化也不和化，他的中心思想，儒教约占七成，佛教约二成，基督教约一成。有时候佛教、基督教的成分都被儒教所占有，所以他对伦常道德最为重视。

献堂先生虽是出生于日据时期，但他不讲日语，他从事民族运动与日本政府交涉，都透过翻译，叶荣钟就当过他的秘书兼通译。他七岁时自家蓉镜斋设私塾，聘何趋庭传授传统儒家教育，开始学习中国文化，十七岁时由白焕圃传授经史，可见他承袭的确是儒家思想的薰陶。不只是他，整个雾峰林家都是如此，例如他的父亲允卿先生于光绪十九年（1893）获中恩科举人，他的堂兄林俊堂（1875—1915，名朝崧，字俊堂，号痴仙）于1902年创设"栎社"，提倡联吟诗对，以推动青年学子学习大汉民族文化。1922年栎社成立二十周年，雾峰莱园竖立纪念碑，以"孔子降生二千四百七十二年"来纪年，可见在日据时期，雾峰林家子弟传习的仍然是中国传统儒家文化。

所以，当献堂先生于1907年在日本巧遇梁启超先生时，双方一见如故，彼此仰慕之情溢于言表。梁启超（1873—1929），字卓如，号任公，别号饮冰室主人，广东新会人，是中国近代思想家、政治家、文学家、教育家。清廷甲午战败后，拟割让台澎给日本，梁启超曾经上书力言台湾不可割让，他对台湾时局非常关心。献堂先生和他相见，虽然语言不通，但采用笔谈，对于台湾的前途、命运、抗日运动的路线、策略等都有深入的沟通交流。梁启超在笔谈中写道："本是同根，今成异国，沧桑之感，谅有同情。"文词委婉感人，献堂先生颇受感动。

他分析台湾的情势，认为当时的清廷已自顾不暇，三十年内断无能力帮助台湾人争取自由，台湾同胞切勿轻举妄动，而作无谓牺牲，应该仿效爱尔兰人抗英的做法。他说："在初期，爱尔兰人如暴动，小则以员警，大则以军队，终被压杀，无一幸免。后乃变计，勾结英朝野，渐得放松压力，继而获得参政权，也就得与英人分庭抗礼了。"他认为台湾领袖人物应该厚结日本中央政界显要，以牵制台湾总督府之政治，使其不敢过分压迫台湾人。这一席话，影响献堂先生甚深，他后来从事民族运动，采取温和非武力抗争的思想与路线，不但免除如苗栗事件、噍吧哖事件、雾社事件等的杀戮牺牲，更赢得台湾总督府的敬重，石冢总督还亲自前往雾峰相访。

林献堂先生一生为争取平等人权的奉献，丝丝缕缕实难尽述。

他的日本友人议员神田正雄的一段话，可视为最适切之评价。神田正雄说："窃以献堂先生，生长名门，环境优裕，而甘冒艰危，不辞劳苦，为台人为东亚，挺身奋斗，由此可窥见其人格之伟大，迥非寻常。"（图306）

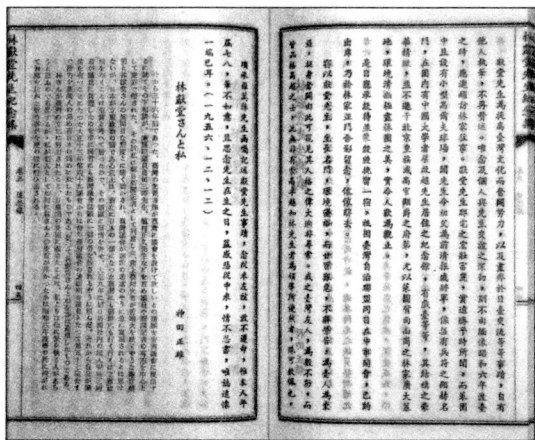

《沧浪夜谭》

《沧浪夜谭》一书共发行十七集，于 1957 年 5 月至 1963 年 12 月出版，作者王九原来在《大华晚报》撰写小品掌故及短篇小说，报纸刊出后，深受读者好评，一发不可收拾，不但前后连载十一年余，尔后不定期集结成书，累计共出版十七集之多。（图 307、308）

王九在 1957 年丁酉春分所写的序言"沧浪人语"中说："前岁

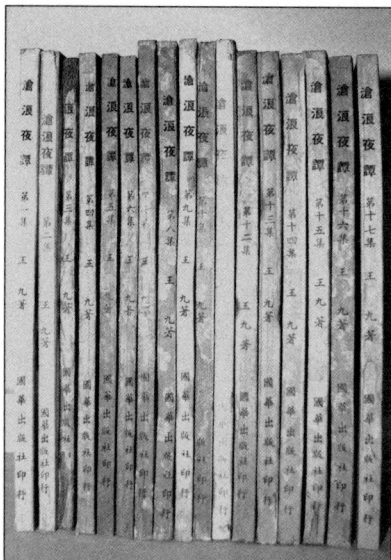

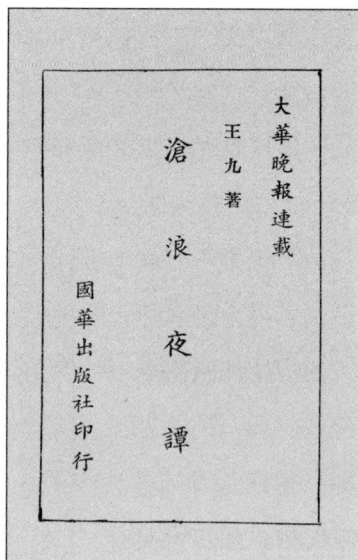

得薛君心镕之鼓励，为'大华晚报'写短篇小掌故，一时率尔操觚，名之曰'沧浪夜谭'。乃刊出后为嗜痂者所同赏，空谷喜闻足音，时鸟皆乐共鸣，鞭策奖掖之下，遂令勉搜枯肠，至今犹无法搁

笔。"（图 309）

《大华晚报》创刊于 1950 年 2 月 1 日，而于 1989 年 1 月停刊，时任总编辑的薛心镕先生邀请王九为晚报副刊撰写专栏。1955 年 12 月 18 日，《大华晚报》刊登一则启事："三篇新作明起发刊。"这三篇新作包括：《剑胆诗魂》《沧浪夜谭》及《地中海之梦》（图 310）。而 12 月 19 日刊登的《沧浪夜谭》第一篇掌故文章是《苏苏》。其早期文章内容多涉人鬼之间、阴阳乖戾之变的市井小民故事，五光十色，光怪陆离，犹如今之聊斋。

虽然有人质疑王九所写的掌故无可稽考，不过他自有一番说

辞，认为这些人鬼阴阳之说，虽难稽考，不值得科学家一笑，但所谓科学仅是宇宙现象的千万分之几，古人所梦想不到的，在今日犹如家常便饭。而今天人们所不察、被认为是超现实、玄之又玄的现象，倘后之视今，亦犹如今之视昔，则一切都在逻辑之中，何玄之有？不妨视之为《春秋》外传或《世说新语》之流亚。

王九对他自己的作品很有信心，自认为越写越好，他在第二集

《沧浪夜谭》出刊时说："写文如探奇选胜，其始得一邱一壑，未尝不叹为佳境。及入山稍深，则回顾来时路，又不觉爽然若失。仆自信夜谭之后期出品，较初期可观，第二集所收罗者，或优于第一集。则箧中尚待续印之第三、四、五集，乃至未来之若干集，似将如三山五岳，美不胜收矣。"

这段话看似有推销自己作品的广告意味，不过倒也真实反映了《沧浪夜谭》在当时所得到的回响。所以出版社每隔一两个月，或两三个月就出版一集，还曾经在1958年7月间连出第五、第六两集。虽然他自嘲说："文章自己的好，此风如今为烈。"但从出版的速度来看，说好的并不只有他自己，广大的读者都说好，所以这本书的出版销售才能如此快速。而其文章令人喜爱的原因，固然是因为内容多属乡野奇闻，涉及人妖鬼怪，偶有男女绮情，所以让人读来津津有味，意犹未尽，也因在报刊连载，让人很容易在短时间内得到满足，这样营造出来让人回肠荡气的氛围，应该就是这本书热销的保证。有人称誉他说："君近年来之小说、散文，虽逾数百万言，然将来可传者，仅《沧浪夜谭》耳。"

不过也有些卫道之士，认为《沧浪夜谭》多郑卫之音，不可以风世，也不宜多种文字孽因，要求王九及早搁笔。王九却说："郑卫之音，孔子不删，仆又安能免俗？"至于文字孽因，他则闻命惶悚，不敢置答，自认孽因已深，将来必堕入"笔墨地狱"。

因为书中常有写及饮食男女之事，所以王九也常遭"黄议"之讥，说是肉弹情调太重了。其实观其内文，虽有触及，但用字遣词均甚保守，若与1926年张竞生博士所写《性史》相较，则何止天壤之别。所以王九淡然处之，并且将"黄色"之正意加以阐述，对讥讽他的人以诙谐态度对之。他说："古以黄色为正色，易所谓

'天玄地黄'也。'黄耇无疆'，老吾老以及人之老也。'古之伐国，不杀黄口'，幼吾幼以及人之幼也。而况天子加黄袍而尊，太守坐黄堂而荣。黄卷青灯，可以与圣人对语，是黄亦何逊色之有？"

他也感叹当时报纸上所谓"肉弹"、"性感明星"，甚至"加力骚"等用词，早已司空见惯，也未曾听闻社会上有何指责之言。这些批评他的人，不见其文章旨意之所归，仅赏其文句浓艳之处，断章取义，去骨存皮，针砭未入，而旁症并发。

《沧浪夜谭》一书的出版真有一发不可收拾之态势，出版到第九集时，王九原以为已经足够了："论情、论理、论数，皆已达止境。以言情，自牛鬼蛇神以至饮食男女，虽不敢说启天人之奥秘，亦可谓尽情发挥。以言里，作者本非谈宗，聊资谈助，一谈四年，谈锋亦可以敛矣。再言数，则九为奇数之极，遇九必变，十乃变数之机。为山九仞，已登峰造极，过此则上天无路，入地无门。"

不过此书的出版并未因此停止，三个月后第十集又出版了。到第十一集时，他写了一篇"赘言"说："夜谭至十一集，暂告一段落。"（图311）这项声明并不是说他的《沧浪夜谭》书籍的出版就此打住，而是他在《大华晚报》连载的"沧浪夜谭"专栏，已经在1960年1月16日暂时停刊

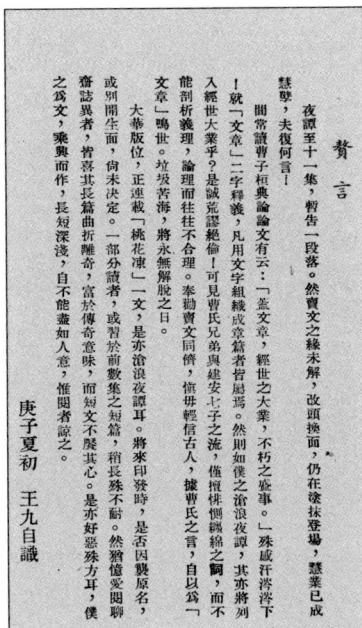

❸❶❶

了，2月5日开始另辟一个专栏来连载他的侠情传奇中篇小说《桃花冻》。他虽然继续在《大华晚报》写作，但将来集结出版时是否仍用原名，尚未决定，所以他事先表明《沧浪夜谭》出书至第十一集暂告　段落。

不过相隔一年三个月之后，《沧浪夜谭》第十二集又与读者见面了。"国华出版社"在书前刊登一则启事说因为叠接读者纷纷来函，催促该社应该继续出版，勿使中断，而且近来报端所刊登的故事及文笔，较前尤为精彩，所以续印第十二集。可见《沧浪夜谭》的魅力仍然不减，直到1963年12月出版第十七集，这本书的出版工作才告一段落。虽然这本书没有继续出版，但是《大华晚报》却于1963年10月起又恢复"沧浪夜谭"专栏的连载，一直到1967年6月24日才告结束。

王九撰写《沧浪夜谭》的风格，从这十七本成书也可以看出一些端倪。早期他多写乡野掌故短文，有亲历、有听闻，光怪陆离，引人入胜，每一集《沧浪夜谭》都包含七八十篇故事。后来每篇文章字数逐渐增长，每集纳入的文章篇数便逐渐减少，由三四十篇再减为十余篇。从第十二集开始，每集都在十篇以内，而每篇都是短篇小说，不再是乡野掌故，这与他在《大华晚报》专栏的改头换面是相关的。他说："仆之写小说，无论故事之虚实，自必先有所铺排。然下笔之际，浑然忘我之所在，精神与书中人物默契，笔尖随意识挥洒，不为文字工拙而撤出神游境外，作无病呻吟。即或有遭人诟病之处，亦宁敝帚自珍，盖不愿以辞害意而丧其真也。"

2012年6月某日，闲逛福和桥下跳蚤市场，发现两本《沧浪夜谭》，书籍已被改为线装，重贴封面，重写书签，从外表已看不出《沧浪夜谭》的本来面貌。内页盖有"平卢书翰"藏印，初不知其为何，经与"百城堂"主人汉章兄谈及此事，他说"平卢书翰"可能是董作宾先生的印记。汉章兄并拿出一大沓《沧浪夜谭》给我看，让我大开眼界，始知这一套书前后出版十七集之多，稍加翻阅，除了上述相关内容之外，对这套书的出版情况也才稍稍有所了解。

汉章兄拿出来的这一大沓《沧浪夜谭》共有十八本，其中一本是"金陵出版社"于1957年5月出版的第一集，另外十七本是"国华出版社"于1958年2月开始出版的第一集至1963年12月的第十七集。"金陵出版社"第一集注明是初版，而"国华出版社"第一集则注明再版，第二集以后始注明初版。由此可知，王九的《沧浪夜谭》在《大华晚报》连载之后，最初集结成书是由"金陵出版社"出版，但只出版一集，再无后续，事隔九个月之后，才由"国华出版社"接手重新出版，以至全书出齐。

"金陵出版社"第一集《沧浪夜谭》的封面设计颇具巧思，以墨绿色为底，左上角挂着一弯小小的下弦月，营造出阴森的夜色气氛，下半页以剪影效果画出一位手持长烟杆的老者，正在向一群听众讲古。而从老者所持烟嘴中袅袅升起的轻烟，凝聚成一幅鬼怪图像，定眼细观，虽不致摄魂夺魄，却也惊人心弦，完全扣合《沧浪夜谭》初期以人妖鬼怪、乡野奇谈为主的故事情结，这幅封面设计堪称佳作。反观"国华出版社"所出版的《沧浪夜谭》，每一集都以不同的单色设计封面，衬以浅色的梅花图案，相较之下，显得平淡无奇，只有"沧浪夜谭"四个行草字体尚可观赏，但不知出自何人手笔。（图312）

本书作者王九，不知何许人也，想当年应该也是一位名作家，他的著作除了《沧浪夜谭》之外，还有《尘沙小语》《红莲劫》《唐宋三女侠》《秦良玉》《处女泉》《包公奇案》《女侠红线传》及《明末儿女

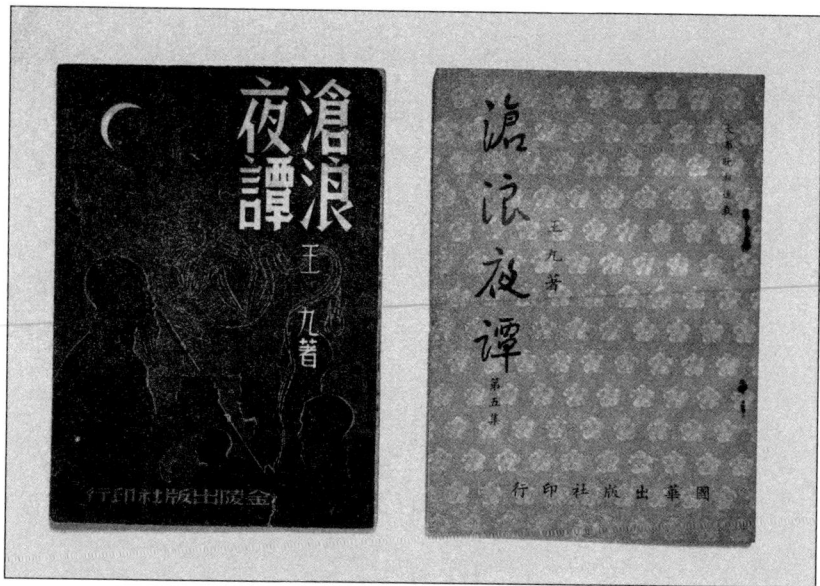

312

蠹简遗韵：古书犀烛记三编

英雄传》等书，都由国华出版社所出版，如今也都极为少见。

有关王九的本名，近日在《建中校友》杂志第 37 期上找到一篇文章，提到了王九本名王梦古。这篇文章是 1969 年毕业于建中，而后又回建中担任语文老师的左德成先生所写，回忆他的语文老师。他在回忆高二时期的李步衢老师时写道："以前学校有一位王梦古老师……曾在《大华晚报》副刊开辟一个专栏：'沧浪夜谈'，笔名'王九'，专门连载一些用文言文体裁写成、类似聊斋性质的中短篇乡野鬼狐传奇。有一次，把李老师早年在大陆遇到的一段经历写进去，主角谐音'李补驹'。那段故事，李老师上课时曾经讲过，后来我在牯岭街旧书摊上买到单行本第一集，看完故事全貌，可还是半信半疑。"

这是目前仅能找到的有关"王九"最详细的资料，本名王梦古，曾任"建国中学"语文老师。

《金楼韵事》

    《金楼韵事》一书，方丁平著，原来在《民族晚报》连载，后来集结成书，分上、中、下三部，共六集三十六章，由《时报》杂志社印行，国华书报社总经销。此书写一蒙古乌里雅苏台女子铁木真翁金耳的传奇故事，她是清末蒙古亲王的后代，铁木真翁金耳的汉名叫"祺金楼"，书名由此而来。（图313）

    话说祺金楼出生于民国初年，在北平长大，早年过着优渥富裕的贵气生活。北洋政府执政时期因无意间替革命党人送信，为逃避追捕而离开北平，期间足迹遍历中国大好河山，最后从西安经上海飞到台湾，住在台南城郊清甯山麓中的"曲水山房"。

故事内容具时代性，主角祺金楼一生历经清末民初、军阀割据、北伐、抗战、国共内战，最后他到了台湾。书中既描写了享逸安乐、男女情爱到乱世儿女的豪情壮志，又有抗战期间她曾在上海、天津等敌后地区，周旋在日本人中并从事间谍情报工作的经历，直到最后退居台湾，正如一部民国史的缩影，故事曲折，颇能引人入胜。

这本书吸引我的原因，除了故事性之外，在于作者想方设法要将它描绘为一个真人实事的传奇，以吸引读者去追寻“祺金楼”的真实性。

上部第一册之前，作者以一封主角张祺金楼壬辰立春日写给他的信作为引言，试图表明这是一个真人故事，而非虚构。信中一开始即说：“丁平先生：《金楼韵事》皆我往事。全稿一再拜读，固多穿插，尚不失真……未料事隔经年，先生《金楼韵事》稿寄到，所记莫非我对先生所言，皆属实情，皆金楼事。金楼事在先生笔底竟成韵事，然无不实，令金楼读时眉间心上无计回避，奈何奈何……惟若有人询问金楼真名实姓及目下详址者，诸希暂代隐避，因我年事未老，能得一分余力，犹欲为国尽一分力也。”（图 314）

314

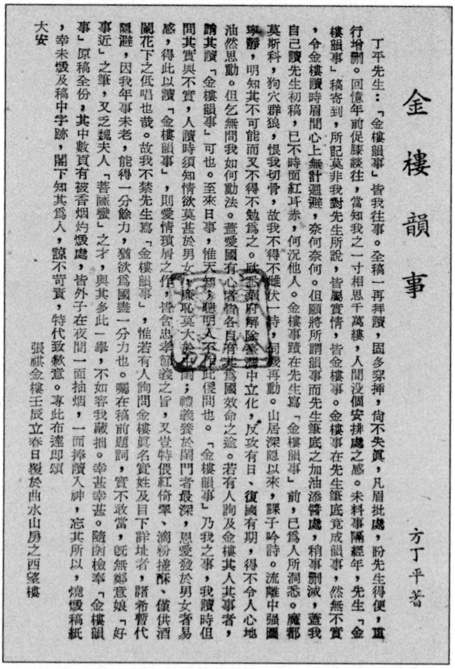

金樓韻事

方丁平著

丁平先生：「金樓韻事」皆我往事。全稿一再拜讀，固多穿插，尚不失真，凡眉批處，盼先生得便，重行增刪。回憶年前促膝談往，當知我之一寸相思千萬樓，人間沒個安排處之感。未料事隔經年，先生「金樓韻事」稿寄到，所記莫非我對先生所說，皆屬實情，皆金樓事。金樓事在先生筆底竟成韻事，然無不實，令金樓讀時眉間心上無計迴避，奈何奈何。但願將所謂韻事而先生筆底之加油添醬處，稍事刪減，蓋我自己讀先生初稿，已不時面紅耳赤，何況他人。金樓事蹟在先生寫「金樓韻事」前，已爲人所洞悉。魔都莫斯科，狗穴豺狼，恨我切骨，故我不得不雌伏一時，伺機再動。山居深隱以來，課子吟詩。流離中強圖寧靜，明知其不可能而又不得不勉爲之。[illegible]政府解除臺灣中立化，反攻有日、復國有期，得不令人心地油然思動。但乞無問我如何動法。蓋愛國有心者皆各自有其爲國效命之途。若有人詢及金樓其人其事者，請其讀「金樓韻事」可也。至來日事，惟天知，聰明人不向此便問也。「金樓韻事」乃我之事，我讀時但問其實與不實，人讀時須知情欲莫甚於男女，廉恥莫大於亡國；禮義養於閨門者最深，恩愛發於男女者易感，得此以讀「金樓韻事」，則愛情瑣屑之作，皆含忠孝節義之旨，又豈特偎紅倚翠、滴粉搓酥、僅供酒闌花下之低唱也哉。故我不禁先生寫「金樓韻事」，惟若有人詢問金樓眞名實姓及目下詳址者，諸希暫代隱避，因我年事未老，能得一分餘力，猶欲爲國盡一分力也。囑在稿前題詞，實不敢當，既無鄭意娘「好事近」之筆，又乏魏夫人「菩薩蠻」之才，與其多此一舉，不如容我藏拙。幸甚幸甚。隨函檢奉「金樓韻事」原稿全份，其中數頁有被香烟灼燬處，皆外子在夜間一面抽烟，一面捧讀入神，忘其所以，燒燬稿紙，幸未燬及稿中字跡，閣下知其爲人，諒不苛責，特代致歉意。專此布達即頌

大安

張祺金樓壬辰立春日綴於曲水山房之西望樓

中部第三册之前有一篇“短楔”上说：“今之

世，事事假惺惺，唯恐揭穿底牌言其真。若公然告读者，祺金楼其人即在阁下眼前，其不骇而走者盖几希矣。"

下部第五册的前言更妙，谈及："过去二年中，屡蒙读者问长问短，函牍不绝询三探四，有香港王先生寄来至祺金楼女士厚礼一份及《金楼韵事》未定草一卷。再有台南一名塞上老人寄赠西北大陆边陲女侠传。又有一读者屡至报社探究书中人近址等情，均曾一一妥转祺女士。""人生一场已属青烟一缕，况小说中之人与事，更属梦底迷蒙，万万认真不得，否则呮有奉劝天下书呆子免读小说。"

这上、中、下三部的前言短楔，确能引起读者的好奇心，将这一本小说当作名人传记来读。故事的最后，作者还描绘了他亲自去曲水山房拜访主角祺金楼，商议这本小说的相关内容，塑造小说与真人的联结性，我想这或许也是一种行销手法吧。

祺金楼信上说道："金楼事在先生笔底竟成韵事，然无不实，令金楼读时眉间心上无计回避，奈何奈何。"以故事一开始的描述来看，祺金楼和第三任丈夫张世平初识于从法国巴黎道经中亚细亚、莫斯科到哈萨克斯坦首府阿拉木图的火车上。才认识一个晚上，很快就陷入热恋，作者写道："忽然间，他感觉到有两片软滑的冰块，贴在他那热得好像在冒了火的嘴唇上。融了、化了！原来是四片嘴唇儿，湿润润、热腾腾，紧紧密密、颠颠巍巍，偎贴着、喋吻着、互搂着。""金楼的粉臂，紧勾住世平的头颈，颊上泛起了两朵鲜红的红晕，越发显得娇媚……她腋下一阵阵的奶味肉香，直往人的鼻孔里冲，冲得那人儿直似有些儿惑醉得透不过气来。世平醒了，是这腋下的肉气冲醒了他的酒，可是他的心更醉得不成话了。"这本小说就以此一韵事开始，这类男女情欲的描绘，在书中许多男女之间所在多有，取名《金楼韵事》确也妥适。

作者在小说中描述到一些当代名人，有些用本名，例如梨园名角盖叫天、杨小楼、赵如泉、高百岁，画坛大师吴昌硕等，但是也有一些是以假名来暗示，不过只要细细思量，应当知道指的是何人了。例如书上说："这两天来北洋饭店里卖画儿的齐黑石，他算是画匠还是画师？""大大的艺术家呀！""可是他是个木匠！"由以上的对话当然知道指的就是出身木匠的画坛大师齐白石。

又如："在诗坛上有北涂南薛之称，北涂是提倡白话诗起家的涂志麻。""涂志麻"的字形和"徐志摩"有几分相似，说的应该就是他。

又如"我们现在有一个以收藏书画闻名的大翻译家……"薛云儿笑着说："他说的是曾真托吧。"我想这里是暗指郑振铎，因为郑振铎是一个藏书家，翻译的书籍也很多。

又如"面窗的壁上，四幅条幅二字二画，两幅画都是女子的裸体素描，一幅是粟梅留的大笔写意，国画意境，西洋画法。另一幅是常熟红的工笔写真"。这里的"粟梅留"显然就是暗指以画女子裸体画出名被称作"艺术叛徒"的刘海粟，因为"粟梅留"三个字倒转着念，再加上"梅"、"海"字形的相似，应该可以如此认定，而常熟红应该暗指常书鸿。

作者使用这类手法，不知有何道理，或许当时那些名人还生活在大陆，姑隐其名。但是却也能让读者在阅读过程中去感受故事的虚虚实实，增添阅读的诸多趣味。

作者方丁平，本名陈澄之（1919—？），唐蔚芝及门弟子，早年随父兄宦游，为熟知边陲事务，遍走蒙古、新疆、西藏。抗战期间曾在西安担任《华北新闻报》记者，后来成为社长赵自强的女婿。其旅居港台期间，闭门读书，著作甚丰，文章散见各报章杂志，常以稗官笔墨写身历其境的中国真实情况。编著或集结成书的有《五凤朝阳》（曾在民族晚报连载）《慈禧西行记》（含之一：山雨欲来风满楼及之二：日暮乡关何处是）《金楼韵事》（曾在民族晚报连载）《危文绣本事》《赛金花》《伊犁烟云录》《西藏见闻录》《诺贝尔奖得奖人传略》《中国成语谚语六百句英汉对照》《沙漠里的玫瑰》《尼黛姑娘的故事》，等等。

图书在版编目（CIP）数据

蠹简遗韵　古书犀烛记三编 / 袁芳荣著 . —杭州：
浙江大学出版社，2016.10
ISBN 978-7-308-15945-6

I.①蠹… Ⅱ.①袁… Ⅲ.①古籍—收藏—中国②散
文集—中国—当代 Ⅳ.①G894②I267

中国版本图书馆CIP数据核字（2016）第123509号

蠹简遗韵　古书犀烛记三编
袁芳荣 著

责任编辑	周红聪
装帧设计	毛　淳
出版发行	浙江大学出版社
	（杭州天目山路148号 邮政编码310007）
	（网址：http://www.zjupress.com）
制　　作	北京大观世纪文化传媒有限公司
印　　刷	北京天宇万达印刷有限公司
开　　本	635mm×965mm　1/16
印　　张	22
字　　数	238千
版印次	2016年10月第1版　2016年10月第1次印刷
书　　号	ISBN 978-7-308-15945-6
定　　价	59.00元